CHENGJIAO XUESHENG XUEXI KUNJING
JI YINGDUI CELUE YANJIU

成教学生学习困境及应对策略研究

唐燕儿　庞志坚　著

WUHAN UNIVERSITY PRESS
武汉大学出版社

图书在版编目(CIP)数据

成教学生学习困境及应对策略研究/唐燕儿,庞志坚著.—武汉:武汉大学出版社,2019.9
ISBN 978-7-307-21061-5

Ⅰ.成…　Ⅱ.①唐…　②庞…　Ⅲ.成人教育—研究　Ⅳ.G72

中国版本图书馆CIP数据核字(2019)第152104号

责任编辑:聂勇军　　责任校对:汪欣怡　　整体设计:马　佳

出版发行:**武汉大学出版社**　(430072　武昌　珞珈山)
(电子邮箱:cbs22@whu.edu.cn　网址:www.wdp.com.cn)
印刷:北京虎彩文化传播有限公司
开本:720×1000　1/16　印张:17　字数:234千字　插页:1
版次:2019年9月第1版　2019年9月第1次印刷
ISBN 978-7-307-21061-5　定价:45.00元

摘　要

随着我国改革开放步伐的加快以及经济的腾飞，我国成人教育也踏步前行，取得了不小的成就。我国成人教育目前已形成与经济和社会发展相适应的多形式、多种类、多功能以及结构合理的办学体系，为推动经济和社会的快速发展作出了重大贡献。

本书以广东省部分高校成人教育学生的调查研究数据为背景材料，通过分析成教学生的学习影响因素，剖析成人教育存在的问题，并对成人教育的未来发展策略提出了可行性建议，以供成人教育管理者、教师、学生和成教研究者等参考使用。

本书在导论部分对我国普通高校成人教育情况进行了简要梳理，包括发展历程、目前面临的挑战以及新的发展趋势，也对相关概念进行了界定。之后，从理论角度对成人学习者认知与学习的发展过程，包括成人认知水平的变化趋势、学习特征及存在问题等进行了简单的论述。

在调查部分，通过问卷调查、个案调查和访谈等形式，采集相关数据资料，调查成人教育的现实情况。首先以广东省多所普通高校成人高等教育的学生为对象，采用问卷调查方式，对成教学生的学习困境情况和学习心理状况进行调查，内容包括学生的基本特征、学习行为、心理特征、制约学习的因素等。之后，结合调查数据，有针对性地开展了个案分析和深度访谈，以期更加深入地了解相关的综合信息。

在相关的分析章节中，本书对影响成教学生的多个因素进行了专题分析。在环境因素方面，从教学环境、家庭与工作环境、社会环境三个方面进行分析；在教学因素方面，从师资队伍、教学方法、教育资源三个方面进行分析；在管理因素方面，分别从教学监管（包括政府和学校的监督）、管理者素质能力和教学管理方面（包括学生、课程、教材、师资、考试管理）进行分析；在学习者自身因素方面，从学习者的学习动机与态度、学习基础与方法、学习兴趣与能力等三个层面进行分析。

通过分析，本书对相关问题的解决策略提出了可行的方案。对有关的学习氛围营造、教师队伍建设、教学与管理方式、学生综合素质提升等均进行了论述，提出了相关的解决方案，为相关人员提供可行的参考。

目　　录

第一章　导　　论

第一节　我国成人高等教育的发展

一、我国成人高等教育发展主要历程

以中华人民共和国成立为标志性时间点，我国成人高等教育发展到现在，经历了四个主要发展阶段，分别为中华人民共和国成立之前的雏形阶段、成立初期的摸索阶段、改革开放后的高速发展阶段和信息化发展阶段。

（一）雏形阶段

作为高等教育的一部分，我国成人高等教育的雏形始见于洋务运动时期京师同文馆内天文算学馆的职官培训和福州船政学堂“艺圃”徒工培训，二者均以在职者为教育对象，差别仅在于培训层次不同，培训性质与当前在职人员的继续教育颇为相似。此后《奏定学堂章程》等有关法规性文件的出台，都直接或间接地促成了成人教育的产生，对其发展也起到了积极的作用。① 辛亥革命推翻了封建帝制后的一段时期，

---

① 余小波．我国成人高等教育转型的研究［D］．厦门：厦门大学，2007：53.

特别是五四运动后，随着陶行知、梁漱溟、黄炎培等教育家积极倡导社会教育、平民教育、乡村教育和积极兴办职业教育等运动的蓬勃开展，成人教育逐渐从普通教育中分离出来。虽然当时的教育活动主要是以提高成人初等文化基础知识为目标，但客观上推动了高层次的成人教育的形成。

新民主主义革命时期，在中国共产党的领导下，为支持和服务革命事业所创办的大学，在很大程度上具备了成人高等教育的办学性质。这些大学以干部教育为主，包括 1921 年创立的湖南自修大学，以培养苏维埃政权的各级行政管理干部为主要任务的苏维埃大学，旨在培养党的高级领导干部的马克思共产主义大学等。抗日战争时期，由于斗争形势的复杂和严峻，在工农教育开展的同时，我党更提出了“干部教育第一”的口号，以有效抗击外来侵略者。典型的高等学校有 1936 年 9 月成立的抗日军政大学和 1937 年建立的陕北公学，此外还有中央党校、延安大学等。解放战争时期相类似的高等院校还有华北联合大学、白求恩医科大学、东北军政大学等。这些学校因地域不同，分布较为广泛。当时高等教育的重心是为革命战争服务，“理论与实践结合”的教育教学原则得到了高度重视，是一种学以致用的成人教育。

（二）摸索阶段

1949—1979 年，是我国成人高等教育发展的摸索阶段。1950 年初期的成人高等教育主要以适应国家恢复发展国民经济的需要为主，以《中国人民政治协商会议共同纲领》为指导，以 1950 年中国人民大学夜大学创建为主要标志。此后，为适应过渡时期总路线的政策要求，我国开办了函授教育和夜大学。一些地区、厂矿企业也利用自身条件开办职工业余大学和职工大学。1960 年，北京率先创办广播电视大学。这一时期我国成人高等教育发展较为稳定，做了较多的探索和尝试。“文革”时期成人高等教育遭到停顿，五・七大学和七・二一大学遍布全国。这些学校虽采取全日制学习制度，但还需学生定期参加所在单位政治运动和从事车间劳动，毕业后一般需要回原单位工作。此类型学校在教学内容上大多属于初等或中等层次的教育，内容以政治教育为主，可看成是具有高等教育形式的成人教育。“文革”结束后，成人高等教育事业得到了积极恢复和发展。一方面，国家积极恢复“文革”前已有的职工业余大学、职工大学、教育学院以及高等函授教育；另一方面，对“文革”中建立的七·二一大学等大部分进行了撤销，只保留一部分办学条件适合的学校，改为职工大学或职工业余大学。① 此外，随着全国广播电视大学会议的召开，1979 年中央广播电视大学正式开学，各地广播电视大学在全国陆续建立。

（三）高速发展阶段

1977—1999 年，成人高等教育进入高速发展阶段。20 世纪 80 年代初期，成人教育的任务主要是降低文盲发生率，推行以达到初中文化程度和初级技术水平为主的“双补”教育，对提高职工队伍素质和整体教育水平产生了重要影响。这个时期各类成人高等教育得以快速发展。1987 年国务院《关于改革和发展成人教育的决定》确立了成人教育在我国教育体系中居于与基础教育、职业技术教育、普通高等教育同样重要的地位，也确立了岗位培训为成人教育的重点，使成人高校的办学重点逐渐从学历教育转向技能培训。

进入 1990 年以后，成人高等教育的发展逐渐趋向复杂，作用逐步扩大而不仅限于学历教育。1992 年国家教委《关于进一步改革和发展成人高等教育意见》提出将高层次岗位培训、大学后继续教育作为成人高等教育的总体目标，对成人高等教育全面改革起到了积极作用。1994 年《中国教育改革和发展纲要》提出建立以政府办学为主体、社会各界共同办学的体制，成人教育主要依靠行业、企业、事业等机构和

---

① 何东昌．中华人民共和国重要教育文献［M］．海口：海南出版社，1998：1425.

社会各方力量，其办学形式和主体更趋多元化。①

这一时期我国多样化的成人高等教育体系已经基本形成，办学主体、学习对象、教学形式等都已经具备多样化的特点。由于处于经济恢复发展时期，教育资源尤其是高等教育资源紧张，形成了成人高等教育与普通高等教育平分秋色的格局。同时，也形成了学历教育受到重视的局面，进而促成了学历导向型的成人高等教育的形成。成人高等教育作为高等教育的有机组成部分，在终身教育背景下得以迅速发展。

成人高等教育在半个多世纪的发展历程里，虽在办学体系和办学成效方面取得了很大的成就，但随着时代的变迁，普通高校开展的成人高等教育也暴露出不少的问题，影响着成人高等教育的办学质量和社会声誉，也影响着普通高校的和谐、稳定、健康发展。

为了促进我国成人高等教育的发展，国家相继出台《关于进一步改革和发展成人高等教育的意见》《成人高等专科教育制订教学计划的原则意见》《关于各类成人高等学校评估工作的意见》等法律法规，为成人高等学校提高办学水平、规范科学管理提供了法律法规的保障。在1995年实施的《中华人民共和国教育法》中明确规定了“成人教育制度”“终身教育体系”及“职业培训和继续教育”的地位和作用。同年颁布的《关于高等教育自学考试社会助学工作的意见》改善了自学考试的支持和服务功能，对其发展起到了积极的促进作用。经过多年发展，以个人自学、社会助学、国家考试为主要特征的自学考试制度成为我国高等教育的重要形式之一。②

1999年实施的《中华人民共和国高等教育法》也明确了“高等学校”和“成人高等学校”的办学性质。同年1月颁布的《面向21世纪教育振兴行动计划》提出了跨世纪素质教育7项工程、跨世纪园丁工

---

① 张伟江．教育发展与教育学［M］．上海：上海人民出版社，2009：148.

② 方良．普通全日制高校学历导向的成人教育现状与发展趋势［D］．苏州：苏州大学，2013.

程、高层次创造性人才工程等工程，进一步明确提出了成人高等学校深化改革，发展高等职业教育，建立和完善继续教育制度，实施“现代远程教育工程”，构建终身学习体系等重要任务。为规范成人高等学校办学，教育部在 1999 年 5 月下发《关于高等学校以函授、夜大学方式举办本专科教育的意见》，规定了高等学校以函授、夜大学方式举办本专科教育相应的办学资格、条件、范围和专业，其中限制了某些专业如临床医学、外语、艺术等科类举办函授教育以保障办学质量。1999 年 6 月，中央电大开始施行人才培养模式和开放教育试点，尝试推行以现代网络技术为支持手段的革新教学实现过程。与此同时，教育部也陆续公布了开展远程教育试点的普通高校。当时只有 4 所高校，发展至 2008 年已有 68 所左右，规模和数量都有了较大的增长。在远程教育蓬勃开展的同时，一系列规章陆续出台，旨在规范和保障其健康发展。

（四）信息化发展阶段

2000 年至今，成人普通高等教育进入了信息化、数字化的时代。现代化的教育方式，让受教育的群体更广，受教育的方式更加灵活多样。21 世纪以来，现代科技革命的深度推进对教育领域的影响更加直接。依托信息技术和先进教学手段的现代远程教育逐步兴起，触发了传统函授教育的根本转型。2000 年《关于支持若干所高等学校建设网络教育学院开展现代远程教育试点工作的几点意见》对试点工作的相关问题作出了规定。2003 年有关校外学习中心的暂行管理办法和 2004 年部分公共课开始施行全国统考的规定都是落实这一目标的举措。中央电大的人才培养模式和开放教育试点项目在接受了 2001 年中期评估后，于 2007 年通过教育部评估，表明开放教育的办学模式取得了初步成果。总的说来，高校扩招后在相当长的一个时期内，成人高等教育的发展趋势和办学格局有了较大调整，农村劳动力转移培训、企业岗位培训以及为适应终身教育体系建立、推进学习型社会建设的社区教育等逐步成为成人教育领域的重心。

1999年以后，高等教育连续扩招，我国高等教育向大众化方向推进。成人高等教育作为高等教育的一种形式，是全国整个大教育系统中的一个子系统，承担着重大的历史任务，在普通高等教育扩招时也得到了较快速的发展。1998年，全国成人高等教育在校生为282.22万人，2002年增加至559.16万人，在四年内翻了一番。顺应普通高校发展的趋势，成人高等教育无论在规模、结构还是效益等方面都取得了较大的发展。①

2007年4月，教育部下发了《教育部关于进一步加强部属高等学校成人高等教育和继续教育管理的通知》（教高〔2007〕9号），通知指出，成人高等教育和继续教育“要结合学校自身的定位、特色和学科优势，科学合理地确定办学类型、层次和专业，主要面向在职人员开展业余形式的高中后和大学后学历教育和非学历教育培训，大力开展党政人才、企业经营管理人才和专业技术人才的继续教育”。同时规定，部属各高等学校要从2007年秋季开始停止招收成人脱产班和高等教育自学考试社会助学脱产班，也不能与其他机构合作举办上述脱产班。②

2010年，中共中央、国务院印发的《国家中长期教育改革和发展规划纲要（2010—2020年）》明确提出，到2020年，继续教育发展的目标是：“构建体系完备的终身教育。学历教育和非学历教育协调发展，职业教育和普通教育相互沟通，职前教育和职后教育有效衔接。继续教育参与率大幅提升，从业人员继续教育年参与率达到50%。现代国民教育体系更加完善，终身教育体系基本形成，促进全体人民学有所教、学有所成、学有所用。”

党的十九大报告提出了“办好继续教育，加快建设学习型社会，大力提高国民素质”的要求，中共中央、国务院印发的《国家中长期

① 别敦荣，杨德广．中国高等教育改革与发展30年［M］．上海：上海教育出版社，2009：32.

② 张静．“双停”背景下我国普通高校成人高等教育转型研究［D］．重庆：西南大学，2010.

教育改革和发展规划纲要（2010—2020年）》要求大力发展非学历教育，稳步发展学历继续教育。教育部《关于国家教育事业发展第十三个五年规划》提出，要大力发展继续教育，尤其在构建终身教育制度、加强继续教育平台建设及统筹扩大继续教育服务方面有明显变化。随着终身学习理念在全社会的确立，在终身学习框架内推动各级各类学校教育教学改革，加强对学习者学习兴趣和自主学习能力的培养成为新时期成人高等教育的主要任务。但目前，成人高等教育在发展的进程中，出现了生源萎缩、教学质量下降、发展缓慢等问题，难以满足社会和经济发展的需要。

二、我国成人高等教育发展面临的挑战

我国成人高等教育在发展过程中虽取得了一定的成绩，但也存在着问题。

（一）工作与学习的矛盾

成人高等教育的主要对象存在着工作与学习的突出矛盾。成人高等教育的主要对象是成人，而他们大多数已参加工作，多数只能利用业余时间进行学习，学习时间有限。此外，他们还会受到其他多种因素的影响。其工作与学习矛盾的产生原因主要有以下两个方面：①时间冲突。由于工作上需要加班、应酬多、任务重，缺少有规律的、足够的到校学习时间，或因学校上课时间设置、调整，导致成人学习者在工作和学习的时间上发生冲突。②学制不灵活。目前我国普通高校成人高等教育主要采用学年制，学生必须在规定的学年制内完成学业方可毕业。这种学制对全日制、全脱产的学生来说比较合适，但对于既要工作又要学习的成人学习者来说就不是很合适。因为他们每月能用于学习的时间有限，不同个体之间差别很大。对于时间较少的成人学习者来说，采用这种学制相当于难度增加，容易感到学习困难。

（二）成人高校数量及招生规模总体下降

首先，独立设置的成人高校数量减少，招生规模总体呈下降趋势。经过十几年成人高等教育事业的迅猛发展，成人中缺少学历的这部分人，基本获得了合适的学历，学历补偿教育的任务已经完成。

其次，学习渠道拓宽、增多。这些年，全国高校数量和高校招生人数的不断扩大，普通高等教育的录取率逐年上升，使得一些原本需要进入成人高校的学生比例相应下降。另外社会上各类职业教育、岗位培训、专业技能等的招生也使得报名参加成人高考的人数下降。随着生源逐步减少，独立设置的成人高校数量也趋向减少。例如，2001 年全国高校总数为1911所，其中成人高校有 686 所，占 35.90%；2005 年全国高校总数为2273所，其中成人高校为 481 所，降到总数的 21.16%；到 2010 年，全国高校总数为 2723 所，其中成人高校为 365 所，只占到总数的 13.4%。① 截至 2016 年 5 月 30 日，全国高等学校共计 2879 所，其中成人高等学校 284 所，仅占总数的 9.86%。② 虽然成人高考分数线一降再降，但还是会出现一些成人高考招生计划多于报考人数的现实情况。由于成人高等教育生源缺乏，对象单一，加上市场的激烈竞争，造成了成人高等教育生存的困境，成人高校随之逐渐关闭。

最后，教学质量的下降影响成人高等教育在社会上的信誉。随着网络教育的兴起，成人高等教育教学质量备受质疑。1999 年后，教育部先后批准 68 所普通高校和中央电大开展现代远程教育试点工作。这项工作的主要任务是探索网络教学模式和教学工作的管理机制，建设网上资源，通过网络教学模式开展学历教育和非学历教育。目前，这 68 所试点普通高校分布在高等教育资源相对丰富、经济相对发达的省市，共

---

① 段阳萍．我国高等教育大众化阶段普通高校成人高等教育发展的反思［D］．北京：中央民族大学，2006.

② 中华人民共和国教育部．2016 年全国高等学校名单［EB/OL］．http：//www.moe.edu.cn/ srcsite/A03/moe_ 634/201606/t20160603_ 248263.html.

开设了近400个专业（其中中央电大开设92个），专业点2200余个，覆盖了11个学科门类；建设校外学习中心和教学点9000多个，累计注册学生1000多万人，其中普通高校注册学生558万人；已毕业600万人，其中普通高校毕业283万人；在校生485万人，其中普通高校在校生205万人。① 由于网络教育主要是通过网络来进行学习，教学主要通过学校自律，学习的有效性评价无法开展。而且，各类三级办学机构办学商业化倾向明显，为创收和获得经济效益而办学，为了追求功利，把学历、文凭作为成人高等教育谋取利益的途径，在组织教学过程中设法“偷工减料”，压缩办学成本，致使教学效果无法保证，严重影响了成人高等教育的质量和社会信誉。② 另外，相比于高等教育全日制本科教学的管理来讲，成人高等教育的教学管理相对松散。由于社会重视程度不够以及认识的片面性，社会上也存在着读成人高校就是混文凭的说法，社会对成人高等教育的学历并不太认可，这样使得成人高等教育文凭的“含金量”降低，也降低了人们报考的积极性。有些成人高校为了片面追求经济效益，而不根据正常的教育秩序来开展教学，有些学校学生不用参加面授和考试同样可以获得文凭，这样的行为扰乱了学历教育的有序竞争，造成一系列的恶果。而且成人高校自身也存在以学历教育为主、普教化严重、教学模式单一、教学内容与社会需求脱节，以及专业设置、开设课程和教材的使用没及时根据市场需要调节等问题，导致成人高等教育出现未能较好地体现成人教育特色，未能较好地与社会协调发展等问题，进而导致学生不愿报读的现实情况。

三、我国成人高等教育发展趋势

随着21世纪全球化的深入发展与科学技术的日益创新，社会各个

① 中华人民共和国教育部.2014年全国教育事业发展统计公报［EB/OL］.http：//www.moe.gov.cn/ jyb_xwfb/gzdt_gzdt/s5987/201507/t20150730_196698.html.2016.6.28.

② 罗腊梅.民办高等教育政策变迁研究［D］.重庆：西南大学，2015.

领域均发生了巨大的变化，这些变化深刻地影响了人们的日常生活与工作。在学习型社会发展进程中，学会学习才能够更好地生存，才能在各自擅长的领域发挥作用。而在社会进步与科学技术飞速发展的背景下，人们的学习需求越来越大，社会提供给成人参与教育与学习的机会、教育资源的分配方式都产生了许多新的变化。自20世纪下半叶以来，随着终身教育理念逐渐得到大众的认同，建立终身教育框架下的成人教育体系，推进学习化社会的建立，渐渐成了一种教育趋势，成为全中国乃至全世界成人教育发展的主流。

（一）教育层次多元化趋势

高等教育要对社会开放，为国家经济、文化建设服务，这是教育的宗旨。“科研、教学、服务”是现代高等教育的三大功能，这三大功能的实现形式决定了高等学校的办学模式和社会影响，社会的发展变化和新的教育理念也会影响这三大功能的实现形式。现在的大学不仅仅是“求道，授业，解惑”的学堂，而是一个科研与教学共存，服务与引导并重，产、学、研融于一体的联合体，而终身教育、终身学习的理念要求高等教育向着更开放、更灵活、更多样的方向发展。高等学校应积极主动地面向社会，进一步加强同企业和社会各部门的合作，为不同层次的各类人员提供形式多样的教育、培训的机会。新时代，为社会承担继续教育的任务将会逐渐占到整个高等学校教学任务的50%以上，所以，创建一流的继续教育学校也成为创建一流大学的重要任务之一。

目前我国成人高等教育以学历教育为主，非学历教育的大学后继续教育为辅，在学历教育中又以专科层次为主，兼有少量专升本和高起本。2018年，全国成人本专科在校生为590.99万人，比上一年增长了8.61%；网络本专科在校生825.66万人，比上一年增长了12.19%。①

① 中华人民共和国教育部.2018年全国教育事业发展统计公报［EB/OL］. http：//www.moe.gov.cn/fbh/live/2019/50340/sfcl/201902/t20190226_371173.html.

在相当长的时间内成人高等学历教育被定位为学历补课教育，从而导致成人高等学历教育长期以来以专科层次为主的局面。

另外，在大力开展多层次学历教育的同时，必须加大大学后继续教育在成人高等教育中的比重。因为随着科学技术的进步和知识经济时代的来临，新知识、新理论、新方法、新技术、新工艺等将不断涌现，社会对劳动者知识、能力的要求也产生了相应的变化。如在当前世界经济正趋向全球一体化，我国加入 WTO 的情况下，就需要大批具有一定管理实践经验、熟悉市场经济运作规律、了解国际通用惯例和标准、掌握现代化信息处理手段和外语水平较高的复合型人才，在未来的社会中不仅具有中等层次知识水平和能力者不能适应时代发展要求，即使具有大学文化层次的在职从业人员，不继续学习也同样无法适应社会的需要。与知识老化加快相对应的是职业的迭替频繁，从业人员转换职业时单位对其知识结构、能力大多有新的要求，所以成人高等教育在发展学历教育的同时必须大力发展各种类型和层次的大学后继续教育，强化成人高等教育的继续教育功能，不断加大继续教育在成人高等教育中所占的比例，对在职成人开展多层次、多形式的继续教育，为不同需求和不同层次的在职人员提供终身学习、终身教育的机会。成人继续教育在过去以及未来都是高等教育不可忽略的组成部分。

（二）教学改革主导化趋势

走教学改革、提高办学质量之路是未来成人高等教育发展的关键。我国的成人高等教育因国家投入不多，其发展通常以市场经济规律进行调节，优胜劣汰，成人高等教育的生存，不仅仅是依靠数量增加和招生区域扩大，关键取决于办学水平和教育质量。因此，成人高等教育的教学改革必须与时俱进，改革的内容主要包括：

第一，构建符合 21 世纪特征的教学内容和课程体系。教学内容的改革是成人高等教育教学改革的突破口，教学内容的改革要突出成人高等教育“两宽一专”的特点，“两宽”指知识面宽、基础宽，“一专”

是指应用能力专，真正使学生在掌握必需的文化知识的同时，具有熟练的职业技能和适应未来职业变化的能力。课程体系的建设主要体现在专业教学计划修订上，从时代发展的要求以及成人学生学习的需求出发，以素质、知识、能力培养为主导，重组课程结构。课程的设计和开发应坚持综合性、科学性、开放性和实践性的统一。课程设置必须适应社会发展的最新要求和动态，新的课程体系最终要体现职业性、针对性、实践性、可操作性、先进性等新时期成人高等教育的特色。课程应突出实践教学环节，重点提高学习者解决实际问题的能力，培养学习者的思维模式，养成独立思考、善于思考的习惯。

第二，教材建设多样化。传统的文字教材有优点，也有缺点，主要是内容更新较慢。因此理论性、基础性的课程仍要以传统文字教材为主，而一些发展迅速、知识更新周期快的课程，采用电子教材效果会更佳。在教材建设中也会更趋向互联网、物联网以及智能智慧化成果来建设学习资源，采用多种形式的资源展示方式，来提高教材的实用性。

第三，更新传统的教学方法。成人学生来自社会各个层面和各个行业，见多识广，思维也较为活跃，因此教师应以丰富的知识和经验，启发和引领学生形成独立的学习和思考能力。可采用多种形式的教学方法，如案例分析、专题研讨、小组指导、个人学习项目课程设计等，通过多种学习方式和学习途径，提升学生的学习效果。

第四，教学手段现代化。随着电子技术的广泛应用和计算机的普及，多媒体教学、Internet 教学、微课教学等将在成人高等教育中得到广泛应用。成人学生由于职业及居住的时间、空间特点，往往无法按时上课，通过现代化的手段参加成人高等教育学习，是最方便、最快捷的方式。各成人高等学校应根据学校的实力采用不同形式的现代化教学方式，与教育发展需求相配合。

（三）远程教育普及化趋势

历史证明，任何一种使信息传媒手段大众化的技术一旦产生，就会对教育产生深刻的影响。邮政的产生，有了函授教育；有了广播、收音机，就有了广播教育；有了电视，就有了电视大学。相应地，今天有了网络，也就有了网络教育；有了手机，就有了移动教育。

目前普通高校的成人教育结构中，传统的函授教育仍占据着重要地位。函授教育是远距离教育的初级形式，在经济建设和发展过程中作出了重大贡献。但随着 21 世纪的到来，教育新技术和新手段的不断出现，传统函授教育的教学方式也需要进行改变，以适应现代社会的进步和发展需要。

21 世纪是知识经济时代，是信息经济时代，以 Internet 为代表的信息传播手段，在全球范围内迅速发展。随着国家普通全日制高等教育的招生录取率不断提高，高等教育普及化成为看得见的事实。在未来的中国，高等教育的需求量较大，而优质高等教育资源仍然是相对有限的。中国高等教育正在利用现代信息技术、多媒体技术、网络技术、智能技术快速发展，使有限的资源得到更加广泛的应用。而成人教育，也需要改变传统教育模式，走入以网络为依托的现代成人教育时代。

一方面，网络教育有利于解决学生学习时间与工作时间相冲突的问题。成人教育的学生中，绝大部分都有工作，全职学习的学生较少。他们有的是打工者，有的做老板经营生意，有的已做父母，有的年龄较大。由于工作和生活压力，由于工作时间和空间的限制，参加成人教育的学生容易出现学习时间方面的矛盾冲突，主要表现为缺课、迟到、早退等现象。这种情况也会影响教师的授课安排，进而影响到学生的学习效果。发展网络学习，提高社会在职成人接受高等教育的机会，拓展在职成人接受高等教育的渠道，有利于成人学习者更加合理地利用自己的时间，妥善安排学习地点。通过网络远程学习，成人学习者有充分的学习内容和时间的选择自主权。他们的学习可以不受时间的限制，不受课程表的安排限制，不受空间和地理位置的限制。他们可以根据自己的学习需求，主动选择和安排学习内容及进度。成人教育的学生从教育的对象，变为教育资源的选择者、利用者。

另一方面，信息技术引入教育有利于提高教育资源的利用率，尤其是在教师资源利用方面。开设成人高等教育的普通高校在校外一般都设有函授教学点，授课时需要派相应课程的教师前往。地点较远的，还需要支付教师的交通、食宿、外出补助等费用，还有较高的酬金，导致校外教学点的教学成本较高。部分教学点教育资源相对缺乏，降低了授课效率或制约了教学方式。发展网络教育，有利于实现高校内部师资、教学设施和授课时间的共享，还提高了教育资源的利用率，对教学效果的提高也具有较大的促进作用。

再者，成人高等教育远程化有利于成人高等教育开放性与实效性进程的推进。远程教学具有个性化和个别化教学的特点，不受学制和年级的限制。入学资格可以实行注册制而不实行选拔制，毕业时间可以实行弹性制，课程学习可以实行学分制。学生通过某课程的学习，获取相应学分，当学分达到规定的标准后，即可获得相应的学历文凭。随着智慧教育的发展，智能设备的普及，能更好地为学生模拟现实的工作环境，能打破传统单一的教学方式，更容易调动学习者学习的自主性和教师授课的热情。随着现代信息技术的发展和应用，远程教育作为学习的重要形式，将有巨大的发展空间。

（四）进一步强化思想道德教育趋势

在传统教学方式中，学校以相对单一的知识对成教学生进行传授，而对于在职的学生来说，仅靠单一的知识是不足以应付来自家庭、工作、学习等方面的要求的。当今世界是经济、信息技术高度发展的世界，人们的生活水平不断提高。在物质生活得到极大满足的同时，许多不容忽视的新问题也随之出现，如“拜金主义”、急功近利等现象的产生，以及某些错误的舆论导向，对许多人会产生不良影响。所以，成人高等教育的内容设计更应贯彻落实习近平总书记在2018年在全国教育大会上的重要讲话精神，坚持立德树人，加强思想政治工作，推进教育现代化建设。①

对成人继续教育而言，要求在传授专业知识的同时，也进行通识教育，并进行思想道德教育与心理健康教育，尤其在思想道德教育上，要切实把政治要求、理想追求和道德诉求转化为以美育人、以文化人、以德塑人的育人实践，把立德树人融入思想道德教育、文化知识教育、社会实践教育各环节，把思想政治工作贯穿教育教学全过程，培育新时代中国特色社会主义建设者；要多加强心理健康教育，让成教学生以强大的心理承受能力应对生活、学习与工作上的压力，使得成人学习者能够以专业知识解决工作难题；通过思想政治和心理健康教育等通识教育，在满足个人学习需求的同时，也实现其社会价值，成为德才兼备的合格公民、专业人才、行业能手。

第二节 概念的梳理

一、成人教育与继续教育

2017年10月，党的十九大报告指出："必须把教育事业放在优先位置，加快教育现代化，办好人民满意的教育。"② 报告中提到，要办好继续教育，加快建设学习型社会，大力提高国民素质。可见，发展继续教育对我国倡导的树立终身学习理念，完善国民教育体系，推动全民终身学习，建设学习型社会和可持续发展的和谐社会意义重大。

（一）成人教育

1. 概念起源

① 习近平在全国教育大会上的重要讲话［EB/OL］. http://www.moe.gov.cn/jyb_xwfb/s6052/moe_838/201809/t20180910_348145.html.

② 习近平在中国共产党第十九次全国代表大会上的报告［EB/OL］. http://cpc.people.com.cn/n1/2017/1028/c64094-29613660.html.

从既有的文献来看，目前学术界普遍认为成人教育的概念最早起源于18世纪90年代的英国。“原始形态的成人教育，源远流长，有了人类社会，就有原始形态的成人教育。现代成人教育是工业革命的产物，以1798年英国诺丁汉成人学校创办作为标志。”①

2. 主要观点

成人教育发展至今有200多年，其概念定义自然多种多样，而较具典型并具有较大影响力的观点主要有下面一些：

第一，泛指对成人的教育。“成人教育是专门为被所属社会承认是成人的人们提供的有目的、有组织、有系统的教育活动。”② “成人教育是按人和社会全面发展的需要，有目的、有组织地为所属的社会承认的成人所提供的非传统的、具有自身特色的教育活动。”③

第二，特指对从业人员的再教育。“成人教育是我国教育的重要组成部分……（它）主要是对已经走上各种生产和工作岗位的从业人员进行的教育，能够直接有效地提高劳动者和工作人员的素质，从而可以直接提高经济效益和工作效率。”④

第三，强调成人教育的多重功能。“成人教育可能有很多定义。对于今天世界上许许多多成人来说，成人教育是代替他们失去的基础教育。对于那些只受过很不完全的教育的人们来说，成人教育是补充初等教育或职业教育。对于那些需要应付环境新要求的人们来说，成人教育是延长他们现有的教育。对于那些已经受过高等训练的人们来说，成人教育就给他们提供进一步的教育。成人教育也是发展每一个人个性的手段。”⑤

---

① 叶忠海．成人教育学通论［M］．上海：上海科技教育出版社，1997：3.

② 王茂荣，朱先顺．成人教育学基础（上册）［M］．北京：职工教育出版社，1988：37.

③ 叶忠海．成人教育与职业教育关系研究［J］．教育研究，1996（2）：20.

④ 国家教育委员会．关于改革与发展成人教育的决定［Z］．1987-06-23.

⑤ 联合国教科文组织国际教育发展委员会．学会生存——教育世界的今天和明天［M］．北京：教育科学出版社，1996：247.

综合上述观点，成人教育的定义可用诺尔斯的一段话来总结：“成人教育就最广泛的意义讲，它描述的是一个过程——成人学习的过程”，“就其技术意义讲，‘成人教育’指的是各种各样的机构为完成其专门目的而进行的一种有组织的活动”，最后，“将此类过程与活动结合起来，形成一个概念，名之曰一个运动或一个社会实践领域”。①

3. 基本特点

尽管对概念界定的内容偏向会因作者的分析角度差异而有所不一，却也不难发现，对成人教育的定义具有以下共同的特点：第一，强调教育对象的特殊性。不管定义具体是如何表述的，但众多的界定几乎都明确了成人教育首先应该是针对成人的教育活动，其教育对象具有针对性和特殊性。第二，强调教育活动的组织性。成人教育首先应该是一种教育活动，所以自然会满足教育活动自身的基本特点及规律。概念的定义强调了成人教育活动的组织过程性，涉及这一过程中的教育者、教育对象、教育内容、教育形式、教育评价、教育结果等。第三，强调教育形式的多样性。成人教育包含了初等教育、高等教育、学历教育和非学历教育等多种形式。第四，强调成人教育与社会发展需要的紧密性。发展成人教育的目的是追求个人发展与社会发展的双重结合。尤其是社会的持续发展，会不断地对既有的教育体系提出新的诉求，充分体现出发展成人教育的社会必要性。

然而，从整体来看，目前我国成人教育仍受学历教育的影响，偏重理论型人才的培养，对应用型人才的培养尚不能满足社会的需求。

（二）继续教育

1. 概念起源

继续教育是20世纪30年代从美国发展起来的一个新的教育工程，

① ［美］马尔科姆·诺尔斯．现代成人教育实践［M］．蔺延梓，译．北京：人民教育出版社，1989：15.

称之为 CEE（Continuing Education Engineering），目的是对一些工程技术人员再次进行必要的培训，以便更快更好地适应迅速发展的生产需要，完成越来越难以掌握的新技术、新产业规定的任务。第二次世界大战后，特别是 20 世纪 60 年代以后，现代意义上的继续教育才真正得到了发展。

2. 主要观点

一方面，继续教育特指接受高等教育后的在职教育。“继续教育在成人教育中作为一个术语，具有特定的含义，专指大学本科后的在职教育而言，包括理、工、农、医、文、法、管理等。”① “我国继续教育的重点是对大学专科以上学历或具有中级以上技术职称的在职专业技术人员和管理人员进行的教育活动。”② “继续教育在我国通常是指对受过大学以上教育的在职人员进行知识补充、更新、拓宽、提高和创造力开发的再教育。”③ 上述定义认为继续教育特指的是大学专科、本科或研究生等之后的在职教育，尤其强调了继续教育层次是大学后教育，重点在于对教育对象学习层次的界定。

另一方面，它泛指接受某种专业教育后的继续教育。“对已获得一定学历教育和专业技术职称的在职人员进行的教育活动。学历教育的延伸和发展，使受教育者不断更新知识和提高创新技能，以适应社会发展和科学技术不断进步的需要，是现代科学技术迅猛发展的产物。”④ “广义的继续教育是指那些已脱离正规教育、已参加工作和负有成人责任的人所接受的各种各样的教育。它对某个人来说，可能是接受某个阶段的正规教育；对另外的某个人来说，可能是在某个特殊的领域内更新

---

① 张维．世界成人教育概论［M］．北京：北京出版社，1990：31.

② 中华人民共和国教育部．面向 21 世纪教育振兴行动计划［Z］．1999-01-13.

③ 高志敏．继续教育概念辨析［J］．河北师范大学学报，2001（1）：94.

④ 侯同运．继续教育概念辨析与基本特征研究［J］．河北大学成人教育学院学报，2013（1）：33.

和补充知识；还有的人可能是在为提高其职业能力而努力。”① “继续教育这种教育，既包括受过大学正规教育的专业技术人员和管理人员大学毕业后接受的再教育，也包括未经过大学正规教育，通过自学和社会实践达到大学学历水平的专业技术人员和管理人员的再学习。”② 这类定义偏向于认为继续教育泛指已接受过某种程度的正规教育或是专业教育之后所继续接受教育的形式，并不严格强调学习者已有的学历层次，重点指继某种专业教育之后再接受教育的继续性。

3. 基本特点

从以上两个方面来看，关于继续教育概念的定义特征主要集中在：第一，教育对象是特定的。继续教育的对象特指已经具有一定学历（专科、本科、研究生）或是专业技术职称（初级、中级、高级）的在职人员。第二，教育目的是多重的，包括更新知识、增加知识储备、提升专业领域技能等，主要是满足提升与发展的需要。第三，教育内容是与时俱进的。参与继续教育的对象具有一定学历和专业知识，可以说由于继续教育对象的高层次性，教育内容要注重的是新知识、新技术等的传授。新时代的继续教育，以提高全民素质、构建学习型社会为主要目标，对和谐社会的建设发挥积极作用。第四，概念界定是泛化的。继续教育的界定有着泛化的特征，概念定义的内容涵盖面广，严格界定的难度系数高，以泛化性概述为主。

（三）二者关系梳理

基于以上关于成人教育、继续教育两个概念的简单梳理，就概念本身所包含的内容来看，二者在概念的特征上存在着类似性。两者都先框定教育对象，再大概定出教育内容，最后明确教育目的、性质等。当

① 李静，李芳．成人高等教育应加速转型发展继续教育［J］．教育教学论坛，2014（01）：140-141.

② 叶忠海．大学后继续教育论［M］．上海：上海科技教育出版社，1997：1.

然，不同的学者因研究与探讨视角的差异，对定义的描述自然有不同的侧重，尤其是随着时代和社会的不断发展，概念的内涵本身也会面临不断的更新。因此有关定义的描述应该是随着时代发展及社会实践变化而不断丰富和创新的。

虽然对成人教育、继续教育概念的界定，目前还没有一个固定的范本。但随着社会环境的变化和自身发展的需要，二者的内涵在不断分化调整中日趋成熟、完善并与社会发展需要紧密相连。教育部 2018 年公布的我国高等教育的毛入学率为 48.1%，① 接受高等教育的人越来越多，因此，暂不管成人教育、继续教育的定义如何，二者被赋予的社会属性是一致的。

依据现实情况，成人教育、继续教育同是顺应不同时代需要的有益产物，二者相互涵盖，其实质内涵及目标具有一致性，都是对成人的培养，并且继续教育是成人教育中的高层次教育，属于成人教育的重要内容之一。我们可以认为，传统意义上所指的成人教育一词的内容已经发生了很大的变化，其所涵盖的范围现在已经扩大，成人教育这一说法也将逐渐被继续教育一词所代替，不管是内容还是形式，继续教育的提法都更具代表性和说服力。

二、高等教育

从高等教育发展的历史来看，高等教育的发展是与时代发展紧密相连的，高等教育是一个在实践中不断充实并逐渐走向成熟的概念。在不同时期、不同地域，高等教育的含义是不同的，各类组织和不同学者对高等教育的解释既有共同之处又有差别。这说明了高等教育作为社会科学的一个分支，具有社会性和历史性的特征。20 世纪末，高等院校扩招和民办高等教育的兴起加快了我国高等教育大众化的步伐。在高等教

① 中华人民共和国教育部．2018 年全国教育事业发展统计公报［EB/OL］．http：//www.moe.gov.cn/fbh/live/2019/50340/sfcl/201902/t20190226_371173.html.

育大众化的背景下，高等教育的含义就变得更加宽泛了。从各类权威工具书解释和知名学者阐释来看，我国学界对高等教育所作的解释较为全面。

顾明远在其主编的《教育大辞典》中对高等教育的解释为："中等以上程度的各种专业教育及少量高等教育机构设置的一般教育课程计划所提供的教育。"①

朱九思、姚启和编著的《高等教育辞典》对高等教育的释义为："高等教育又称中学后教育、第三级教育，指建立在普通教育基础上，传授高深的科学文化知识与技能、培养高级专门人才的教育。高等教育的实施机构主要有大学、专门学院和专科学校等。"②

我国高等教育学学科创始人潘懋元先生在其主编的著作《新编高等教育学》中对高等教育的定义为："高等教育是建立在普通教育（或基础教育）上的专业性教育，以培养各种专门人才为目标。它所培养的专门人才，将直接进入社会各个领域从事专门工作。"③

基于以上对高等教育的概念认知，就本书所关注的问题，本书所述及的高等教育是指在中等教育的基础上，为培养各种专门人才，由各类大学、学院和专科院校提供的各类专业教育。

三、成人高等教育

如果从逻辑上说，成人高等教育应该是成人教育和高等教育的重合部分。但是，在我国成人高等教育是一类比较特殊的高等教育形式，国内对于成人高等教育的定义也有很多不同的表述。

顾明远主编的《教育大辞典》对成人高等教育的释义为："成人高等教育是对符合规定标准的在业或非在业成年人实施的属于高等教育水平的教育，属继续教育（含职业培训）性质，与普通高等教育相对。

① 顾明远．教育大辞典［M］．上海：上海教育出版社，1991：286.
② 朱九思，姚启和．高等教育辞典［M］．武汉：湖北教育出版社，1993：29.
③ 潘懋元．新编高等教育学［M］．北京：北京师范大学出版社，1996：5.

旨在满足成年人提高自身素质或适应职业要求的需要，也是扩大高等教育机会培养专门人才的途径之一。”①

朱九思、姚启和编著的《高等教育辞典》对成人高等教育的定义是：“对成人实施的高等教育。主要对象为成年从业人员。可包括学历教育与继续教育。旨在提高从业人员的文化素质与专业水平。”②

何红玲在《新中国成人高等教育发展研究》中认为：“成人高等教育是建立在一定基础教育之上，对符合一定标准的、被所属社会所承认的成人们所进行的，各种各样的为培养一定社会认可的较高层次人才的教育。成人高等教育是成人教育和高等教育的交叉部分，是成人教育系统中的高等教育。”③

从以上对成人高等教育概念的阐释可以看出，国内学者对成人高等教育的概念界定也大体遵循把成人高等教育看成是“成人”“高等教育”两大要素的组合。本书探讨的成人高等教育就其本质而言并不仅仅是成人和高等教育的简单组合，否则仅从接受教育的学生是否成年的角度就无法把成人高等教育与普通高等教育区分开来（接受普通高等教育的学生很大部分是法律意义上的成年人）。因此，本书所述及的成人高等教育可以定义为：成人高等教育是与普通高等教育相区别的，针对特殊的教育对象（被所属社会所承认的成人）开展的中等教育层次之上的高层次教育。成人高等教育有自身的培养目标，更加强调提高学生的能力、职业素质，更加注重学以致用，教学方式多以自学为主。

第三节 成人学习者认知学习的特征

成人学习既是每一个成人个体自我发展、自我完善的手段，也是整

① 顾明远．教育大辞典［M］．上海：上海教育出版社，1991：349.

② 朱九思、姚启和．高等教育辞典［M］．武汉：湖北教育出版社，1993：39.

③ 何红玲．新中国成人高等教育发展研究［M］．北京：中国社会科学出版社，2004：12.

个人类社会发展的必要前提。

“理解成人期的学习就如同拼图，很多拼块必须拼在一起才能完整地展现整个图景。个体学习者和学习发生的情景是这个拼图的两个关键拼块。而第三个关键拼块就是学习过程。”① 美国著名心理学家桑代克所著的《成人学习》（*Adult Learning*）标示着西方成人学习理论研究的开始。20 世纪中叶，对成人学习的研究逐步兴起，多种理论流派也随之出现，如诺尔斯的成人教育学派、成人经验学习理论、成人学习情境理论以及成人学习特性研究等。这些学派观点为整体上把握和分析成人学习发展过程提供了理论基础。

相对于儿童学习，成人学习是一个非常复杂的过程。就学习者整体心理状态而言，成人的学习动机较为明确，后天的教育和训练使他们具备较强的自我控制和调整评价能力，加之成人丰富的社会生活经验，其学习能力并没有减弱。从终身学习的角度来看，成人的学习贯穿着一生。具体分析和把握成人认知学习特点，在推动成人教育实践方面具有明显的现实指导意义，有助于指导成人学习者的具体学习内容和方法，提高其学习效率。

一、成人认知水平

认知活动是指人们获得知识、应用或加工知识的过程，是指人认识外界事物的过程，即对作用于人的感觉器官的外界事物进行信息加工的过程。现代心理学将认知活动看成一个由信息的获得、编码、贮存、提取和使一系列连续的认知操作阶段组成的按一定程序进行信息加工的系统。这也是传统心理学定义的人的心理过程，包括感觉、知觉、记忆、想象、思维和语言。“学习是认知结构的组织和再重组”是认知主义学习理论的基本观点之一。

① ［美］雪伦·B. 梅里安，罗斯玛丽·S. 凯弗瑞拉．成人学习的综合研究与实践指导（第 2 版）［M］．黄建，张永，魏光丽，译．北京：中国人民大学出版社，2011.

成人的认知形式更多地表现为经验型和理解型。在成人的教育中，成人学习是主动加工信息建构理解的过程。国外研究表明，不同年龄的人，学习能力的差异主要表现在知觉、注意力控制等因素上。成人学习者虽然在感知能力方面、机械记忆方面与青少年相比有所下降，但是在意义记忆、抽象逻辑、思维能力等方面却比青少年有更大的优越性。

（一）成人的感知能力

人和动物学习活动的第一步是通过感觉器官接受特定的外界刺激，然后传入神经在大脑产生感觉和知觉，但是在人体的各种器官和功能中最早衰退的恰恰是感觉器官，特别是视觉和听觉器官。伴随着生理的成熟，成人的感觉器官开始慢慢衰弱，特别是视觉和听觉。

阿伦伯格（Arenberg）通过对语言研究发现，不同年龄的语言差异中，速度是最有效的变量。通常年纪大的人似乎更多地犯忽略错误而不是回答错误，就是说他们可能是根本没有反应而不是错误地回答。如果允许他们对学习任务自定速度的话他们就会减少忽略错误。可见，影响成人学习能力的认知心理因素中主要是感觉、知觉能力的降低和反应速度的减慢。因此在教学过程中要尽可能增加视、听方面的刺激强度，给予成人学习者足够的接受和反应时间。

（二）成人的记忆能力

没有记忆就谈不上学习，也无所谓知识和经验，更谈不上智力。因此教育心理学着重研究学习的记忆过程，教师更是把学生的记忆知识当做主要目标。感觉器官的衰变使成人不能及时捕捉外界信息和对信息进行加工、整理，记忆难以形成，并且保持率较差，遗忘速度较快，提取时易出现障碍。

一般来说记忆能力包括：识记、保持、再认和重现（回忆）四个方面。不同年龄的记忆力有显著差异，通常中年之后记忆力逐渐缓慢减退，但形象记忆能力可经久不衰。研究表明，长时记忆（或称信息贮存）很少随年龄发生变化，与年龄有关的减量发生在短时记忆的获得上。成人表现出对事物的记忆能力减弱，遗忘速度加快。但是成人有比较丰富的经验，可借助于联想能力和理解能力使理解识记能力（即意义识记，也称逻辑识记）保持稳定。

成年人的记忆保持能力较差，这和成人事多心杂的影响有关。实验表明：识记的数量与保持率成反比，缺乏内在联系的识记材料彼此之间可以相互干扰从而产生“前摄抑制”和“倒摄抑制”进而对识记效果产生消极影响。在成人教育的教学过程中精选教材并使之条理化是要特别注意的。在记忆的重现方面，发现长时记忆或信息的贮存很少随年龄的增长而发生改变，而与年龄有关的记忆力减退主要是短时记忆的识记。这就是我们常见的老年人对往事仍能清晰记忆而对当前的事物却很容易忘记的原因。在成人教育的教学过程中要经常联系或复习前阶段的教学内容，这不仅有利于巩固过去的记忆，也有利于对当前教学内容的理解和记忆。记忆能力方面，成人随着年龄的增长，识记能力开始减弱，特别是“机械识记”能力明显下降，但成人借助丰富的社会生活经验，通过联想和符号连接进行“理解识记”，如果通过某种刺激，这种对知识的重新建构往往就可以保持一段时间，否则只能是“短时记忆”。因此，在严格的时间限制条件下，成人学习者很难产生积极的学习效果，可以让他们自定学习进度，激发和唤醒其意志力，虽然较难控制和管理，却能获得较高的效能。诺尔斯认为：“成人更容易保持那些有意义并且能结合于已有知识结构中的信息。”由于成人的记忆特点是机械记忆能力出现障碍，而以意义记忆为主，学习的内容与生活越相关，成人的学习记忆保持时间越久。这就要求学习的内容有意义并与成人的生活相关，使成人能在充分理解材料内涵、意义的基础上，利用联想、比较及有关经验进行记忆。心理学研究表明，记忆成绩的年龄差与记忆速度有关。教师应充分意识到这一点，在给予学习材料尤其是无意义材料时，要尽量放慢速度，安排出足以完成学习的时间，使成人能够从容学习和记忆。

（三）成人的注意能力

注意力可分为“有意性注意”和“无意性注意”两类，后者是指无预定目标的注意，是由外界新异刺激引起的，这种注意在儿童占优势，而有意性注意则是自觉的，有目的的，这种注意在成年人占优势。成年学习者多能自觉地运用元认知策略，有较强的自我意识和自我调控能力，能对自己的情绪、兴趣作出有目的的调控，使注意力维持在一定的学习活动上。成年人的有意性注意能比较稳定，可以连续集中于某个对象达数小时之久，而儿童则仅能维持40~50分钟，学龄前儿童则更短，所以不同年龄阶段授课单元时间（即每节课的时间）也不同。成人注意力的空间分布范围也比儿童广，一般可同时看到4~6个对象，而儿童只能看到2~3个。成人注意范围广是和他们的经验密切相关的，随着年龄的增长成人的注意能力也会逐渐减退，它和成人感知能力减退呈同步关系。

（四）成人的思维能力

思维是对已经识记的材料、信息进行加工和整理的过程，是学习活动的核心和智力发展的关键，通过归纳比较、分析综合、判断推理以及抽象和概括等步骤对事物的本质进行了解从而获取知识。成人的思维能力比儿童和青少年强得多，这与成人的生活经验和阅历比较丰富有关。成人在学习过程中如果能自觉地、科学地运用思维逻辑不断深化知识的深度和广度，不仅有利于对知识的理解，也有利于对知识的记忆。联系实际、联系个体经验，不仅是成人教育的目标需要，也是成人学习能力和认知心理特征的需要。

（五）成人的元认知水平

认知心理学家还提出了一种重要的过程，即元认知。元认知被定义为“思考思维方式的能力，有意识地把自己作为一个问题解决者来关注，并监控和控制自己的心理过程”（布鲁尔）。元认知被认为是最高水平的心理活动，而且对复杂问题的解决尤其重要。青少年元认知水平较低，多为无意识的，缺少必要的反馈，从事认知活动时，自控力差，常需成人指导和监督。成人作为相对成熟的个体，元认知独特，整体上高于青少年。元认知作为认知的认知，不是先天就有的，而是随着个体年龄的增长逐步发展成熟起来的，是从无到有、从少到多逐步积累而成的。成人学习者往往具有确定的自我概念、较明确的自我意识。在元认知的知识方面，成人对自身的知识结构、知识水平、兴趣、学习能力、个性特征、拥有时间、所在学习场所、学习的任务和目标、学习材料的性质、学习结果的评价标准与措施等，都具有清晰的认识。在元认知的体验方面，因为成人的学习取向是应现实需要而产生的，所以体验也更为深刻。这就解释了这样一种现象：有些人虽在记忆力、学习新知识的能力方面不如青少年，但在解决问题和完成任务方面却更强。

根据元认知发展规律，我们知道成年人的元认知水平整体上高于青少年，但不是说成年后都能发展到最高水平，并且个体之间没有差异。成年人年龄层次跨度很大，生活经验、工作经历各不相同，从而导致元认知知识的丰富程度、元认知体验的深刻程度、元认知调控的灵活程度都不一样。成人的元认知水平并不是一潭死水、一成不变的，还是可以继续发展的。这表明：恰当运用元认知训练方法，促使成人的元认知水平向更高层次发展是可行的。成人的元认知已基本达到内控和自动化，元认知的发展是逐步从外控到内控，从无意识到有意识，再到自动化的过程。

二、成人学习特征

由于成人学习者的成长经历、知识基础以及心理和生理特征存在着很大的差异，因此成人学习者在学习过程中表现出的学习特点多种多样。美国著名成人教育学者马尔科姆·诺尔斯认为成人与青少年相比，在学习的各个方面具有显著的不同，这些不同构成了成人学习者的若干学习特征。成人学习者的主要学习特征表现在以下几个方面：

（一）自我导向学习

学习者的自我概念是诺尔斯成人教育理论中的一个核心概念。诺尔斯将成人学习界定为一种“自我导向的学习”（Self-directed Learning）。他认为：“无论有无他人协助，主动地诊断自己的学习需求、建立学习目标、确认学习所需要的人力和物力资源、选择及实践适当的学习策略，并评估学习成果的这一过程便是自我导向学习。”① 自我导向学习是一种学习过程，人们在其中积极主动地计划、实施和评估自身的学习经验。成人的自我概念特征是从依赖型个性转变为独立个性，因此，成人的学习通常具有自我导向学习的特性。美国达肯沃尔德·梅里安（Darkenwald Merriam）在《成人教育》一书中写道：个人成熟起来时，他的自我观念从依赖型变为自我指导型，成人可以逐步积累更多的经验，更丰富的学习资源。成人元认知是成人个体对自身所拥有的学习能力及学习资源如何获得与加工的知觉状况，也就是成人对自身认知的自我意识，即成人自我导向学习的能力。相比未成年人而言，成人学习者在多数情况下能主动分析自己的学习需要，形成学习目标，选择学习方式和课程资料，并具备一定的自我评价能力。

在个体自我导向作用下，成人学习者选择认为最合适的学习方法，在保证实现最终目标的同时，将注意力集中到“是否有兴趣学，以及学多深”的问题上。这个判断标准，则是依据个人已有的知识经验。具体来说，在学习方法上强调理论结合实际，而是否能将学习内容应用到实际中，是否改变个人思考和信念，则是成人确定“我是否学到东西”的主要标准。

1. 成人学习目标的明确性

---

① ［美］马尔科姆·诺尔斯．现代成人教育实践［M］．蔺延梓，译．北京：人民教育出版社，1989：25.

托尔曼的符号学习理论认为，学习不是盲目、机械的反射，而是认识符号意义、追求目标的行动。他对于学习的这种实质性理解恰是对成人学习目标明确性特点的阐释。尽管成人对外部的刺激因素反应积极，如更好的工作、提升及更高的薪水等，但最有力的激励因素是内在的压力，如增加工作满意度、增强自尊、提升生活质量等。成人学习的目的可分为三个层次：一是为生计而学，学习的目的是为了谋取或延续一份职业以维持生计；二是为了生活而学，学习的目的是为了改善生活，提高生活水平，使自己生活得更加美好；三是为了生命而学或为了个体尊严而学，即学习的根本目的在于实现自己的人生价值，使自己的生命更有价值 。

成人出于现实的需要开展学习活动，往往期望在短期内收到理想的效果，体现了实用主义思想的特点。个人成熟时，他运用知识的时间观念会发生变化，从将来运用知识的观念变成即刻运用知识的观念。成人学习计划与其社会角色任务密切相关，成人的学习任务主要与他们所承担的社会责任有关，他们往往将学习作为职业发展的转折点。马克拉斯基（McClusky）指出：问题是成人学习的自然单位。在此过程中成人不仅提高了自己的反思水平和理论水平，而且也提高了自己的实践能力和解决问题的能力。

2. 学习方式的自主性

成人在选择学习内容、学习方式方面具有较强的自主性，他们往往根据自己的实际情况来选择比较适合自己的学习方式，诸如脱产进修、函授学习、夜大、自学考试、广播电视大学，以及各种形式的讲习班、交流会等。自主学习，简单地说就是学习者自己主宰自己的学习，学习者能自觉确定学习目标、制订学习计划、选择学习方法、监控学习过程、评价学习结果。它是学习者积极、主动、自觉地从事和管理自己的学习活动，在学习的各个方面和整个过程摆脱对教师的依赖，自己独立地作出选择和控制。由于成人的自主意识和自主能力趋于成熟或基本成熟，在学习上具有较强的独立性和自主性，在学习前，他们根据已有的知识经验、职业性质、工作需求、兴趣爱好自主地选择学习的内容，能自觉地确立学习的目标。学习过程中不是简单地接受老师的观点，而是能用批判思维和审视的眼光来看待教师的观点和书本上的观点，善于对那些结论和观点提出质疑。根据教师的引导自行发现问题、分析问题、解决问题，而且在学习过程中不断监控自己对知识的理解和掌握，故成人在学习的目标建立、方法掌握及结果评价方面都具有自主学习的特点。

（二）经验学习

建构主义者认为所谓知识只可以从每个个体自己的经验及已有的理解中建构出来，而学习必须是一个知识建构过程，其中学习者的经验以及相关背景（社会文化环境等）都是重要的因素，这个过程应该是个体知识创造、发展的过程，是学习者积极主动地与环境互动的过程。事实上，很多人的日常行为都是理所当然的、看似无意识的行为，但其实都来源于个体遵循以往的经验或规范的自觉行为。在面临靠以往经验无法应对的情境时，他们就需要“思考”，也就是重新检讨（反思）既有的经验，确定行动策略，预计行动效果，这个就是“学习”的过程。成人拥有生产、生活、训练等丰富的阅历，积累了许多经验，这些经验是成人用以说明自己个性及与他人不同之处的依据，也是其参与教育、判断学习活动的依据。其强调尊重成人的个人经验，并在教育中充分利用这些经验。另外，诺尔斯认为成人的经验作为学习的一份宝贵资源，为知识的转移创造了条件。但是，人类学家麦阿德通过实验证明，经验对于成人并非总是有益的。他认为成人对旧习惯、已有的知识和经验具有自身难以解脱的保护性。

成人学习是基于经验的学习。对于成人来说，个人经验形成自己的个性，因而十分珍惜这些经验。林德曼指出：“经验是成人学习者的活的教科书。”经验是成人学习的重要基础和资源，建构主义的知识观认为学习者的经验性知识是新知识的生长点，经验在成人学习中发挥着不可或缺的关键性作用。成人学习者无形中遵循了经验的范式，经验学习强调要对经验进行批判性反思，有效的学习来自有效的反思。诺尔斯强调，成人与儿童最大的区别之一就是成人积累了丰富的经验。库伯认为学习是持续的经验构成和再构成的动态过程。经验是成人的学习基础和学习源泉，经验的建构促进了成人的学习，经验在成人学习中发挥着重要的作用。

成人拥有丰富的经验，因而在学习活动中，首先，应强调个体的经验本身就是一种学习资源，而且这种经验还应该可以供其他学习者共享；其次，成人学习大多是将新知识与已有经验进行有机结合，所以教学效果很大层面上取决于对成人学习者已有经验的唤醒；最后，我们必须鼓励学习者客观看待个体经验，学会如何学习，并能将新知识运用到生活工作中去。成人学习者已有的经验对于进一步学习来说，既是具有积极意义的学习来源，也可能成为学习障碍，它将直接影响学习者对新知识的解释和归纳，进而影响学习的方式和态度。成人拥有丰富的经验可供其从事学习活动时作为参照，并经常以个人经验指导学习活动，这是成人学习者与青少年学生的重要区别之一。但经验的负面影响也不可忽视。英国心理学家斯皮尔曼（C. Spirman）早在1927年就提出了经验的二重性问题。他以实验、研究结果证实了经验对成人的学习既有积极的作用，也有消极作用。如经验容易使成人固守旧的习惯、方法，容易养成保守的心态。可见固守经验不仅无益于学习，反而会成为学习的障碍。人类学家麦阿德也以其实验证明，已有经验知识并非对成人的学习总是有益的，一是由于成人学习者以前所学知识及总结的经验会随着时间的推移、社会的进步而变得陈旧；二是成人对旧习惯、已有的知识与经验具有自身难以解脱的保护性，对接受新观点、新事物的心理准备往往不足，尤其当接触到与原有观念、经验相矛盾的观点时，他们容易采取排斥或批判的态度。大量的成人教学实践也证明了这一点。

（三）实用性学习

成人教育大师诺尔斯认为：成人的学习计划日益结合他们的社会职责是其学习职业性的主要原因。诺尔斯在讲到儿童学习与成人学习的差异时指出：成人学习是在过去形成的发展的基础上进行的。成人的学习受他变化着的社会任务所影响。在诺尔斯看来，成人只有意识到某种知识能够帮助其解决某一问题时，才有学习的动机。因此，单纯的教材内容不会引发成人学习者的兴趣，只有当新的知识、技能、价值与态度在真实的生活情境中展现给成人学习者时，他们的学习才有效果。同时，由于他们都来自生产或工作第一线，对生产的环境与过程比较熟悉，不像普通学校毕业生那样，需要一个适应的过程，这样，成人在学习中还能够有意识地缩小学习与工作、生产之间的距离，加强联系，把所学新的知识自觉运用到实际中去，进行创造性的劳动，并且在实践中检验所学知识的正确性与可行性。

三、成人高等教育学生的特点

（一）基础知识较差

成人高教学生的学习基础普遍薄弱。从全国成人高校招生分数线来看，成教学生的学习基础普遍较差，而且存在着逐年下滑的趋势。这主要是因为近年来各类职校和大专院校招生规模的扩大，教育的侧重点在学生的职业技能培养上，对基础课的教学要求普遍不高，加之很多成人高教学生因为工作了一段时间，许多基础知识已经淡忘，因此，重新学习起来比较吃力。

（二）生源素质参差不齐

成人高教学生素质参差不齐，不少人的自我约束能力差。成教学生来源广泛，构成复杂，主要有企业员工、应届毕业生等，还有部分社会无业人员。复杂的生源使学生的综合素质参差不齐。部分学生由于自控力较差、学习成绩不佳而未能考上普通高校，为了找工作而不得不选择成人教育这条出路，有些学生学习不努力，只求“混文凭”，甚至还有一些学生将社会上的不良风气带入校园，给学校的教学和管理工作带来一定的干扰。

但也有部分学生因为文化课或专业课几分之差而落榜，因此在他们内心深处有一种不服输的劲头。他们渴求新知，积极进取，希望自己的价值能够得到社会的承认。这部分学生潜意识里有紧迫感，学习刻苦，有较强的积极向上的心理动力以及自强向上的竞争意识。

（三）重应用轻理论

成人高教学生大多已工作，由于种种原因无法接受高等教育，现在上大学，很大程度上是为了更出色地做好自己的本职工作，这决定了他们的学习活动大都出于学以致用、立竿见影的目的。所以他们多是带着解决问题的目的来学习的，对空洞的理论和不切实际的教学自然也就不感兴趣。成人学生的学习目的决定了成人的学习以获取及时和有用的知识为取向，以解决问题为核心，这与普通高校统招学生多以知识和技能的储备为中心显著不同。

（四）学习时间难以保证

加拿大著名的成人教育理论家基德认为：对于成年人来说，时间与金钱和力气一样宝贵。成人学习者大部分都已婚，有的已有子女，再加上工作繁忙，所以他们同时扮演着劳动者、丈夫（妻子）、父母、子女等角色。老人、孩子、工作、应酬等各种繁杂的工作、生活事务不但占用学习时间，还占用学习精力。笔者认为，他们常会有“七难”：难有充足的时间；难有可以集中精力学习的整块时间；难以气定神闲地从容学习；难以避免工作、家庭与学习之间的冲突；难以避开其他没完没了的工作或事务；难以及时从工作状态转换到学习状态；难以进行有效的注意分配和注意转移。

四、成人高等教育学生学习的心理特征

（一）易产生自卑心理

一般来说，成人高教学生多数是普通高校的“落榜者”，基础知识相对较差；由于年龄偏大和工作繁忙，加之学习时间短和记忆力差等，他们容易产生学习压力，因而在心理上会产生自卑感。

（二）自尊心强

由于多数成人高教学生具有一定的工作经历，有一定的实际经验，有的还是单位的骨干或担任一定的领导职务，他们在工作中受到的尊重使得他们在参加成人高教学习的过程中又存在着强烈的自尊心。

（三）害怕考试

许多成人高教学生是一边工作一边学习，有的还要承担较重的家庭责任，因此个人拥有的学习时间和精力都有限，加上年龄的关系使得他们的记忆力不如年轻的学生，所以他们害怕考试，特别是那些需要死记硬背的闭卷测试，对于他们来说简直是难上加难。

（四）急于求成

工作、家庭的负担，学习时间和精力的有限，学习机会的减少，以及其他方面的压力使成人高教学生有急于求成、快拿文凭的心理。他们想尽量减少上课时间，希望尽快取得文凭顺利毕业，甚至不考试就能马上获得文凭。

（五）自信心不足

诺尔斯通过研究发现：一个阶段离开了系统教育的成人可能低估了

自己的学习能力，这种缺乏信心的心理可能妨碍他们全身心地投入学习。[①] 这种认知上的偏差，使得许多成人有学习的愿望却无法产生自信，极大阻碍了成人参与学习的主动性。每个人最大的敌人就是自己，因此，心理障碍是所有这些障碍中最为关键的，是“内因”，其余的都属“外因”。许多成人再次学习时，有的已经多年未专心学习了，记忆力也有所减退，对自己的学习能力充满疑惑。虽然愿意学，也认真、踏实地学，但在学习的过程中始终摆脱不了一个念头：我这么笨，肯定学不会。带着一颗怀疑自己的心去学习，学习效果就不好，加上工作、家庭的负担，造成他们在学习上信心不足。

---

① ［美］马尔科姆·诺尔斯．现代成人教育实践［M］．蔺延梓，译．北京：人民教育出版社，1989：17.

第二章 成教学生学习困境调查

第一节 理论基础

一、终身教育理论

(一) 理论观点

现代终身教育理念于1965年在巴黎召开的推进成人教育国际会议上由终身教育研究者保罗·朗格朗德(Paul Lengrand)提出,在1972年教科文组织出版的《学会生存:教育世界的今天和明天》一书中正式确认了保罗终身教育理念。在保罗·朗格朗德的《终身教育引论》中,其对终身教育的定义为:终身教育是一系列很具体的思想、实验和成就,它包括了教育的各个方面、各项内容,从一个人出生的那一刻起一直到生命终结时的不间断的发展。我国1995年颁布的《教育法》第十一条规定:"国家适应社会主义市场经济发展和社会进步的需要,推进教育改革,促进各级各类教育协调发展,建立和完善终身教育体系。"在第十九条中,也同样提到:"国家实行职业教育制度和成人教育制度。各级人民政府、有关行政部门以及企业事业组织应当采取措施,发展并保障公民接受职业学校教育或者各种形式的职业培训。国家鼓励发展多种形式的成人教育,使公民接受适当形式的政治、经济、文化、科学、技术、业务教育和终身教育。”

笔者认为，终身教育可定义为：为个人提供的、有知识内容的、有使用价值的、有组织的、面向大众的、科学的、系统的学习机会和学习环境，以利于个人提高人文素质，提高工作效率，改善生活质量，以求在现实社会中获得更好的生存空间和生存价值的终身教育。

终身教育理论具备这几个特点：①终身性，即具有终身性，不是在正规学校教育结束时便告终止。②普遍性，面向普罗大众，提供各种可供选择的教育方式和方法。③修正性，具有补正机能，可以克服现行教育的缺点，最终目标是维持社会对知识的需求平衡，并能改善社会生活质量。

（二）终身教育理论的意义

1. 学习需要

树立终身教育理念有利于提高学生学习的积极性。在全民学习、终身学习的学习型社会背景下，每个人都有学习的需要。依据马斯洛的需要层次理论，成人学习者想缩短自身与社会的差距便会产生强烈的求知欲，这种求知欲是学习者自我实现的一种需要，是一种高层次的、精神上的需要，其在学习者内心产生强大的驱动力，促使成人学习者积极参加学习，并能够付出一定的努力，以达到预期的学习目标。

2. 学习动机

目前，在市场经济的宏观调控下，产业结构不断地调整、重组，新技术、新方法以及高端人才的进入，使大量的普通从业人员面临着下岗的严峻形势。终身教育理念也使学习成为人们突破困难的重要途径之一。因此，成人学习者的学习动机普遍较为强烈，学习态度端正，学习兴趣也比较浓厚。

3. 学习目标

成人学习者的学习主要是基于问题的学习，是对工作和生活中遇到的各种问题有针对性地寻求解决方法的学习，具有较强的学习目标。他们更注重学习的实效性，注重学习对实际工作、生活问题的解决效果。

（三）我国的终身教育政策

习近平在“教育第一”全球倡议行动一周年纪念活动上指出，中国始终把教育摆在优先发展的战略位置，不断扩大投入，努力发展全民教育、终身教育，建设学习型社会，努力让每个孩子享有受教育的机会，努力让13亿人民享有更好更公平的教育，获得发展自身、奉献社会、造福人民的能力。① 20世纪80年代以后，我国政府和教育主管部门开始把终身教育理论倡导的教育理念运用于教育方针政策和教育法令的制定之中。1993年颁布的《中国教育改革和发展纲要》指出：“成人教育是传统学校教育向终身教育发展的一种新型教育制度，对不断提高全民族素质，促进经济和社会发展具有重要作用……要本着学用结合、按需施教和注重实效的原则，把大力开展岗位培训和继续教育作为重点，重视从业人员的知识更新。”1995年我国颁布的《中华人民共和国教育法》指出：“国家适应社会主义市场经济发展和社会进步的需要，推进教育改革，促进各级各类教育协调发展，建立和完善终身教育体系。”

改革开放以来，我国政府在大力发展普通学校教育的同时，高度重视成人教育事业的发展，使得我国成人教育机构数量、在校学生人数、教师数量都有了长足的发展，为我国快速发展的经济建设和社会文化建设提供了强有力的人才支持和智力保障。终身教育理论强调教育的终身化、教育的全民化、教育的个性化和实用化，这为我国新时期改革传统的教育制度，全面推进以提高学生综合素质的成人教育改革与发展提供了一定的理论基础。

① 习近平主席在联合国“教育第一”全球倡议行动一周年纪念活动上发表贺词［EB/OL］.（2013-09-26）. http：//news. cntv. cn/2013/09/26/VIDE1380194646712226. shtml.

二、成人学习特征理论

（一）理论观点

自 20 世纪 20 年代开始，教育心理学家认识到正规教育理论的局限性，于是开发了成人教学法，即成人学习理论，成人学习问题开始受到学者们的广泛关注。美国成人教育学家诺尔斯认为，根据成人具有较强的自主性、灵活多样性、持续发展性特点，应该让成人自己负责自身学习的过程。自我导向学习理论的提出者塔夫认为，学习过程的内容应该以生产生活的内容为主要题材，而不仅仅是局限在固定地点。成人转化学习理论的奠基人杰克·麦基罗（Jack Mezirow）认为，成人在之前学习经验的基础上，会以此来指导自己之后的学习过程，重塑新的经验。① 上述理论有助于了解学习者、制定教学策略，指导学习者进行更好的学习。

诺尔斯建立了成人学习理论模型，其模型的建立基于以下假设条件：一是成人需要知道他们为什么要学习；二是成人有进行自我指导的需求；三是成人可为学习带来更多的与工作有关的经验；四是成人是带着一定的问题去参与学习的；五是成人受到内部和外部的激励而学习。

美国管理学家戈特（Tom W. Goad）在《第一次培训者》（*The First Time Trainer*）一书中，总结了关于成人学习的 16 条原理，主要内容包括：①成人是通过干而学的；②运用实例；③成人是通过与原有知识的联系、比较来学习的；④在非正式的环境氛围中进行学习；⑤增添多样性；⑥消除恐惧心理；⑦做一个推动学习的促进者；⑧明确学习目标；⑨反复实践，熟能生巧；⑩引导启发式的学习；⑪给予信息反馈；⑫循序渐进，交叉训练；⑬学习活动应紧扣学习目标；⑭良好的初始印象能

① 刘志丹．观点质变学习理论：成人高等教育理论的当代转型［J］．当代教育理论与实践，2016（1）：17.

吸引学员的注意力；⑮要有激情；⑯重复学习，加深记忆。

成人学习者的几个典型学习特征为：

1. 成人学习者的学习针对性强

大部分的成人学习者是以职业发展为动机的，目的是进一步提高自己的适应能力及工作能力。本书有关成人教育目的问卷调查结果显示，78.2%的被调查者选择了“获取文凭”选项，62.4%的人选择了“获取工作中所需的知识和技能”选项。由此可知成人学习者的学习目的较强，且因本身处于工作中，在学习中更倾向于结合实际工作，用新的知识或理论解决实际问题。美国成人教育者雪伦·B. 梅里安曾说：成人教育各种教学项目无不体现出它们的实用性、功利性和职业性。对于已经在社会上从事某种职业的成年人来讲，他们的学习通常是为了解决自己或组织遇到的某些问题，并希望学习的收效很快。① 因此，他们要求授课老师知识水平高，实践经验丰富。课程的重点应放在帮助学员解决工作中遇到的问题上，学以致用。

2. 成人学习者喜欢边干边学

经验告诉我们，在实践中学习，是最终意义上的学习，亲自动手达成的结果能给学习者留下深刻的感性认识。成人学习者在工作过程中会遇到各种问题，他们更倾向于在学习或培训过程中习得实用性的知识，并通过该知识或理论指导解决现实中所存在的问题。

3. 成人学习者更喜欢多样化的教学方式

传统的教学方式主要是单纯的课堂讲授，课下作业，显得单调乏味，难以满足成人学习者的学习需求。成人学习者具有较为成熟的生理心理特征和较为丰富的工作经验，更需要通过多样化的教学方式进行学习，如案例教学、讨论分享等。成人学习者喜欢利用熟悉的事例或思路来促进自身学习，因此教师需要用真实的、有趣的、发生在日常生活中

① ［美］雪伦·B. 梅里安. 成人学习理论的新进展［M］. 黄健，等，译. 北京：中国人民大学出版社，2016.

的例子，来吸引他们进行思考与学习。成人学习者拥有丰富的工作经验，更希望通过经验与想法的分享与讨论，通过启发式教学，来帮助他们找出结果，并完成所期望的任务。

（二）成人学习特征理论的意义及应用

成人学习理论对开展成人继续教育有着重要的指导意义，因为许多成人学习者缺少长时间的正规高等教育，教学中师生互动显得很重要。在成人学习理论指导下，教学中应遵循以下成人教育原则：

1. 要激发学习兴趣和动机，提高他们的学习积极性和热情

如果学生有强烈的学习动机，要求改变行为或获得知识，他们就会在学习过程中保持学习的热情。当学生意识到通过学习能满足个人需要时，必然会调动起学习的兴趣和积极性，教师在授课时才会更容易收到预期效果。

2. 注意个体差异，因材施教

在教学的过程中，应根据学生的不同特点、优势、需要，考虑他们的知识储备，采取与之相适应的教学方式，有的放矢地进行教学。成人学习者有着更为丰富的生活经验和社会阅历，他们会把更丰富、更多样化的知识带进学习情景中去。成人的学习需求、学习兴趣、学习动机的形成及学习内容的选择在很大程度上都是以自己的经验为依据的。① 因此，教学时要多考虑他们的职业、行业以及生活等因素。

3. 强化原则

学习强化理论认为，人们会保持那些受到奖励的行为，避免那些没有受到奖励或受到惩罚的行为。在学习中应运用正强化措施，对学生良好的行为给予积极的刺激，对学习效果给予明确的信息反馈。通过反复强化，使良好的学习行为、工作模式固定下来，使学生在工作和生活中

---

① 车向清．把握成人学习特点　走出成人教育教学“普教化”影照［J］．职教通讯，2011（03）：44-47.

能够具备良好的行为，能熟练地运用知识、技能来解决工作或生活上的问题。

4. 实践原则

成人学习者比较倾向于干中学，因此，加强实践教学能使成人学习者更好地理解和把握理论，学到实用的知识。

成人学习理论及其学习特征对指导课堂教学，加强成教学生管理以及成人高等教育发展都有着重要的意义，尤其是对探索成人高等教育学生学习困境因素以及如何促进成人学习者进行有意义的自主学习有着重要的指导意义。

第二节　调查设计

一、问卷设计

本章研究方法包括了问卷调查法、访谈和个案研究法，以问卷调查法为主。问卷设计参考黄富顺提出的成人参与学习过程中所面临的情景、机构、心理和信息等四个方面的障碍，在此基础上，针对成人教育学生学习上可能面临的困境进行问卷设计。问卷共包含四个方面的内容：①情景因素。主要包括学习费用、学习时间、相关者相互关系、交通条件等。②机构因素。主要包括教育机构所在地、课程的时间安排、学习资源、课程设置、注册程序、课程时间弹性、学习气氛、教育机构师资情况、教师专业素养、教师授课情绪等。③学习者个人情况及其对学习的认知。主要包括年龄、学习基础、学习动机、学习方法、学习主动性、对成人教育价值的认知、学习兴趣、对学习评价方式的看法、对学习荣誉的看法等。④信息因素。主要包括学生获得与学习相关信息及学校管理信息等的渠道、便利程度以及学生向学校反馈信息的渠道等。经过归类和修改，问卷初稿设计了 40 道题目，编成《成人高等教育学生学习困境因素问卷调查表》，后根据预调查及反馈回来的情况进行删改，最终确定 30 道题目，其中 7 道题目为反向题目（见附录 1）。

二、调查对象抽样

本研究开展的调查主要以广东省普通高校为例，调查对象为几所重点高校的成人高等教育学生，这些学生分布在广州、佛山、珠海、深圳、惠州、东莞、中山等十多个教学点，专业涉及会计学、工商管理、人力资源管理、财务管理、电子商务等专业。本调查抽取这几所高校的省内多个成人高等教育教学点进行问卷发放，共2000名学生参与调查，其中包括专科学生1074人，本科学生926人。回收问卷1981份，有效问卷1942份，有效率98%。调查数据采用SPSS18.0进行统计分析。

第三节　调查结果与分析

一、总体情况分析

（一）成人高等教育学生基本情况描述分析

通过对问卷数据的整理及统计分析，得出各项基本资料，简述如下：

1. 性别

本次调查结果显示，有效问卷中女性人数为1620名，占有效问卷填写总人数（1942人，下同）的83.4%，女性比例显著高于男性比例。这结果与普通高校情况相似。

2. 年龄

从调查数据来看，18岁至30岁的被调查人数共1 789人，占总人数的92.1%，占了成人高等教育学生群体的绝大部分。从以往的相关调查数据来看，21世纪以来我国成人教育学生总体年龄是在不断下降的。这是因为随着我国高等教育事业改革发展的不断推进，国家提供的教育资源越来越多，越来越丰富，中等教育学生毕业后如果不能通过全国普通高校统一招生考试进入普通高校深造，仍可以选择通过参加成人高考获取接受高等教育的机会。

3. 学习层次

为了提高数据的针对性，本次调查选取的主要调查对象为开设课程较多的专科一、二年级和本科一、二年级学生。其中专科一年级和二年级人数分别为 605 人和 448 人，总占比为 54.2%；本科一年级和二年级人数分别为 476 人和 386 人，总占比为 44.4%。

4. 婚姻

婚姻是成人高等教育学生的一个重要特征，成人高等教育学生婚姻状况调查结果显示，大部分学生处于未婚状况，占到总人数的 81.3%。虽然报读成人高等教育的学生年龄分布比较广，但本次调查对象中，18~30 岁的学生占据成人高等教育学生群体的绝大部分，以高考落榜者为主。

5. 工作相关情况

本研究对成人高等教育学生工作单位、工作时间、收入等相关情况进行调查，结果显示私营企业工作者占比最高（1101 人，56.7%），其次分别为国有企业（192 人，9.9%），外资企业（189 人，9.7%），事业单位（142 人，7.3%），待业（98 人，5.1%），个体工商户（71 人，3.7%），自由职业者（56 人，2.9%），其他（40 人，2.0%），国家政府机关（37 人，1.9%），集体所有制企业（16 人，0.8%）。近 40%的成人高等教育学生不能享受完整的周末休息时间。

收入方面，以人民币计算，收入在3001~5000元者最多（744 人，40.9%），排第二位的是收入在2001~3000元者（699 人，38.4%），其次分别为5001~7000元者（162 人，8.9%），1001~2000元者（136 人，7.5%），7001~10000元者（34 人，1.8%），1000元以下者（27 人，1.5%），最高的是收入在10000元以上者（19 人，1.0%）。与 2018 年广东省全省在岗职工月平均工资6350元相比较，绝大多数就读成人高等教育的学生的收入水平低于在岗职工平均收入水平，大多数属于中低收入人群。

6. 学习目的

从表 2-1 中的统计结果可以看出，成人高等教育学生就读成人教育的目的主要是获取文凭、获取工作中所需的知识和技能以及提高自己的综合素质，其他选项选择者均不超过9%，这说明成人高等教育学生就读成人高等教育目的明确，获取文凭、促进职业提升和提高自身综合素质是他们的主要动机。这一结果与学者余小波把成人高等教育划分成学历导向型、职业导向型和学习导向型的论述非常相似。①

表2-1　　**被调查者就读成人教育的目的**

			频率	百分比	有效百分比	累积百分比
选择就读成人教育的主要目的	纯粹的兴趣	未选择	1781	91.7	91.7	91.7
		选择	161	8.3	8.3	100
	获取文凭	未选择	424	21.8	21.8	21.8
		选择	1518	78.2	78.2	100
	打发闲暇的时间	未选择	1780	91.7	91.7	91.7
		选择	162	8.3	8.3	100
	获取工作中所需的知识和技能	未选择	730	37.6	37.6	37.6
		选择	1212	62.4	62.4	100
	提高自己的综合素质，能更好地服务社会	未选择	786	40.5	40.5	40.5
		选择	1156	59.5	59.5	100
	满足家人、朋友或者其他人的期望	未选择	1842	94.9	94.9	94.9
		选择	100	5.1	5.1	100
	没有明确的导向，看到很多人报考，我也做出了这样的选择	未选择	1914	98.6	98.6	98.6
		选择	28	1.4	1.4	100
	其他原因（请说明）	未选择	1918	98.8	98.8	98.8
		选择	24	1.2	1.2	100

① 余小波．成人高等教育型及转型探略［J］．现代大学教育，2011（1）：29.

在问卷的第二部分，通过对30道题目赋值（完全同意为5分，基本同意为4分，不确定为3分，基本不同意为2分，完全不同意为1分），计算各题目得分情况，均值等于3分的表示中立态度，分值越大则表示同意程度越高，反之则低。各题均值如表2-2所示。

表2-2　　**成人高等教育学生各项学习困境因素均值**

题　　目	均值
我的亲友支持我读成人教育	4.35
我参加成人教育有明确的学习目的，知道自己要学什么	4.13
我向任课教师请教问题能得到及时有效的答复	4.09
我能及时获取学校管理的各类信息（如上课、考试、调课等各类安排及办事注意事项等）	3.93
在学校所学的知识很有针对性，对我现在或者未来的工作有帮助	3.78
学校的学生管理工作（如注册、缴费、选课、请假、缓考等程序）效率较高，学生办理事务较为便捷	3.77
我的学习时间和工作时间经常有冲突	3.72
学校的课程设置较为合理	3.71
高中或中专时期的学习基础较差，现在感到学习比较吃力	3.58
我会为了争取优秀学生和优秀学生干部等荣誉而努力学习	3.57
就读成人教育我在经济上没有困难	3.53
多数任课教师专业水平较高	3.51
对我而言，只要我能学到知识，能不能在考试中考出好成绩不那么重要	3.50
我对所学专业开设的大部分课程的内容比较感兴趣，会积极主动地努力学习	3.47
我身边缺乏崇尚学习、热爱学习的氛围	3.46
如果有谋求更高职位或增加更多收入机会，并且这些机会与参与成教学习之间发生冲突时，我会暂时中止或者放弃就读成教	3.46
多数教师有很好的教学方法，能帮助我有效地学习课程内容	3.41

续表

题目	均值
我前往学校或教学点的交通方便	3.37
我在学习上遇到问题会主动向任课老师求教	3.27
学校选用的教材适合成教学生使用	3.07
我在就读期间遇到的问题如果向学校反映能得到及时有效的反馈	2.76
因为年龄较大的原因，我觉得自己学习能力下降，学习比较吃力	2.67
家里有孩子或其他家庭成员需要我照顾	2.66
学校的上课和考试等时间安排合理	2.64
考试成绩能反映学生学习的真实水平	2.61
多数教师课堂讲课热情很高，课堂氛围较好	2.57
我主动学习的主要原因是为了应付考试	2.56
我有一套自己的学习方法	2.55
多数教师的教学方式很好，能因材施教顾及不同层次的学生	2.50
我获取学校的辅助学习资源（如图书馆资源、教师课下答疑等）方便	2.49

从题目内容来进行学习困境因素分类，可分为主观方面与客观方面，主要包括个人方面、环境方面、教师方面、管理方面以及课程方面。在个人方面，被调查者普遍认为自己有很明确的学习目的和较高的学习积极性，但是觉得自己存在学习基础差、工作与学习时间冲突及缺乏良好的学习方法等情况；在教师方面，被调查者普遍认为大部分教师的专业水平较高以及能运用多种教学方式施教，但是存在教学效果不理想与教学没因材施教等情况；在学校管理方面，大部分被调查者认同学校在学生管理工作上的安排，但信息反馈的均值低于3分，表明学校在处理学习者诉求的反馈工作方面还存巨大的改进空间；在课程内容方面，无论是课程教材的选取，还是专业课程的设置，都受到大部分被调查者的基本认同，但在课程安排方面的分值低于3分，有可能是由于学生工作时间与上课时间冲突导致的。至于其他方面，涉及被调查者的学

习、生活环境以及支持等方面，结果显示家庭成员高度支持学习者的学习，而且大部分的学习者的家庭负担还是较小的，这与前面学习者有明确的学习目的与较高的学习积极性是有一定关联的，高度支持与较小的生活负担是学习者形成积极的学习态度的重要因素之一。而较高的家庭支持与认可度也是与我国长期以来倡导的建设“学习型社会”和推动“终身教育”理念的发展是分不开的。但学习经费与教辅资料获取便捷性方面分值较低，这其中的困境因素较多，值得进一步深入探讨。

从均值结果来看，影响成人高等教育学生的学习首先是来自工作和学习时间的冲突、基础较差和没有很好的学习方法；其次是学校面授和考试时间安排不合理、没有因材施教、教辅资源便捷性低等方面。由此可见，如何提高成人高等教育学生学习的积极性是非常值得关注的问题。

（二）成人高等教育学生学习困境因素的主成分分析

首先，对调查问卷的 30 道题目进行可信度分析，结果显示 Cronbach's Alpha 系数为 0.739，基于标准化项的 Cronbach's Alpha 系数为 0.750。由此说明，问卷中的各题项得分之间是具有一致性的，且其一致性较高。

通过采用“方差极大旋转法”对学习困境因素问卷的 30 道题目作第一次主成分因子分析，结果显示“取样足够度的 Kaiser-Meyer-Olkin 度量”（KMO）值为 0.861，Bartlett 的球形度检验的近似卡方值为 9340.508（df = 435），Bartlett 球形度检验的结果达到了显著水平（$p<0.05$）。

根据 $\lambda>1$ 的原则，提取 8 个因子，由于问卷第二部分关于学习相关情况匹配选择题目中的第 1、3、11、15、19、27、28 这 7 个题目在多个因子上的载荷接近，因此，将这 7 个题目删除，对保留的 23 道题目重新作主成分分析。经过四次主成分分析的 KMO 检验值为 0.822，Bartlett 的球形度检验的近似卡方值为6462.069（df = 253），p = 0.000。根据 $\lambda>1$ 的原则，提取 7 个因子，每个因子包含题目的因子载荷如表 2-3 所示，每个因子包含的题目如表 2-4 所示。

表 2-3　　　　**主成分因子分析旋转后的因子载荷矩阵**

	成分						
	1	2	3	4	5	6	7
多数教师的教学方式很好，能因材施教顾及不同层次的学生	0. 745						
多数教师课堂讲课热情很高，课堂氛围较好	0. 682						
我获取学校的辅助学习资源（如图书馆资源、教师课下答疑等）方便	0. 575						
我在就读期间遇到的问题如果向学校反映能得到及时有效的反馈	0. 558						
学校的上课和考试等时间安排合理	0. 541						
多数教师有很好的教学方法，能帮助我有效地学习课程内容	0. 473						
我参加成人教育有明确的学习目的，知道自己要学什么		0. 622					
学校的学生管理工作（如注册、缴费、选课、请假、缓考等程序）效率较高，学生办理事务较为便捷		0. 615					
我向任课教师请教问题能得到及时有效的答复		0. 612					
我能及时获取学校管理的各类信息（如上课、考试、调课等各类安排及办事注意事项等）		0. 588					
我会为了争取优秀学生和优秀学生干部等荣誉而努力学习	0. 490						
学校的课程设置较为合理			0. 762				
在学校所学的知识很有针对性，对我现在或者未来的工作有帮助			0. 752				
我对所学专业开设的大部分课程的内容比较感兴趣，会积极主动地努力学习			0. 482				

续表

	成分						
	1	2	3	4	5	6	7
我主动学习的主要原因是为了应付考试				0.715			
我身边缺乏崇尚学习、热爱学习的氛围				0.645			
如果有谋求更高职位或增加更多收入机会，并且这些机会与参与成教学习之间发生冲突时，我会暂时中止或者放弃就读成教				0.514			
家里有孩子或其他家庭成员需要我照顾					0.796		
因为年龄较大的原因，我觉得自己学习能力下降，学习比较吃力					0.687		
我有一套自己的学习方法						0.711	
高中或中专时期的学习基础较差，现在感到学习比较吃力						0.577	
我前往学校或教学点的交通方便							0.732
我的亲友支持我读成人教育							0.716

表 2-4　　　　**主成分因子分析公共因子**

公共因子	包含的题目（按得分由高到低排序）
公共因子1教学与评价	多数教师的教学方式很好，能因材施教顾及不同层次的学生
	多数教师课堂讲课热情很高，课堂氛围较好
	我获取学校的辅助学习资源（如图书馆资源、教师课下答疑等）方便
	我在就读期间遇到的问题如果向学校反映能得到及时有效的反馈
	学校的上课和考试等时间安排合理
	多数教师有很好的教学方法，能帮助我有效地学习课程内容

续表

公共因子	包含的题目（按得分由高到低排序）
公共因子2教育管理	我参加成人教育有明确的学习目的，知道自己要学什么
	学校的学生管理工作（如注册、缴费、选课、请假、缓考等程序）效率较高，学生办理事务较为便捷
	我向任课教师请教问题能得到及时有效的答复
	我能及时获取学校管理的各类信息（如上课、考试、调课等各类安排及办事注意事项等）
	我会为了争取优秀学生和优秀学生干部等荣誉而努力学习
公共因子3课程设置	学校的课程设置较为合理
	在学校所学的知识很有针对性，对我现在或者未来的工作有帮助
	我对所学专业开设的大部分课程的内容比较感兴趣，会积极主动地努力学习
公共因子4学习氛围与动机	我主动学习的主要原因是为了应付考试
	我身边缺乏崇尚学习、热爱学习的氛围
	如果有谋求更高职位或增加更多收入机会，并且这些机会与参与成教学习之间发生冲突时，我会暂时中止或者放弃就读成教
公共因子5学习基础	我有一套自己的学习方法
	高中或中专时期的学习基础较差，现在感到学习比较吃力
公共因子6家庭	家里有孩子或其他家庭成员需要我照顾
	因为年龄较大的原因，我觉得自己学习能力下降，学习比较吃力
公共因子7学习支持	我前往学校或教学点的交通方便
	我的亲友支持我读成人教育

公共因子 1 包含六个相关题目，这六个题目涵盖了教师的教学态度、教学方法、教学方式和教学安排等四个方面，因此把公共因子 1 命名为教学与评价要素。公共因子 2 包含的是学校管理方式和学校实施的与考核和激励方式相关的五个题目，从管理学的体系来看，考核与激励属于管理学中的一个重要部分，因此把公共因子 2 命名为教育管理要素。公共因子 3 包含三个与课程设置及知识实用性的题目，因此把公共因子 3 命名为课程设置要素。公共因子 4 包含三个题目，分别是与学习氛围和学生的学习动机相关的题目，因此把公共因子 4 命名为学习氛围与动机要素。公共因子 5 包含两个题目，分别与学习方法和学习基础相关，从广义来看，学习方法可以看做学习基础的一部分，因此把公共因子 5 命名为学习基础要素。公共因子 6 包含两个题目，分别是与家庭和学生年龄相关的题目，通过成人学习相关理论可知成人的学习能力随着年龄的增长仅以微乎其微甚至可以忽略的速度下降。但在现实中，成人随着年龄增长，各种家庭负担随之而来，导致成人学习受到很大影响，因此才导致成人学习者有随着年龄增长学习能力下降的认知。所以，由上面的分析把公共因子 6 命名为家庭要素。公共因子 7 包含两个题目，这两个题目都与学生学习活动获得的精神支持和物质支持相关，因此把公共因子 7 命名为学习支持要素。

从以上的分析和公共因子命名，本研究调查得出成人高等教育学生学习所存在的困境因素主要来自教学与评价要素、教育管理要素、课程设置要素、学习氛围与动机要素、学习基础要素、家庭要素和学习支持要素等七个方面的要素。

(三) 成人高等教育学生学习困境因素的差异分析

1. 不同性别的成人高等教育学生学习困境因素差异分析

通过对不同性别的成人高等教育学生学习困境因素均值作独立样本检验，从表 2-5 中可以看出在 95%的置信区间上，不同性别的成人高等教育学生学习困境因素之间的独立样本检验中 Sig. 值和双侧 Sig. 值在教学与评价、课程设置、学习氛围与动机、家庭以及学习基础等因素上小于0.05，说明不同性别的成人高等教育学生在教学与评价、课程设置、学习氛围与动机、家庭以及学习基础等学习困境因素上存在显著差异。

表 2-5　　不同性别的成人高等教育学生学习困境因素独立样本检验

		方差方程的 Levene 检验		均值方程的 t 检验		
		F	Sig.	Sig.（双侧）	差分的 95% 置信区间 下限	差分的 95% 置信区间 上限
教学与评价	假设方差相等	18.817	0.000	0.000	-0.40668371	-0.16867167
	假设方差不相等			0.000	-0.41881844	-0.15653694
教育管理	假设方差相等	1.523	0.217	0.620	-0.08945644	0.14991523
	假设方差不相等			0.626	-0.09147107	0.15192986
课程设置	假设方差相等	1.029	0.310	0.000	-0.33171156	-0.09307314
	假设方差不相等			0.000	-0.33086448	-0.09392022
学习氛围与动机	假设方差相等	2.843	0.092	0.000	-0.40308664	-0.16504018
	假设方差不相等			0.000	-0.40889480	-0.15923202
家庭	假设方差相等	0.022	0.882	0.041	-0.24419383	-0.00506445
	假设方差不相等			0.042	-0.24459594	-0.00466233
学习基础	假设方差相等	4.850	0.028	0.000	-0.34073465	-0.10216152
	假设方差不相等			0.000	-0.34452723	-0.09836894
学习支持	假设方差相等	2.895	0.089	0.433	-0.16753712	0.07181173
	假设方差不相等			0.452	-0.17289724	0.07717185

性别比例失衡是近年来我国社会热议的话题之一。随着社会的发展，人们的传统观念在发生改变，人口性别比例失衡一定程度上影响我国经济社会发展。当前我国总体人口比例男性略高于女性，但是在普通高校特别是一些以人文社会学科为主的学校里女性所占比例往往高于男

性。通过对不同性别的成人高等教育学生学习困境因素题目作独立样本检验，数据反映出不同性别的成人高等教育学生学习困境因素的具体差异。性别对人的思维方式和行为有一定的影响，综合来看，时间冲突、学习基础、对考试的态度、对专业的兴趣等个人因素和缺乏学习氛围、教师的教学方式等环境因素在影响成人高等教育学生学习方面，不同性别学生之间差异显著。

2. 不同学习层次的成人高等教育学生学习困境因素差异分析

根据调查对象的学习层次把他们分成专科和本科两组，通过对本科和专科两种不同学习层次的成人高等教育学生学习困境因素均值作独立样本检验，从表 2-6 中可以看出在 95%的置信区间上，不同学习层次的成人高等教育学生学习困境因素的独立样本检验中的 Sig. 值和双侧 Sig. 值在教学与评价、教育管理、课程设置、学习氛围与动机以及学习基础等因素上小于 0. 05，说明不同学习层次的成人高等教育学生在教学与评价、教育管理、课程设置、学习氛围与动机以及学习基础等学习困境因素上存在显著差异。

表 2-6　**不同学习层次的成人高等教育学生学习困境因素独立样本检验**

		方差方程的 Levene 检验		均值方程的 t 检验		
		F	Sig.	Sig.（双侧）	差分的 95% 置信区间	
					下限	上限
教学与评价	假设方差相等	4. 737	0. 030	0. 017	-0. 19779996	-0. 01936340
	假设方差不相等			0. 018	-0. 19821717	-0. 01894619
教育管理	假设方差相等	0. 308	0. 579	0. 000	-0. 31330297	-0. 13572663
	假设方差不相等			0. 000	-0. 31313062	-0. 13589897
课程设置	假设方差相等	29. 350	0. 000	0. 000	0. 45755028	0. 62956775
	假设方差不相等			0. 000	0. 45868207	0. 62843596

续表

		方差方程的 Levene 检验		均值方程的 t 检验		
		F	Sig.	Sig.（双侧）	差分的 95% 置信区间	
					下限	上限
学习氛围与动机	假设方差相等	16.864	0.000	0.000	0.19135693	0.36830919
	假设方差不相等			0.000	0.19053232	0.36913381
家庭	假设方差相等	0.175	0.676	0.267	-0.03874632	0.13989528
	假设方差不相等			0.267	-0.03883289	0.13998185
学习基础	假设方差相等	0.113	0.737	0.000	0.47540829	0.64697612
	假设方差不相等			0.000	0.47576548	0.64661893
学习支持	假设方差相等	0.167	0.683	0.630	-0.11131404	0.06737361
	假设方差不相等			0.630	-0.11140062	0.06746018

通过对不同学习层次的成人高等教育学生问卷中具体题目作独立样本检验，从得出的数据结果可以看出不同学习层次的成人高等教育学生在经济困难、年龄带来的学习困难、基础较差、应试学习模式、学校学习和考试时间安排不合理、学习主动性、对教师教学方法的适应、对学校选取教材的适应、学校课程设置、获取学校辅助学习资源、在更好工作机遇和学习之间的抉择等方面差异显著，与公共因子的差异性基本符合。

3. 不同年龄的成人高等教育学生学习困境因素差异分析

根据本调查的数据分布情况，把成人高等教育学生分成 25 岁及以下和 25 岁以上两组，对不同年龄的两类成人高等教育学生学习困境因素均值作独立样本检验，通过表 2-7 的数据可以看出在 95%的置信区间上，不同年龄的成人高等教育学生学习之间的 Sig. 值和双侧 Sig. 值在教学与评价、课程设置、家庭以及学习基础等因素上均小于 0.05，说明不同年龄的成人高等教育学生在教学与评价、课程设置、家庭以及学习基础等学习困境因素上存在显著差异。

表 2-7　不同年龄的成人高等教育学生学习困境因素独立样本检验

		方差方程的 Levene 检验		均值方程的 t 检验		
		F	Sig.	Sig.（双侧）	差分的 95% 置信区间 下限	差分的 95% 置信区间 上限
教学与评价	假设方差相等	10. 828	0. 001	0. 011	0. 02881451	0. 21858958
	假设方差不相等			0. 013	0. 02635451	0. 22104959
教育管理	假设方差相等	2. 608	0. 107	0. 466	−0. 13033433	0. 05973420
	假设方差不相等			0. 460	−0. 12890475	0. 05830462
课程设置	假设方差相等	3. 683	0. 055	0. 006	0. 03949285	0. 22921049
	假设方差不相等			0. 005	0. 04107953	0. 22762381
学习氛围与动机	假设方差相等	1. 939	0. 164	0. 434	−0. 13295206	0. 05711247
	假设方差不相等			0. 440	−0. 13431206	0. 05847248
家庭	假设方差相等	18. 855	0. 000	0. 000	0. 44770275	0. 63162205
	假设方差不相等			0. 000	0. 44411958	0. 63520521
学习基础	假设方差相等	0. 062	0. 804	0. 000	0. 12865793	0. 31771058
	假设方差不相等			0. 000	0. 12916006	0. 31720845
学习支持	假设方差相等	0. 162	0. 688	0. 789	−0. 08210126	0. 10798978
	假设方差不相等			0. 791	−0. 08286085	0. 10874937

通过对不同年龄的成人高等教育学生问卷中具体题目作独立样本检验，发现不同年龄的成人教育学生在学习困境因素方面是有一定差异的。

从表 2-8 中的数据结果可以看出，不同年龄的成人高等教育学生在 95%的置信区间方差方程的 Levene 检验中 13 项学习困境因素 Sig. 值小于 0. 05，且双侧 Sig. 也小于 0. 05，这表现出不同年龄成人高等教育学生在 13 项学习困境因素上有显著差异。年龄对成人高等教育学生学习的影响主要体现在经济状况、家庭成员、学习能力、学习基础、身边的学习氛围、学习方法、学习主动性、学习的针对性、获取学校资源及各类教学管理等方面。年龄较大的学生与年龄较小的学生相比参与社会工作时间较长，在经济状况方面相对来说较为宽裕，但同时承担家庭责任更多，学习基础相对较差，由于所处的社会环境差异较大，年龄较大的学生身边正在接受教育的人更少，更不容易形成崇尚学习、热爱学习的氛围，在学习方法和学习主动性方面差异也较为明显。当下数码产品繁多，更新换代较快，年轻学生相比较于年龄较大的学生对电脑、手机等数码产品的了解和运用熟悉程度更高，适应速度更快，在当下的信息化社会环境中，年龄较大的学生获取信息和资源的能力与年轻学生之间存在差异，与公共因子的差异性检验结果基本达成一致。

表 2-8 **年龄对成人高等教育学生学习困境因素差异性分析**

	方差方程的 Levene 检验		均值方程的 t 检验		
	F	Sig.	Sig.（双侧）	差分的 95% 置信区间 下限	差分的 95% 置信区间 上限
就读成人教育我在经济上没有困难	1.595	0.207	0.039	−0.244	−0.006
			0.043	−0.246	−0.004
家里有孩子或其他家庭成员需要我照顾	52.147	0.000	0.000	0.593	0.868
			0.000	0.588	0.873
因为年龄较大的原因，我觉得自己学习能力下降，学习比较吃力	55.420	0.000	0.000	0.523	0.791
			0.000	0.518	0.796
高中或中专时期的学习基础较差，现在感到学习比较吃力	8.851	0.003	0.024	−0.270	−0.019
			0.025	−0.271	−0.018
我身边缺乏崇尚学习、热爱学习的氛围	13.849	0.000	0.001	−0.342	−0.090
			0.001	−0.345	−0.087
我有一套自己的学习方法	0.581	0.446	0.000	0.118	0.356
			0.000	0.118	0.356
多数任课教师专业水平较高	15.340	0.000	0.000	0.108	0.339
			0.000	0.110	0.337

续表

	方差方程的 Levene 检验		均值方程的 t 检验		
	F	Sig.	Sig.（双侧）	差分的 95% 置信区间 下限	上限
学校的上课和考试等时间安排合理	4.119	0.043	0.004	0.067	0.345
			0.003	0.070	0.343
我在学习上遇到问题会主动向任课老师求教	119.604	0.000	0.000	0.354	0.606
			0.000	0.362	0.598
多数教师的教学方式很好，能因材施教顾及不同层次的学生	3.539	0.060	0.000	0.134	0.371
			0.000	0.133	0.371
在学校所学的知识很有针对性，对我现在或者未来的工作有帮助	7.466	0.006	0.010	0.035	0.258
			0.009	0.037	0.256
我对所学专业开设的大部分课程的内容比较感兴趣，会积极主动地努力学习	7.598	0.006	0.039	0.006	0.239
			0.035	0.009	0.237
我获取学校的辅助学习资源（如图书馆资源、教师课下答疑等）方便	1.843	0.175	0.002	0.071	0.329
			0.002	0.071	0.329

4. 不同婚姻状况的成人高等教育学生学习困境因素差异分析

通过对不同婚姻状况的成人高等教育学生学习困境因素均值作独立样本检验，从表 2-9 中可以看出在 95%的置信区间上，不同婚姻状况的成人高等教育学生学习之间的 Sig. 值和双侧 Sig. 值在课程设置、学习氛围与动机、家庭以及学习基础等因素上小于 0.05，说明不同婚姻状况的成人高等教育学生在课程设置、学习氛围与动机、家庭以及学习基础等学习困境因素上存在显著差异。

表 2-9 不同婚姻状况的成人高等教育学生学习困境因素独立样本检验

		方差方程的 Levene 检验		均值方程的 t 检验		
		F	Sig.	Sig.（双侧）	差分的 95% 置信区间 下限	差分的 95% 置信区间 上限
教学与评价	假设方差相等	8.360	0.004	0.192	-0.03809916	0.19017160
	假设方差不相等			0.212	-0.04337945	0.19545189
教育管理	假设方差相等	0.402	0.526	0.955	-0.11744286	0.11092812
	假设方差不相等			0.954	-0.11406623	0.10755149
课程设置	假设方差相等	2.141	0.144	0.009	0.03904348	0.26700769
	假设方差不相等			0.008	0.04095632	0.26509485
学习氛围与动机	假设方差相等	1.611	0.205	0.000	-0.35641038	-0.12906457
	假设方差不相等			0.000	-0.36046790	-0.12500705
家庭	假设方差相等	7.959	0.005	0.000	0.69429450	0.91118864
	假设方差不相等			0.000	0.68674391	0.91873924
学习基础	假设方差相等	0.462	0.497	0.002	0.06784419	0.29564113
	假设方差不相等			0.002	0.06768684	0.29579848
学习支持	假设方差相等	0.000	0.991	0.058	-0.00354119	0.22461772
	假设方差不相等			0.056	-0.00300813	0.22408466

婚姻状况对成人高等教育学生的学习困境因素的影响主要体现在对成人学生的家庭环境的影响上。通过对不同婚姻状况的成人高等教育学生在单一题目上作独立样本检验，从表 2-10 的数据结果可以看出，不同婚姻状况的成人高等教育学生在 95%的置信区间方差方程的 Levene 检验中 13 项学习困境因素 Sig. 值或者双侧 Sig. 值小于 0.05，这表现出不同婚姻状况成人高等教育学生在 13 项学习困境因素上有显著差异。具体表现在不同婚姻状况的学生在经济状况、是否有家庭成员需要照顾、亲友是否支持参与成人教育、年龄影响学习比较吃力、学习氛围、学习方法、学习信息获取等方面差异显著，与公共因子的独立样本检验

结果基本一致。已婚和未婚的学生相比，已婚学生的生活重心更偏向于家庭，因此在经济状况和家庭成员关系等方面会与未婚学生有一定差异。家庭事务缠身，在对已婚学生的心理造成一定影响的情况下，会使已婚学生自我效能感低于未婚学生，即已婚学生在学习自信心等方面要弱于未婚学生。

表 2-10 不同婚姻状况的成人高等教育学生学习困境因素差异分析

		方差方程的 Levene 检验		均值方程的 t 检验		
		F	Sig.	Sig.（双侧）	差分的 95% 置信区间	
					下限	上限
就读成人教育我在经济上没有困难	假设方差相等	5.414	0.020	0.016	−0.319	−0.033
	假设方差不相等			0.024	−0.328	−0.024
家里有孩子或其他家庭成员需要我照顾	假设方差相等	12.803	0.000	0.000	1.180	1.499
	假设方差不相等			0.000	1.171	1.508
我的亲友支持我读成人教育	假设方差相等	2.775	0.096	0.000	0.087	0.279
	假设方差不相等			0.000	0.093	0.274
因为年龄较大的原因，我觉得自己学习能力下降，学习比较吃力	假设方差相等	31.969	0.000	0.000	0.421	0.746
	假设方差不相等			0.000	0.410	0.757
我身边缺乏崇尚学习、热爱学习的氛围	假设方差相等	10.720	0.001	0.000	−0.467	−0.164
	假设方差不相等			0.000	−0.472	−0.159
我有一套自己的学习方法	假设方差相等	3.110	0.078	0.013	0.039	0.326
	假设方差不相等			0.014	0.036	0.329

续表

		方差方程的 Levene 检验		均值方程的 t 检验		
		F	Sig.	Sig.（双侧）	差分的 95% 置信区间 下限	上限
多数任课教师专业水平较高	假设方差相等	12.565	0.000	0.000	0.112	0.389
	假设方差不相等			0.000	0.115	0.387
我在学习上遇到问题会主动向任课老师求教	假设方差相等	16.087	0.000	0.000	0.152	0.459
	假设方差不相等			0.000	0.158	0.453
多数教师的教学方式很好，能因材施教顾及不同层次的学生	假设方差相等	7.795	0.005	0.000	0.125	0.410
	假设方差不相等			0.000	0.120	0.415
在学校所学的知识很有针对性，对我现在或者未来的工作有帮助	假设方差相等	11.447	0.001	0.053	-0.001	0.266
	假设方差不相等			0.041	0.005	0.260
我对所学专业开设的大部分课程的内容比较感兴趣，会积极主动地努力学习	假设方差相等	4.753	0.029	0.040	0.007	0.287
	假设方差不相等			0.037	0.009	0.285
我在就读期间遇到的问题如果向学校反映能得到及时有效的反馈	假设方差相等	1.500	0.221	0.035	0.010	0.284
	假设方差不相等			0.040	0.007	0.287
我能及时获取学校管理的各类信息（如上课、考试、调课等各类安排及办事注意事项等）	假设方差相等	3.437	0.064	0.013	0.035	0.303
	假设方差不相等			0.002	0.061	0.277

5. 不同收入水平的成人高等教育学生学习困境因素差异分析

通过对不同收入水平学生学习困境因素各题目赋值计分（完全同意为 5 分，基本同意为 4 分，不确定为 3 分，基本不同意为 2 分，完全不同意为 1 分），得分较高表示对此题目内容的同意度较高，反之则小。在对不同收入水平的学生学习情况进行相关性分析中，发现在经济状况、家庭负担、交通便利情况、学习基础与能力、师资水平与教学方法、教学安排、教学资源及学生管理方面在 0.01 水平（双侧）上显著相关。根据相关性分析结果，再对不同收入水平学生的 7 个公共因子均值进行分析，可发现教学与评价、课程设置、学习氛围与动机、学习基础以及学习支持等对不同收入水平存在显著差异，与各题均值比较结果相一致。具体表现为，收入越高的学生在经济方面的困难越小，这是显而易见的；高收入者与中低收入者相比要承担更多的家庭责任，所谓能力越大，责任越大，高收入者（均值为 3.16）在是否有家庭成员需要照顾这个题目的选择得分高于中低收入者（均值为 2.52）；收入水平的高低还影响就学的交通便利性，收入越高的学生交通出行的选择越多，所以高收入学生的均值（为 3.60）高于中低收入学生的均值（为 3.29），而且该项均值都达到 3 以上，表明在社会不断发展的今天，交通工具日益发达，距离因素对学习的影响也慢慢变弱；不同收入水平的学生在学习目的题目中均值都比较高，而且均值呈现中低收入者向高收入者递减的情况，这也表明中低收入者可能更加倾向于通过考试、拿到文凭来提升自身能力，从而改善工作环境或待遇等条件。而从其他题目中也可发现，高收入者的主要学习目的是提升自我。因此，在师资水平与教学方法、教学安排、教学资源及学生管理方面的分值都高于中低收入者，显示出高收入学生对所学知识的针对性、教学方式要求更高，而且会花更多时间去关心学校管理方面的信息以及去寻找学习资源。

6. 不同工作状况的成人高等教育学生学习困境因素差异分析

每周工作天数是影响成人高等教育学生学习的一个因素，学习是一个循序渐进的过程，如果没有连续而充裕的学习时间作为保证，那么成人高等教育学生的学习质量必然会受到影响。工作日内，每天面临繁重的工作任务，能被成人高等教育学生利用的学习时间是有限的，所以周末对于成人高等教育学生来说是比较宝贵的学习时间。根据本调查的数据分布情况，把成人高等教育学生按每周工作天数分为每周工作五天及以下和每周工作五天以上两类，通过对每周工作天数不同的两类成人高等教育学生学习困境因素均值作独立样本检验，从表 2-11 中可以看出，在 95%的置信区间上，不同工作天数的成人高等教育学生在教学与评价、课程设置、学习氛围与动机以及学习基础上的学习困境因素差异显著。

表 2-11 **每周不同工作天数的成人高等教育学生学习困境因素独立样本检验**

		方差方程的 Levene 检验		均值方程的 t 检验		
		F	Sig.	Sig.（双侧）	差分的 95% 置信区间	
					下限	上限
教学与评价	假设方差相等	4.086	0.043	0.005	0.03995764	0.22800322
	假设方差不相等			0.006	0.03908478	0.22887607
教育管理	假设方差相等	0.498	0.480	0.562	-0.06595399	0.12129900
	假设方差不相等			0.567	-0.06723240	0.12257741
课程设置	假设方差相等	1.654	0.199	0.008	-0.21786278	-0.03212640
	假设方差不相等			0.007	-0.21652193	-0.03346724
学习氛围与动机	假设方差相等	0.498	0.481	0.008	-0.21808353	-0.03284794
	假设方差不相等			0.008	-0.21773433	-0.03319714
家庭	假设方差相等	0.098	0.754	0.265	-0.04022979	0.14644247
	假设方差不相等			0.263	-0.03991619	0.14612887
学习基础	假设方差相等	1.397	0.237	0.000	-0.35109610	-0.16516413
	假设方差不相等			0.000	-0.35028545	-0.16597477
学习支持	假设方差相等	0.146	0.702	0.527	-0.12342299	0.06321154
	假设方差不相等			0.525	-0.12299165	0.06278020

二、客观困境因素分析

对客观困境因素进行分析，包括对客观困境因素主成分分析以及对各具体因子的均值与差异性分析。

（一）客观困境因素主成分分析

影响成人高等教育学生学习的客观因素是相对于成人学生自身的影响因素而言的，主要包括学校、教师等学生不可控的因素。据此，从问卷第二部分的30道题中挑选出考查学生学习的客观性影响的题目，这些题目是：B11、B12、B14、B16、B17、B18、B19、B20、B21、B22、B23、B24、B25、B26、B27、B29（B表示问卷中第二部分“学习相关情况匹配选择”，数字表示选择题号。如问卷中第二部分“学习相关情况匹配选择”的第11题：多数任课教师专业水平较高，简称为B11，其他题目以此类推）。采用“方差极大旋转法”对客观困境因素的16道题目作第一次主成分因子分析，结果显示KMO值为0.884，Bartlett的球形度检验的近似卡方值为5848.980（df=120），p=0.000。表明这16道题目调查所得结果适合作主成分因子分析。根据λ>1的原则，提取了4个因子，见表2-12和表2-13。

表2-12　　　　**主成分因子分析旋转后的因子载荷矩阵**

	成分			
	1	2	3	4
B16	0.714			
B17	0.624			
B18	0.621			
B11	0.549			
B20		0.785		
B21		0.759		

续表

	成分			
	1	2	3	4
B19		0. 524		
B22		0. 460		
B24			0. 715	
B26			0. 646	
B14			0. 565	
B27				0. 659
B29				0. 575
B23				0. 531
B25				0. 468

表 2-13 **公共因子归类**

公共因子	包含题目（按得分由高到低排序）
公共因子 1 教师综合素质	B16. 多数教师课堂讲课热情很高，课堂氛围较好 B17. 多数教师的教学方式很好，能因材施教顾及不同层次的学生 B18. 多数教师有很好的教学方法，能帮助我有效地学习课程内容 B11. 多数任课教师专业水平较高
公共因子 2 课程设置	B20. 学校的课程设置较为合理 B21. 在学校所学的知识很有针对性，对我现在或者未来的工作有帮助 B19. 学校选用的教材适合成教学生使用 B22. 我对所学专业开设的大部分课程的内容比较感兴趣，会积极主动地努力学习

续表

公共因子	包含题目（按得分由高到低排序）
公共因子 3 学校管理	B24. 学校的学生管理工作（如注册、缴费、选课、请假、缓考等程序）效率较高，学生办理事务较为便捷 B26. 我能及时获取学校管理的各类信息（如上课、考试、调课等各类安排及办事注意事项等） B14. 我向任课教师请教问题能得到及时有效的答复
公共因子 4 评估与支持	B27. 考试成绩能反映学生学习的真实水平 B29. 我会为了争取优秀学生和优秀学生干部等荣誉而努力学习 B23. 我获取学校的辅助学习资源（如图书馆资源、教师课下答疑等）方便 B25. 我在就读期间遇到的问题如果向学校反映能得到及时有效的反馈

以上 4 个公共因子代表着成人高等教育学生学习的四个客观困境因素，公共因子 1 所包含的四个题目 B11、B16、B17、B18 考察了教师的教学热情、教师专业水平、教师的教学方式与方法，这些都是衡量教师业务素质的重要指标，因此把公共因子 1 归纳为教师综合素质；公共因子 2 包含的四个题目 B19、B20、B21、B22 考察了学校课程设置、教材选择对成人学生学习的影响，教材是课程发展的载体，因此把公共因子 2 归纳为课程设置；公共因子 3 包含的三个题目 B14、B24、B26 考察的是学校管理工作效率对成人高等教育学生的影响，公共因子 3 可以归纳为学校管理；公共因子 4 包含了四个题目 B23、B25、B27、B29，考察的是考试和评价方式、学习荣誉以及辅助学习资源等对成人高等教育学生学习的影响，公共因子 4 可以归纳为评估与支持。

（二）客观困境因素具体分析

1. 教师综合素质

本研究调查结果表明教师的综合素养对成人高等教育学生的学习会产生很大的影响，教师对于教育活动的重要性不言而喻，高素质的教师队伍是高质量的成人高等教育的重要保证。在我国成人教育发展过程中，普通高校成人高等教育师资队伍建设存在一些突出问题：大部分成人高等教育教师由普通全日制教师兼职担任，专职教师的数量远远不够；兼职教师对教学工作的投入程度低，对成人高等教育以及成人学生的重视程度不够，教师不是以适合成人高等教育学生的方式教授课程，而是普遍存在把普通全日制高等教育的教学方式和教学内容直接复制到成人高等教育的教学中，注重理论和基础的普通高等教育教学方式显然并不能有效满足成人高等教育学生的学习需求；普通高校对教师教学的监管和考核体系不完善。这些问题带来的直接影响是教学质量难以保证，学生学习质量受到较大影响。

2. 课程设置

课程设置是连接成人高等教育培养目标与成人高等教育过程的枢纽，课程设置的水平在很大程度上决定着成人高等教育人才培养的水平。本研究的调查数据分析也反映出课程设置对成人学习的影响，其中课程的实用性是成人高等教育学生容易产生学习困境的重要因素。

目前，我国普通高校成人高等教育的课程设置主要存在以下两个问题：一是成人高等教育课程体系普教化，缺乏成教特色。成人高等教育的教育对象具有独特性，这就要求教师在教育方法和教育内容上有所区别。但是长期以来，在我国的高等教育体系中，特别是在普通高校中成人高等教育被看成普通高等教育的附属，虽然在教育管理的体系中明确了成人高等教育课程设置的独特性和重要性，但是在具体的实践中，成人高等教育的课程设置基本上沿袭普通高等教育以传授知识为主的传统课程体系。具体体现在成人高等教育的教学大纲、教学计划、教学方式和教材等大多是从普通高等教育移植而来，缺失了成人高等教育应有的特色。二是课程设置缺乏针对性和实用性。成人高等教育学生学习的主要目的之一是获取工作所需的技能，注重职业技能的提升和实践能力的提高是成人高等教育的应有之义。但是，由于成人高等教育的课程移植于重视理论教育和基础教育的普通高等教育，所以课程设置普遍存在重知识轻能力、重理论轻实践的特点。这样的课程体系势必难以满足成人高等教育学生的学习需求，挫伤了成人高等教育学生的学习积极性，最终成为成人高等教育学生学习的障碍。

3. 学校管理

本研究结果所显示的学校管理方式也是成人高等教育学生学习困境因素的影响因素之一。当下普通高校较为普遍地采用混合型管理模式，本研究所调查的普通高校均使用这种混合型管理模式。混合型是集中型和分散型两种管理模式的结合。成人高等教育由成人高等教育主办部门、校内其他院系和校外教学点共同完成，三者之间按照一定的标准如专业或层次划分各自的办学范围。这种模式办学形式比较灵活，能较好地发挥成人高等教育主办部门、其他院系和教学点各自的优势。混合型管理模式的缺陷是普通高校的成人高等教育学生管理工作很大程度上沿用了普通全日制学生管理的方法，管理机构设置和管理人员职责都与普通全日制高校管理相似；另外，普通高校成人高等教育存在多个办学主体，由此造成管理方式和管理标准难以统一，这容易导致学校管理工作效率低下，进而影响到学生学习。

4. 评估与支持

合理公正的评估能够引发与维持学生的学习行为，并使之指向一定的学习目标。强化并激发学生的学习动机是改善教学的着力点之一，为提高成人高等教育的教学水平，对成人高等教育学生学习动机的激发不容忽视。考试与评价作为成人高等教育教学工作的重要一环，对学生学习具有一定的激励功能，引导和刺激着学生的学习动机，影响着学生的发展。从本书的调查结果来看，合理的评估（包括考试）影响着成人高等教育学生的学习效果。此外丰富而便捷的辅助教学资源和学校对学生问题的及时反馈也是对学生学习的外部鼓励和支持。这些直接体现了学校和教师对成人高等教育学生的情感重视和实际投入，这无疑能够保持学生的学习热情，不断激发学生的学习动机。

三、主观困境因素分析

（一）主观困境因素主成分分析

下面将从问卷中选取相关条目，通过主成分分析方法来探究影响成人高等教育学生学习的主观困境因素。

影响成人高等教育学生学习的主观因素主要在家庭环境、工作情况和学生自身的学习素质方面。据此，从问卷第二部分的30道题中挑选出考查学生学习的主观性影响的题目，这些题目分别为A5、A7、A8、A9、B1、B2、B3、B5、B6、B7、B10、B13、B15、B22、B28、B29、B30（A表示问卷中第一部分“基本情况”，B表示问卷中第二部分“学习相关情况匹配选择”，数字表示选择题号）。通过调查数据进行Bartlett球形检验和KMO取值，结果显示，样本KMO值为0.647，Bartlett球形检验的卡方值为2302.803（df=153），其概率小于0.000，达到非常显著水平，表明数据适合作因素分析。

在进行了因素分析的适合性分析后，开始进行因素分析的具体研究。运用主成分分析法抽取共同因素，结合最大方差法进行下交旋转处理，提取特征值大于1的因子，经过剔除及反复分析，在第三次因子分析转轴后，最后将第三次因子分析的主成分公共因子归为以下5类，见表2-14。

表2-14　**公共因子归类**

公共因子	因子（由高至低排列）
公共因子1 学习兴趣与态度	B15. 我在学习上遇到问题会主动向任教老师求教 B22. 我对所学专业开设的大部分课程的内容比较感兴趣，会积极主动地努力学习 B29. 我会为了争取优秀学生和优秀学生干部等荣誉而努力学习
公共因子2 家庭影响	B1. 就读成人教育我在经济上没有困难 B2. 家里有孩子或其他家庭成员需要我照顾

续表

公共因子	因子（由高至低排列）
公共因子 3 学习基础与方法	B7. 高中或中专时期的学习基础较差，现在感到学习比较吃力 B10. 我有一套自己的学习方法
公共因子 4 工作时长	A8. 平均每天工作小时数 A7. 每周工作天数
公共因子 5 个人协调能力	B30. 如果有谋求更高职位或增加更多收入机会，并且这些机会与参与成教学习之间发生冲突时，我会暂时中止或者放弃就读成教 B3. 我的学习时间和工作时间经常有冲突
公共因子 6 学习动力	B5. 我的亲友支持我读成人教育 B13. 我参加成人教育有明确的学习目的，知道自己要学什么

第一类公共因子中，涉及的是学生的学习兴趣和个人努力程度问题，因此将其归于学习兴趣与态度；第二类公共因子中，涉及的是婚姻和孩子，归为家庭影响；第三类公共因子中，涉及的是学习基础和方法，归为学习基础和方法；第四类公共因子中，涉及的是工作天数和每天的工作时间数，归为工作时长；第五类公共因子中，涉及的是工作与学习之间的冲突问题，归为个人协调能力；第六类公共因子中，涉及的是家庭支持和学习目的的问题，归为学习动力。

由以上公共因子的主成分分析和公共因子的归类，可得出影响成人高等教育学生学习的主观困境因素有：学习兴趣与态度、家庭影响、学习基础和方法、工作时长、个人协调能力以及学习动力这六大类因素。下文就性别、年龄、婚姻、收入四个方面与这六大公共因子作差异性探析。

（二）主观因素差异性分析

1. 性别对影响成人高等教育学生学习的差异性分析

首先，假设男女在学习兴趣与态度、家庭影响、学习基础与方法、工作时长、个人协调能力和学习动力这六方面是没有显著差异的。由独立样本检验得到表 2-15 的结果。

表 2-15　　针对性别的差异性分析

	性别	N	均值	标准差	均值的标准误	均值方差的 t 检验	
						Sig 值	
学习兴趣与态度	男	322	7.2143	2.59536	0.14463	假设方差相等	0.000
	女	1620	7.7827	2.60155	0.06464	假设方差不相等	0.000
家庭影响	男	322	4.5217	1.40576	0.07834	假设方差相等	0.944
	女	1620	4.5278	1.40978	0.03503	假设方差不相等	0.944
学习基础与方法	男	322	5.8416	1.70479	0.09500	假设方差相等	0.687
	女	1620	5.8802	1.54424	0.03837	假设方差不相等	0.706
工作时长	男	322	3.8168	1.34441	0.07492	假设方差相等	0.980
	女	1620	3.8148	1.27320	0.03163	假设方差不相等	0.981
个人协调能力	男	322	4.3168	1.76650	0.09844	假设方差相等	0.000
	女	1620	4.9327	1.90861	0.04742	假设方差不相等	0.000
学习动力	男	322	3.5311	1.42539	0.07943	假设方差相等	0.796
	女	1620	3.5105	1.28103	0.03183	假设方差不相等	0.810

分析可知，第一项公共因子和第五项公共因子的 Sig 值在 95%的置信区间下，小于显著性水平 0.05，因此这两类公共因子拒绝原假设，认为性别的不同在学习兴趣与个人协调能力这两方面存在着显著性差异。

其具体差异表现是通过男女均值分别除以各类公共因子题项数的方式，来观测它们各自出现的量表分级（本调查量表设计中运用李克特量表：1=完全同意，2=基本同意，3=不确定，4=基本不同意，5=完全不同意），目的是把它们还原成五级量表设定的含义。

在学习兴趣与态度方面，男生数值（均值/题项数）为 2.4048，女生的数值为 2.5957，两者数值均处于数值 2（基本同意）和 3（不确定）之间，但在同一水平上存在差异，男生更倾向于“基本同意”，说明男生更赞同学习兴趣对学习造成的影响，更注重自己的学习兴趣，其学习态度比女性更好。

在个人协调能力方面，男生数值（均值/题项数）为 0. 883，女生的数值为 0. 954，两者数值均接近于数值 1（完全同意），属于同一等级内，但在同一水平上存在差异，女生更偏向于“完全同意”，说明女生更赞同个人协调能力对学习造成的影响，他们更注重学习中各方面的协调。

2. 年龄对影响成人高等教育学生学习的差异性分析

首先进行原假设：假设年龄在学习兴趣与态度、家庭影响、学习基础与方法、工作时长、个人协调能力、学习动力这些影响成人高等教育学生学习的主观因素方面没有显著性差异，在此基础上进行方差分析。

通过分析，结果如表 2-16 和表 2-17（只列出了具有显著性差异的结果）所示，成人高等教育学生的年龄对其在学习兴趣与态度、家庭影响和学习动力方面存在显著差异。同理，把它们还原成五级量表形式。

表 2-16　**年龄对影响成人高等教育学生学习的主观内部差异性分析**

公共因子	年龄	年龄	显著性
学习兴趣与态度	18~25 岁	26~30 岁	0. 001
		31~35 岁	0. 000
		36~40 岁	0. 002
家庭影响	18~25 岁	26~30 岁	0. 001
		31~35 岁	0. 000
		36~40 岁	0. 000
		45 岁以上	0. 043
	26~30 岁	36~40 岁	0. 009
学习动力	18~25 岁	41~45 岁	0. 000
	26~30 岁	41~45 岁	0. 000

表 2-17　　成人高等教育学生在不同年龄层次的描述统计

公共因子	年龄	N	均值
学习兴趣与态度	18~25 岁	1311	7.8818
	26~30 岁	478	7.4310
	31~35 岁	117	6.9744
	36~40 岁	31	6.4194
家庭影响	18~25 岁	1311	4.6377
	26~30 岁	478	4.3870
	31~35 岁	117	4.1111
	36~40 岁	31	3.7097
	41~45 岁	2	4.5000
	45 岁以上	3	3.0000
学习动力	18~25 岁	1311	3.5172
	26~30 岁	478	3.5649
	41~45 岁	2	7.0000

在学习兴趣与态度方面，分别对各年龄段进行差异性分析，18~25 岁、26~30 岁、31~35 岁及 36~40 岁的数值（均值/题项数）分别为 2.63、2.48、2.31、2.41。由此可知，在学习兴趣与态度方面，18~25 岁和 26~30 岁的学生之间存在差异，18~25 岁和 31~35 岁的学生之间存在差异，18~25 岁和 36~40 岁的学生之间存在差异，且是逐渐降低的趋势，越高年龄层次的学生越偏向于“基本同意”，这在一定程度上说明了越高年龄层次的学生的学习态度较好，年龄越大，学习可能会越吃力，因此在主动学习方面显得更积极。

在家庭影响方面，对各年龄段进行均值除以题项数获得的数值进行分析以观察其差异表现，得出 18~25 岁的数值（均值/题项数）为 2.32，26~30 岁数值为 2.195，31~35 岁的数值为 2.055，36~40 岁的数值为 1. 855，45 岁以上的数值为 1. 5。由以上结果可知，在家庭影响成人高等教育学生学习方面，18～25 岁和 26～30 岁的学生之间存在差异，18～25 岁和 31～35 岁的学生之间存在差异，18～25 岁和 36～40 岁的学生之间存在差异，18～25 岁和 45 岁以上的学生之间存在差异，26～30 岁和 36～40 岁的学生之间存在差异。因此，我们可以总体认为 18～25 岁的学生在家庭对他们学习的影响与 26～30 岁以后各个年龄层次的学生之间存在着差异，26～30 岁后的各个年龄层次的学生在家庭对学习的影响方面不存在显著差异，这是因为 18～25 岁的年轻学生年龄相对较小，大部分是未婚，他们与 26 岁以上的大部分已婚学生相比，在家庭对学生学习的影响方面应该是较小的。越高年龄层次的学生越偏向于赞同家庭对学习的影响，所以已婚的成人高等教育学生在家庭和学习之间应做好协调与安排，尽可能减少家庭对学习造成的负面影响。

在学习动力方面，18～25 岁、26～30 岁及 41～45 岁的数值（平均值/题项数）分别为 1. 76、1. 78、3. 5。由此可看出，在学习动力方面，18～25 岁和 41～45 岁的学生之间存在着差异，26～30 岁和 41～45 岁的学生之间存在着差异。且其量化数值是逐渐递增的。18～25 岁和 26～30 岁的学生处于“1=完全同意和 2=基本同意”之间，数值越小表明其越赞同，所以在学习动力方面，18～25 岁的学生更赞同学习动力对学习造成的影响，所以对于年轻学生，要端正其学习目的和态度，加强引导和支持，使之获得更多动力。

3. 婚姻状况对影响成人高等教育学生的差异性分析

首先对其进行原假设：假定婚姻在成人高等教育学生的学习兴趣与态度、家庭影响、学习基础与方法、工作时长、个人协调能力、学习动力等六类主观因素方面不存在显著性差异，进行独立样本检验，得到以下结果：

表 2-18　**婚姻状况对影响成人高等教育学生学习的差异性分析**

	婚姻状况	N	均值	标准差	Sig.（双侧）	
学习兴趣与态度	未婚	1579	7.7720	2.58296	假设方差相等	0.003
	已婚	363	7.3251	2.69009	假设方差不相等	0.004
家庭影响	未婚	1579	4.5877	1.37620	假设方差相等	0.000
	已婚	363	4.2617	1.51615	假设方差不相等	0.000
学习基础与方法	未婚	1579	5.8942	1.54595	假设方差相等	0.233
	已婚	363	5.7851	1.67797	假设方差不相等	0.258
工作时长	未婚	1579	3.8455	1.28664	假设方差相等	0.030
	已婚	363	3.6832	1.27076	假设方差不相等	0.029
个人协调能力	未婚	1579	4.8334	1.83702	假设方差相等	0.890
	已婚	363	4.8182	2.15170	假设方差不相等	0.901
学习动力	未婚	1579	3.5560	1.31188	假设方差相等	0.003
	已婚	363	3.3306	1.26396	假设方差不相等	0.002

从表 2-18 的分析可知，学习兴趣与态度、家庭影响、工作时长、和学习动力的 Sig 值在 95%的置信区间下，小于显著性水平 0.05，因此这四类公共因子拒绝原假设，可以推论出婚姻状况在学习兴趣与态度、家庭影响、工作时长以及学习动力方面有显著性差异。

在学习兴趣与态度方面，未婚和已婚的数值（均值/题项数）分别为 2.59 和 2.44。由此可知，在学习兴趣与态度方面，已婚和未婚的量化值处于“基本同意（2）和不确定（3）”之间，且已婚的更偏向于“基本同意”，说明已婚的学生更赞成学习兴趣与态度对学习会产生影响。这与现实情况相符合，已婚的学生在学习、工作、家庭方面会有很多冲突和矛盾，如果没有好的学习兴趣或者好的学习态度进行学习，是难以保证学习顺利进行的。

在家庭影响方面，未婚和已婚数值（均值/题项数）分别为 2.295 和 2.13。由此可知，在家庭影响方面，未婚和已婚均处于“基本同意

(2) 和不确定 (3) ”的同一水平上，已婚的较偏向于“基本同意”，说明已婚的学生更赞成家庭对学生学习造成的影响，比如家庭成员需要照顾，会分散学习的精力和时间，降低学习效果。

在工作时长方面，未婚和已婚数值为 1.925 和 1.84，均处于“完全同意 (1) 和基本同意 (2) ”的同一水平上，已婚的较偏向“完全同意”，说明已婚的更赞成工作时长对学生学习会造成影响，这与现实状况是相吻合的。已婚的成人教育学生普遍年龄稍大，在工作中面临更多的升迁和成长锻炼的机会，需要在工作中投入更多的时间和精力。因此协调好工作、家庭和学习的关系是提高成教学生学习效果的重点。

在学习动力方面，未婚和已婚数值（均值/题项数）分别为 1.78 和 1.665。均处于“完全同意 (1) 和基本同意 (2) ”的同一水平上，已婚的较偏向“完全同意”，说明已婚的更赞成学习动力会对成人学生学习造成影响。学习动力的主观因素来源有很多方面，比如说家人的支持、自己的内心支撑等，已婚的成人高等教育学生在学习中面临更多的挑战和冲突，这就更需要有强大的动力去支撑他们的学习。

4. 收入对影响成人高等教育学生学习的差异性分析

首先进行原假设：假设收入在成人高等教育学生的学习兴趣与态度、家庭影响、学习基础与方法、工作时长、个人协调能力、学习动力等六类主观因素方面不存在显著性差异，进行方差分析。

通过对分析结果的总结得出，成人高等教育学生的收入对其在学习兴趣与态度、家庭影响及学习动力方面存在显著差异，见表 2-19（只列出具有显著性差异的结果）。同理，把它们还原成五级量表形式。

在学习兴趣与态度方面，1000 元以下、1001~2000 元、2001~3000 元、3001~5000 元、5001~7000 元、7001~10000 元及 10000 元以上数值（均值/题项数）分别为 2.60、2.66、2.69、2.46、2.58、2.37 及 2.05。

表 2-19　　**收入对影响成人高等教育学生学习的差异性分析**

因变量	(I) 平均月薪是	(J) 平均月薪是	显著性
学习兴趣与态度	1000 元以下	10000 元以上	0.032
	1001～2000 元	3001～5000 元	0.012
		10000 元以上	0.004
	2001～3000 元	3001～5000 元	0.000
		5001～7000 元	0.004
		7001～10000 元	0.037
		10000 元以上	0.002
	3001～5000 元	10000 元以上	0.041
	5001～7000 元	1000 元以上	0.045
家庭影响	1000 元以下	1001～2000 元	0.032
	1001～2000 元	5001～7000 元	0.021
		7001～10000 元	0.021
	2001～3000 元	5001～70000 元	0.046
		7001～10000 元	0.048
学习动力	1000 元以下	1001～2000 元	0.030
		2001～3000 元	0.003
		3001～5000 元	0.006
		5001～7000 元	0.004
		7001～10000 元	0.001
	1001～2000 元	7001～10000 元	0.032

在学习兴趣与态度方面，10000 元以上收入的学生与 1000 以下、2001～3000 元、3001～5000 元、5001～7000 元、7001～10000 元收入的学生分别存在显著性差异，且都处于“基本同意（2）和不确定（3）”的层级之间，10000 元以上的学生较偏向于“基本同意”，说明越高收入的成人高等教育学生越同意学习兴趣与态度会对学习产生影

响。由题项可知，他们在学习上遇到问题时会更主动地向任课教师求教，对大部分课程也会积极主动地去学习，学习态度较好。

在家庭影响方面，1000 元以下、1001～2000 元、2001～3000 元、5001～7000 元及 7001～10000 元的数值（均值/题项数）分别为 2.035、2.355、1.53、1.44 及 1.36。数据表明，不同收入水平的学生在家庭对学习的影响态度处于“完全同意（1）和基本同意（2）”之间，越高收入的越偏向“完全同意”，说明越高收入的成年高等教育学生越赞同家庭是会对学习产生影响的。

在学习动力方面，1000 元以下、1001～2000 元、2001～3000 元、3001～5000 元、5001～7000 元及 7001～10000 元的数值（均值/题项数）分别为 2.11、1.82、1.74、1.76、1.72 及 1.55。分析可知，不同收入水平的学生在学习动力对学习产生影响的态度方面处于“完全同意（1）和基本同意（2）”之间，越高收入的学生越偏向“完全同意”，说明越高收入的成人高等教育学生越赞同学习动力是会对学习产生影响的。

（三）影响成人高等教育学生学习的主观因素探析

由上面的主成分分析可知，影响成人高等教育学生学习的主观因素可分为六大类，下面就对这六大因素进行具体探究分析。

1. 学习兴趣与态度和成人高等教育学生学习

学习态度，一般指学生在对待学习各方面情况时所表现出来的一种较稳定的心理倾向，它是学生主体自身价值内化的认知过程。学生的学习态度，主要包括几个方面：学生对待学习的态度、学生对教师的授课态度与学生对学校课程设置的态度。学习兴趣，主要是指对学习活动过程中的学习知识点或者学习活动具有强烈好奇心与好的心理倾向。教育心理学认为，兴趣是在人们情绪、认知水平以及动机等方面的因素作用下产生和发展起来的。人们在实践活动中，通过对某种事物的反复接触和了解，随着知识经验的不断积累，逐渐形成和发展了对某种事物的兴趣。学习兴趣与学习态度之间是存在一定关联的，二者同为对待学习的心理倾向，一方面，强烈的学习兴趣有助于端正学习态度，促进学习效率的提高；另一方面，良好的学习态度有助于培养学习兴趣，二者相互促进。

学习兴趣与态度是影响成人高等教育学生学习的重要因素。成人高等教育学生在参与成教学习的过程中，面临着很多的冲突与矛盾，如果没有良好的学习兴趣和态度作为他们学习动力的支撑，就不能保证他们学习的持续性与主动性。因此，在成人高等教育学生学习方面，学生主体应端正自己的学习认知，同时教师和学校也应发挥好引导作用，为成人高等教育学生创造良好的学习环境。

2. 家庭影响与成人高等教育学生学习

成人高等教育学生多数为已走上社会并参与工作、想继续学习深造的学生。他们中有一部分人是已婚或是打算在就读成人高等教育的过程中结婚的，这就意味着他们在参与成人高等教育的过程中，会面临多种角色的矛盾冲突，而这种角色多重性的冲突是其作为社会人的角色所不可避免的。其中家庭对成人高等教育学生的影响不容忽视。家庭事务不仅会占用成人高等教育学生学习的时间，而且会耗费他们在学习上的精力。因此如何协调好两者关系就显得尤为重要。

3. 学习基础与方法和成人教育学生学习

学习基础与方法是成人高等教育学生在参与成人高等教育之前就已形成的知识储备与铺垫。成人高等教育学生必须在接受了中等教育的基础上才能参与成教学习，因此每个人都有一些自己的知识体系储备和适合自己个人学习的学习策略和技巧。

学习基础与方法对成人教育学生学习的顺利进行具有很大的影响。好的学习基础与方法能使他们在学习的过程中少走弯路，容易找到学习的突破口，有助于提高他们的学习效率。但由于我国成人高等教育学生来源广，他们的知识背景和基础不同，特别是那些来自边远贫困地区的学生，因接受知识的主客观条件的限制，他们的学习基础较为薄弱，接受的学习资源较少，例如在多媒体电脑的学习运用方面，就会显得吃力。另外，多数参加成人高等教育的学生是高考落榜生，他们的原有基础也比较差。这些情况在一定程度上会影响他们学习的主动性和积极性。因此，对于教师来讲，要根据学生实际情况制定教学方案，传授学习方法，从而提高学生学习的积极性。

4. 工作时长与成人教育学生学习

成人高等教育学生与普通全日制学生相比，一个重要的不同点就是大部分的成人高等教育学生有工作岗位，这一情况与前面统计的约95%的成人教育学生已参加工作情况相吻合。且由前面分析可知，有40%的成人高等教育学生是不能享受周末双休的，这意味着其工作的时间会占用他们参与成人高等教育学习的时间，当二者面临冲突的时候，很多成人高等教育学生会选择工作优先，这也是造成成人高等教育学生到课率低的一个重要原因。考虑到成人高等教育学生学习时间有限，学校在充分尊重成教学生工作时间的基础上，统筹安排，基本上都把课程安排在周末。但现状是不少成教学生仍难以在周末抽出时间来学校学习，这对其知识的掌握、学习效果及能力的提升是非常不利的。因此，课程设置和安排是管理者必须重视的问题。

5. 个人协调能力与成人教育学生学习

成人高等教育学生由于家庭和工作的缘故，与普通高等院校的全日制学生相比在社会阅历上是较为丰富的。他们多数有薪酬，经济上较为独立，个性上较为成熟，理性经济人的社会特征更为明显，直接目的性更为强烈。因此在面临学习、家庭、工作等多种矛盾相互冲突时，他们往往会选择利益最大、损失最小，且最为便利和直接的方式。问卷中第30题的统计结果显示，66.6%的学生认为当工作中有更好的条件选择时，他们会选择工作，而放弃接受成人高等教育的机会。这无疑是对成人高等教育发展的一个重要挑战，如何增强成人高等教育在成教学生心中的重要性，以及提高成教学生乃至社会对成人高等教育的认识显得尤为重要。

6. 学习动力与成人教育学生学习

学习动力，指促进成人高等教育学生学习的内部心理力量。它对促进学生的学习活动，提高其学习的积极性、主动性有重要的作用。本研究认为它来源于两个方面，一方面来自外部对成人高等教育学生的一种学习支持，如亲友的期望与支持，单位的培育机会与扶持和老师的期望与赞许等；另一方面来自学生主体本身，如在学习活动过程中有明确的方向性，在获取好成绩时个人自信心大大增强，这些都有助于增强其学习动力，鼓励其不断严格要求自己，在学习上取得更大的突破。

四、本章小结

通过主成分分析，将影响成教学生的困境因素分成 7 个公共因子，分别为教学与评价、教育管理、课程设置、学习氛围与动机、学习基础、家庭、学习支持，并分别对性别、年龄、婚姻状况、收入水平、工作时间情况、不同学习层次等进行了差异分析。本研究发现，不同性别的成人高等教育学生在教学与评价、课程设置、学习氛围与动机、家庭以及学习基础等学习困境因素中存在显著差异；不同学习层次的成人高等教育学生在教学与评价、教育管理、课程设置、学习氛围与动机以及学习基础等学习困境因素上存在显著差异；不同年龄的成人高等教育学生在教学与评价、课程设置、家庭以及学习基础等学习困境因素上存在显著差异；不同婚姻状况的成人高等教育学生在课程设置、学习氛围与动机、家庭以及学习基础等学习困境因素上存在显著差异；教学与评价、课程设置、学习氛围与动机、学习基础以及学习支持等对不同收入水平学生存在显著差异；不同工作时间的成人高等教育学生对教学与评价、课程设置、学习氛围与动机以及学习基础等学习困境因素的差异显著。

本章还针对主观与客观的困境因素进行了分类讨论，分别对主观性与客观性的困境因素进行主成分分析。其中，客观困境因素主要为教师综合素质、课程设置、学校管理、评估与支持 4 个因子，主观困境因素主要为学习兴趣与态度、家庭影响、学习基础与方法、工作时长、个人协调能力、学习动力等6个因子。最后将其与性别、年龄、婚姻、收入等进行了差异性分析，并对影响成人高等教育学生学习的主观与客观因素进行了分析。

第三章　成教学生学习心理状况

第一节　理论基础

一、心理资本理论

（一）理论观点

心理资本是以积极心理学和积极组织行为理论为基础发展起来的一个概念，是除了财力、人力、社会三大资本以外的第四大资本。

20 世纪 90 年代，美国心理学会前任主席马丁·塞利格曼（Martin Seligman）和其他一些心理学家发起了积极心理运动，致力于改变从负面导向的视角来研究心理学，号召心理学家从帮助健康的人变得更幸福和发挥人的潜能角度，展开心理学的理论建构和实证研究。

随后，积极心理学在组织管理学领域的应用导致了积极组织行为学（Positive Organizational Behavior，POB）的出现，积极组织行为学是针对那些具有积极导向的、可测量的、可开发的、可有效管理的人力资源优势和心理能力所进行的研究的应用。① 2004 年，美国著名学者路桑

---

① Luthans，F. *The need for and meaning of positive organizational behavior* [J]. Journal of Organizational Behavior，2002，23（6）.

斯（Luthans）提出了心理资本的定义，主要是指个体在成长和发展过程中表现出来的一种积极心理状态，是超越人力资本和社会资本的一种核心心理要素，是促进个人成长和绩效提升的心理资源。①

路桑斯在2007年修订心理资本定义时，将其四个组成成分进行了概括，分别是自信或自我效能感（confidence or self-efficacy）、希望（hope）、乐观（optimism）和韧性（resilience）。

自我效能感方面，班杜拉（Bandura）认为人们对自己能够完成某一特定任务的可能性的估计就是对其自我效能的估计。② 因此，班杜拉将自我效能感定义为："个体对自己在特定的情境里能够激发动机，调动认知资源以及采取必要的行动来成功完成某一项特定工作的信念或信心。"③ 在心理资本中，自我效能感沿用班杜拉的定义，但其侧重强调以下五点：①自我效能与具体领域有关，换句话说，以前在某一领域建立的自信也许并不能迁移到其他领域。②自我效能建立在练习和熟练掌握的基础上。效能是基于对自我成功性的肯定，当个体对某一领域的工作能够熟练掌握时，其对自我成功性的肯定程度就会大大增加。③自我效能有不断提升的空间。这种提升的空间并非在同一领域"如何自信也不为过"，而是在不同领域间转换时，在不熟悉的领域中提升效能感。④自我效能受他人影响。其他人的看法会影响个体对自己的评价，这种现象叫做皮格马利翁效应。另外，当个体看到那些与其存在诸多相似之处的人取得成功时，个体也会对成功完成此事信心倍增。⑤自我效能是变化的。决定效能的因素有很多，其中一些是可以控制的，如个体的知识、技能和能力；另一些可能存在于情境中，而情境中的因素往往

---

① Luthans, F, Youseef, C M. *Human, social, and now positive psychological capital management: Investing in people for competitive advantage* [J]. Organizational Dynamics, 2004, 33 (2).

② Bandura A. *Self-efficacy: The Exercise of Control* [M]. New York: Freeman, 1997.

③ Bandura A. *Self-efficacy: The Exercise of Control* [M]. New York: Freeman, 1997.

是多变的。

希望方面，心理资本中的“希望”采用了里克·斯奈德（Rick Snyder）博士的定义：“在成功的动因（指向目标的能力水平）与路径（实现目标的计划）交叉所产生体验的基础上，所形成的一种积极的心理状态。”① 在这里强调“意志”和“途径”（或“路径力”）这两个成分，“意志”及成功的动因，这与我们日常所提“希望”很相似，但“途径”这一成分将心理资本中的希望维度与日常所说的“希望”相区分。换句话说，心理资本中所说的“希望”一词并不仅仅是对成功的渴望而产生动力，更是在这样的动力下有效寻找达成目标的途径。“途径”这一成分使得个体在最初的路径受到阻碍时能够找到替代路径来实现目标，这使希望更具行动力。

乐观方面，乐观不仅指预期未来会发生积极事情的心理倾向，心理资本中的乐观更指对事情的一种积极的解释。赛里格曼（Martin Seligman）将“乐观”定义为“一种积极的解释风格，也就是把积极的事件归因于自身的、持久的和普遍性的原因，而把消极的事件归因为外部的、暂时性的以及与情境有关的原因”。② 在这一框架下，心理资本理论认为，乐观的人倾向于认为引发积极事件的因素在自己的能力控制之内，且日后会持续存在并对他们的生活产生促进作用。但这并不代表盲目乐观，心理资本中的乐观更强调其灵活性。所谓“灵活的乐观”是指“个体在对客观现实作正确评价的基础上，选择使用积极的解释风格还是消极的解释风格”。③ 路桑斯在其《心理资本》一书中总结了乐观者的特点：一是乐观者能够充分享受工作和生活的乐趣，并能最大限度地总结心得体会。二是乐观者常怀感恩之心，能够向那些帮助他们

---

① Snydny C R. *Hope Theory*: *Rainbows of the mind* [J]. Psychological Inquiry, 2002 (13): 249-275.

② Seligman M. *Learned Optimism* [M]. New York: Pocket Books, 1998.

③ Peterson C. *The Future of Optimism* [J]. American Psychologist, 2000 (55): 44-55.

的人表达感激之情。三是乐观者能够在逆境中排除干扰，探究事情的本质，并从错误中吸取教训，接受不能改变的现实。

韧性方面，在积极心理学的视角下，韧性被定义为："一种可开发的能力，它能使人从逆境、冲突和失败中，甚至是从积极事件、进步以及与日俱增的责任中快速回弹或恢复过来。"路桑斯将其总结为"复原"和"超越"。其中"复原"的含义与我们过去所理解的"韧性"相同，即"在重大、困难或危险情境中积极适应"，① 调整自身状态以达到一种平衡。而"超越"则是心理资本理论对韧性定义的一种扩展，实践证实某些积极的事件也可能对个体造成消极的影响，如进步所带来的压力、责任所带来的焦虑等都可能对个体的身心带来负面影响。因此心理资本理论认为，"韧性"应从更全面的角度描述这种复原力，即从消极的和积极的事件中调整至最佳状态的能力。

2005 年，路桑斯提出心理资本的干预理论模型，该模型从树立希望、培养乐观精神、提升自我效能感和增强自我恢复力四个方面来全面提升其心理资本水平。路桑斯认为个体的希望受到目标、路径和动因的影响。当一个人有一个合理的目标或知道可以通过何种途径实现目标的时候，他们实现目标的期望就会增强，也会拥有更强的信心，其乐观也会随之增加。成人学习者拥有丰富的工作和生活经验，在学习的过程里，更倾向于用体验的方式来验证知识的实用性，这也是心理资本的干预理论提到的提高效能感的措施之一。因此，心理资本在成人高等教育学生学习中具有一定的理论意义。

（二）意义作用

在本章运用心理资本理论研究成人高等教育学生学习困境因素具有重要意义。目前探索成人学习者在接受继续教育的过程中的学习困境因

---

① Luthans F, Youssef C M, Avolio B J. *Psychological capital: Developing the human competitive edge* [M]. Oxford, UK: Oxford University Press, 2007.

素集中于外部因素，对于内在因素的深入研究相对较少。随着社会发展与科技进步，很多外在的因素得到了逐一解决，但诸如心理问题、态度、价值观等内在因素仍影响着学生的学习，学生因心理素质较差或学习压力较大而自杀的例子时有发生，所以，心理资本的研究对促进学习者学习有一定的指导意义。

自我效能感、希望、乐观和韧性作为心理资本的组成成分，被证实具有协同作用，而良好的心理资本对工作或学习可起到积极作用。路桑斯在阐述积极心理资本这一概念时，提出心理资本要素应当满足积极组织行为学标准，即积极的、以理论和研究为基础的、能够有效测量的以及影响绩效的。而“影响绩效”这一特点使心理资本的投资和开发具有现实意义。本书前面讲过，成人高等教育的学生易产生自卑、害怕考试、自信心不足等心理问题，这对学习会产生不良的影响。在调研过程中，我们也发现大部分成教学生会因为自己学历低、学习能力差等原因而感到自信心不足，并影响其学习积极性，容易出现上课迟到、早退或者旷课等现象。因此，学生拥有良好的心理资本水平，有助于提高自身学习效果，使教师顺利实施教学计划，自身也能获得相应的知识。通过探索成人学习者在学习过程中的心理资本水平，深入了解成人学习者在接受继续教育过程中的自我效能感、希望、乐观和韧性等方面的情况，进而分析其存在的问题，有助于根据心理资本的干预理论来制定相应的管理和教学措施，提升成人学习者的心理资本水平。

二、学习心理理论

（一）学习心理理论依据

学习是学生的首要任务，而学习效果与学生学习心理特点有着密切关系。苏联教育家苏霍姆林斯基强调，学生的全面发展是指在所有不同方面有差异的和谐。学生的良好心理素质既是学生全面发展中的一个方面，又是学生全面发展的充分、保障条件。① 因此，积极的心理会对学习有着良好的促进作用。

而学习心理，是一个人独立获取知识的心理特征和能力。② 学习心理具有四个特征，第一是潜隐性，学习心理是内化的心理品质，是需要通过一定的实践或者事件表现出来的；第二是稳定性，学习心理是以先天生理条件为基础的，一旦形成，就会长期发挥作用，而且难以改变其状态；第三是差异性，人的心理受先天的影响，也受后天环境和受教育程度的影响，因此每个人的心理特点是不同的；第四是整体性，主要强调心理特征的统一性。③

学习心理主要包括学习热情、学习毅力、求知欲和进取心。④ 刘兆吉认为大学生的心理结构主要由学习动力、学习智力、学习能力和学习自我评定力组成。⑤ 刘岗提出，大学生心理包括八个方面，包括人际交往素质、自我的结构、心理活动的动力系统、性格、认知风格、情绪调控能力、应对风格、适应等。而成人在进入学习时，主要表现为两个不同阶段：第一，适应阶段的学习心理。成教学生通常是工作了一定时间后，再进入学校进行学习，从全身心工作到边工作边学习的状态，是需要有一段适应期的。在这一时期里，每个人的学习动机都不一样，而且很容易出现理想与现实的矛盾，这容易影响成教学生在学习上的积极性。第二，进入成熟阶段。在这一阶段中，成教学生直接性的习得知识技能的学习动机会减弱，而获取文凭与交好友等现实性的目的会随之加

---

① 张男星．今天，我们如何认识苏霍姆林斯基教育思想［N］．中国教育报，2005-03-10.

② 林素钦．加强学生学习素质的培养［J］．山东教育学院学报，1999（3）：106-108.

③ 雷燕．中学生学习心理素质研究［D］．重庆：西南大学，2011：7.

④ 罗品超．大学生心理素质构成因素及其测量工具的研究［D］．广州：华南师范大学，2005：30.

⑤ 刘兆吉．高等学校教育心理学［M］．北京：北京师范大学出版社，1998：102-104.

强，学习积极性也会下降。

（二）意义作用

学习是一个非常复杂的行为，这其中的复杂性表现为各种心理现象，它涉及的因素很多，不仅包括注意力、观察力等认知过程因素，也包括情绪、个性等非智力性因素。心理学研究表明，心理健康状况对大学生的学习有着很大的影响。① 具备良好的学习心理，他们的学习会比较轻松，而且也会提高学习积极性。而学习心理健康状况不良的，则会对学习产生阻碍，尤其是会降低其学习积极性或是消磨其学习兴趣，严重者会无法完成学业。因此，通过了解成教学生的学习心理特点，了解他们的学习动机和学习能力、学习习惯，有利于对其进行有效的教育，成人教育也才能最大限度地发挥作用。

第二节　调查设计

一、问卷设计

本研究采用调查法，其中以问卷调查为主、访谈为辅。设计调查问卷时，在参考学者柯江林提出的比较成熟的心理资本问卷的基础上，针对成人教育学生学习特点进行问题设计。问卷共设计三个部分：第一部分为个人基本情况，包括出生年月、性别、婚姻状况、行业、收入等信息；第二部分是问卷的重点部分，主要从自我效能感或自信、希望、乐观、韧性四个方面设计了 24 道题目；第三部分设计了一道主观题，主要是了解被调查对象改善其心理水平的方式。经过归类和修改，问卷初稿设计了 35 道题目，编写成《成人高等教育学生学习心理情况问卷调

① 刘元英．大学生学习心理研究及创新素质培养［D］．哈尔滨工程大学，2005：9.

查表》，后经过预调查及反馈回来的情况进行修改，最终确定了35道题目，其中包括9道个人基本情况的题目和24道心理资本的题目，还有1道开放性题目（见附录2）。

二、调查对象抽样

本研究以广东各教育层次的成人高等教育单位作为调查目标，与成人教育学生学习困境因素问卷的调查对象一致。本调查随机选取这些学校的学生共2000名开展问卷调查。调查共发放问卷2000份，回收1900份，有效问卷1723份，有效率90.7%。本调查结果数据使用统计软件SPSS18.0进行统计分析。

第三节　调查结果与分析

一、基本情况描述分析

1. 性别

本次调查数据显示，被调查者中男性人数为370人，占有效问卷填写总人数（1723人，下同）的21.5%，女性人数为1353人，占总人数的78.5%。

性别差异在一定程度上影响着人的行为特征，成人高等教育学生男女比例失衡一直是学术界和高等教育领域需要重点关注的问题。现代社会给予了女性更多平等的权益和受教育的机会，成人学历教育为女性提供了多样化的教育可能性，特别是为一些在职和已婚的女性提供了发展机会，是对女性群体的一种有效的教育补偿形式。在本次调查中，总体上成人高等教育女性学生所占比例高于男性学生，这与近年来我国成人高等教育的现状是吻合的。

2. 年龄

从调查数据来看，20~25岁的学生占据被调查人数的52.6%，显示了成人高等教育学生年轻化的趋势。总体来看，成人高等教育学生的年龄层集中在21~35岁，占成人高等教育学生总样本数的96.5%。这反映出，未能通过全国普通高校统一招生考试的学生大部分会选择就业几年再选择报考成人高等教育来提升学历和知识水平，因为对于他们来说，成人高等教育就是他们接受高等教育的机会，所以这部分人成为选择成人高等教育的主要群体。随着社会的发展，学历在招聘中显得愈发重要，成为衡量人才的一个重要标准。再者，我国成人教育在报考、学习方式上的改革，让更多的成人学习者更热衷于报考成人高等教育，这也是21~35岁的学习者为何数量较多的原因之一。

3. 婚姻状况

婚姻是成人高等教育学生的一个重要特征，研究结果显示，已婚人数为491人，占总人数的28.5%，未婚人数为1232人，占71.5%。对于未婚学生而言，面临着学业与工作的压力，要统筹协调，合理分配二者时间。相比之下，已婚的成教学生除了要面对学习压力，还要面对生活、工作及家庭压力。因此，成教学生中已婚者与未婚者相比，两者心理资本水平会有所差异。

4. 职业情况

表3-1显示，被调查者当中，就业人群占比达96.2%，这完全符合成人高等教育性质，成人高等教育学生基本处于“干中学”状态。从行业来看，商业、服务业劳动者和私营企业主、个体户占据了成人高等教育学生总样本数的46.8%。可见，有近一半的成人高等教育学生从事职业门槛较低的行业，这可能是因其文化程度偏低所致。

表3-1 **被调查者的职业情况**

	频率	百分比	有效百分比	累积百分比
国家机关、事业单位人员	178	10.3	10.3	10.3
商业、服务业劳动者	592	34.4	34.4	44.7

续表

	频率	百分比	有效百分比	累积百分比
私营企业主、个体户	214	12.4	12.4	57.1
生产工人、技术人员	181	10.5	10.5	67.7
待业	65	3.8	3.8	71.4
其他	492	28.6	28.6	100.0
合计	1723	100.0	100.0	

5. 城市居住时间

表 3-2 是被调查者在城市居住时间的调查结果，其中在城市居住时间超过 4 年的学生占据了总样本数的 74.5%，可见大部分的成人高等教育学生希望能在城市定居生活，全面提高自身各方面的知识技能，以更好地融入城市。

表 3-2　　被调查者在城市居住多长时间情况

	频率	百分比	有效百分比	累积百分比
1 年以下	59	3.4	3.4	3.4
2~3 年	380	22.1	22.1	25.5
4~6 年	491	28.5	28.5	54.0
7~10 年	318	18.5	18.5	72.4
10 年以上	475	27.6	27.6	100.0
合计	1723	100.0	100.0	

在问卷的第二部分，通过对 24 道题目赋值（完全同意为 5 分，基本同意为 4 分，不确定为 3 分，基本不同意为 2 分，完全不同意为 1 分），计算各题目得分情况，均值等于 3 分表示中立，分值越大表示同意程度越高，反之则低。

从表 3-3 可知，成人高等教育学生对自己的学习能力以及在学习困境中的抵抗能力等题目的选择均值都较高，显示其心理资本水平中的希望与韧性相对较高。从均值分析和访谈结果来看，成人高等教育学生学习困境首先来自工作和学习时间的冲突、基础较差和没有很好的学习方法；其次是学校面授和考试时间安排不合理、没有因材施教、教辅资源便捷性低等方面。因此，如何提高成人高等教育学生学习的积极性是非常值得关注的问题。

表 3-3 **成人高等教育学生心理资本水平各题选项赋值后的均值**

测题内容	均值
19. 我相信自己的复习对考试有帮助	4.21
15. 受到老师批评后，我仍能认真地去上课	4.00
14. 学习上碰到与工作和家庭等有矛盾的问题，我会耐心处理	3.99
12. 学习再苦再累，我也会坚持下去	3.96
18. 我相信自己能很好地与老师及同学讨论问题	3.96
24. 我相信我有能力完成老师布置的作业或任务	3.95
21. 在学习范围内，我相信自己能够设定目标	3.90
23. 即使课堂环境不同，我也能很快、很好地适用	3.87
25. 我觉得每天的学习都是开心的	3.84
33. 无论遇到什么困难，我对自己的学习都满怀热情	3.83
27. 当我面临不利的环境时，我会觉得不好的事情很快会过去	3.82
31. 我对完成学习任务会抱有坚持不懈的态度	3.82
32. 目前，我正精力充沛地完成自己设定的学习目标	3.80
30. 学习上遇到困境时，我会想出多种办法去解决问题	3.78
11. 我无论如何都会去解决学习上遇到的难题	3.77
34. 目前，我正逐步实现优秀学生的目标	3.71

续表

测 题 内 容	均值
20. 我从不在意别人对我的学习能力的质疑	3.66
26. 在我目前的学习中，事情就是像我希望的那样发展	3.57
22. 眼前，我认为自己在学习上做得相当好	3.31
17. 当我在学习过程中遇到挫折时，我会觉得不知所措	2.55
13. 我感觉自己怎么努力都没法完成学习任务	2.45
28. 我觉得自己总是运气不好	2.38
16. 学习中陷入困境，就没办法摆脱出来	2.28
29. 我常觉得现在的学习对以后没什么帮助	2.09

二、心理情况具体分析

（一）成人高等教育学生学习心理情况的主成分分析

首先，对调查问卷中第二部分心理情况的 24 道题目进行可信度分析，分析结果显示，Cronbach's Alpha 系数为 0.803，属于高信度水平。由此说明，问卷中的各题项得分间具有一致性，且其一致性较高。

其次，采用“方差极大旋转法”对心理情况调查问卷中的 24 道题目作第一次的主成分因子分析，KMO 值为 0.940，Bartlett 球形度检验的近似卡方值为 14134.027（df=276），p=0.000。检验结果表明研究数据适合作主成分因子分析。根据 $\lambda>1$ 的原则，提取 4 个因子，由于量表中“20 题：我从不在意别人对我的学习能力的质疑”，“32 题：目前，我正精力充沛地完成自己设定的学习目标”，“33 题：无论遇到什么困难，我对自己的学习都满怀热情”的题项共同度小于 0.45，且“22 题：眼前，我认为自己在学习上做得相当好”存在多重负荷，故删除这四项后对剩余题目重新作主成分分析（表 3-4）。

表 3-4 主成分因子分析旋转后的因子载荷矩阵（正交旋转法 5 次迭代）

	成分			
	1	2	3	4
11. 我无论如何都会去解决学习上遇到的难题	0. 749			
12. 学习再苦再累，我也会坚持下去	0. 705			
31. 我对完成学习任务会抱有坚持不懈的态度	0. 683			
34. 目前，我正逐步实现优秀学生的目标	0. 633			
30. 学习上遇到困境时，我会想出多种办法去解决问题	0. 617			
21. 在学习范围内，我相信自己能够设定目标		0. 771		
26. 在我目前的学习中，事情就是像我希望的那样发展		0. 694		
27. 当我面临不利的环境时，我会觉得不好的事情很快会过去		0. 665		
23. 即使课堂环境不同，我也能很快、很好地适用		0. 623		
25. 我觉得每天的学习都是开心的		0. 590		
24. 我相信我有能力完成老师布置的作业或任务		0. 493		
16. 学习中陷入困境，就没办法摆脱出来			0. 796	
17. 当我在学习过程中遇到挫折时，我会觉得不知所措			0. 734	
13. 我感觉自己怎么努力都没法完成学习任务			0. 727	
29. 我常觉得现在的学习对以后没什么帮助			0. 593	

续表

	成分			
	1	2	3	4
28. 我觉得自己总是运气不好			0.571	
15. 受到老师批评后，我仍能认真地去上课				0.750
14. 学习上碰到与工作和家庭等有矛盾的问题，我会耐心处理				0.606
19. 我相信自己的复习对考试有帮助				0.595
18. 我相信自己能很好地与老师及同学讨论问题				0.521

根据 λ>1 的原则，提取 4 个因子，根据每个因子包含的题目进行整理归类，整理出以下 4 个公共因子：公共因子 1 包含的是遇到学习困难后的心理感受的相关五个题目，因此把公共因子 1 命名为韧性；公共因子 2 包含五个相关题目，涵盖对自己学习任务、目标、运气、态度等方面所做出的主观期望的描述，因此把公共因子 2 命名为希望；公共因子 3 包含五个与自我能力相关的主观评估的题目，因此把公共因子 3 命名为自信；公共因子 4 包含四个题目，分别描述了在困难或不利情境中的积极适应的主观感觉，因此把公共因子 4 命名为乐观。

本研究调查得出的成教学生在学习过程中所表现出的上述公共因子，符合路桑斯提出的心理资本自信或自我效能感、希望、乐观和韧性的四个心理资本维度。其中，韧性的心理资本水平最高，其次为希望、自信和乐观。

（二）成人高等教育学生心理资本因素的差异分析

1. 不同性别的成人高等教育学生心理资本因素差异分析

通过对不同性别的成人高等教育学生心理资本水平均值作独立样本

检验，根据表 3-5 方差齐性检验结果，可知在 95%的置信区间上，韧性的显著性差异 $p>0.05$，故方差不齐，在 t 检验结果中均选择“假设方差不相等”的结果，可知韧性的 Sig（双侧）为 0. 026，小于 0. 05，因此，男性与女性在韧性维度方面的心理资本存在着显著性差异。性别对人的思维方式和行为有一定的影响，尤其是不同性别学生在韧性方面会存在显著差异。相对来说，男性会比女性能体现出更强的面对困境的抵御能力。

希望、自信和乐观的显著性概率 $p<0.05$，因此方差均是齐的，在 t 检验结果中均选择“假设方差相等”这一行数据作为 t 检验的数据结果。由数据可知，Sig（双侧）均大于 0. 05，故性别在成人高等教育学生的四个心理资本维度上不存在显著差异。

表 3-5 **不同性别的成人高等教育学生心理资本差异性的独立样本检验**

		方差方程的 Levene 检验		均值方程的 t 检验				
		F	Sig.	t	df	Sig.（双侧）	差分的 95% 置信区间 下限	差分的 95% 置信区间 上限
韧性	假设方差相等	0. 552	0. 458	2. 374	1691	0. 018	0. 02436724	0. 25588151
	假设方差不相等			2. 236	536. 715	0. 026	0. 01702251	0. 26322624
希望	假设方差相等	4. 706	0. 030	0. 277	1691	0. 782	−0. 09958224	0. 13231234
	假设方差不相等			0. 267	551. 722	0. 790	−0. 10418818	0. 13691828
自信	假设方差相等	21. 398	0. 000	0. 929	1691	0. 353	−0. 06101149	0. 17082918
	假设方差不相等			0. 829	505. 046	0. 408	−0. 07525138	0. 18506906
乐观	假设方差相等	5. 116	0. 024	−0. 856	1691	0. 392	−0. 16650283	0. 06534680
	假设方差不相等			−0. 778	515. 806	0. 437	−0. 17821460	0. 07705857

2. 不同年龄的成人高等教育学生心理资本因素差异分析

对不同年龄组的成人高等教育学生的心理资本水平差异性作 anova 分析，根据表 3-6 的数据情况，不同年龄层次的学生在韧性、希望和自信三个方面的显著性小于 0.05，表明不同年龄段的成人高等教育学生在韧性、希望和自信方面存在显著差异。

由于成教学生是非全日制的学生，他们中的绝大部分是一边工作，一边到学校接受继续教育的，随着年龄的增长，他们在工作、生活与情感方面有着丰富的经历，他们在心智上更为成熟，在韧性、自信和希望这三个心理资本水平方面表现得尤为突出。

表 3-6 不同年龄成人高等教育学生心理资本水平差异性的 anova 分析

		平方和	df	均方	F	显著性
韧性	组间	36.759	4	9.190	9.372	0.000
	组内	1655.241	1688	0.981		
	总数	1692.000	1692			
希望	组间	16.218	4	4.055	4.084	0.003
	组内	1675.782	1688	0.993		
	总数	1692.000	1692			
自信	组间	22.595	4	5.649	5.712	0.000
	组内	1669.405	1688	0.989		
	总数	1692.000	1692			
乐观	组间	1.533	4	0.383	0.383	0.821
	组内	1690.467	1688	1.001		
	总数	1692.000	1692			

3. 不同婚姻状况的成人高等教育学生心理资本因素差异分析

通过对不同婚姻状况的成人高等教育学生心理资本水平均值作独立样本检验，从表 3-7 中可以看出，在 95%的置信区间上，不同婚姻状况的成人高等教育学生在韧性和希望的 Sig（双侧）的显著性水平均小于 0.05。因此不同婚姻状况的成人高等教育学生在韧性和希望的心理资本水平因素方面存在显著差异。婚姻状况对成人高等教育学生的心理资本水平影响主要体现在对成人学生的家庭环境的影响上。已婚与未婚的学生相比，已婚学生在参加继续教育的时候会受到家庭因素的影响，因此其心理资本水平会与未婚学生有一定差异。

表 3-7 不同婚姻状况的成人高等教育学生心理资本水平差异性的独立样本检验

		方差方程的 Levene 检验		均值方程的 t 检验				
		F	Sig.	t	df	Sig.（双侧）	差分的 95% 置信区间	
							下限	上限
韧性	假设方差相等	12.300	0.000	3.169	1691	0.002	0.06489721	0.27572915
	假设方差不相等			3.462	1076.005	0.001	0.07378733	0.26683902
希望	假设方差相等	0.011	0.915	3.129	1691	0.002	0.06276907	0.27361649
	假设方差不相等			3.149	893.287	0.002	0.06336384	0.27302172
自信	假设方差相等	1.581	0.209	-0.134	1691	0.893	-0.11294931	0.09850656
	假设方差不相等			-0.130	831.701	0.896	-0.11610724	0.10166450
乐观	假设方差相等	0.434	0.510	-1.043	1691	0.297	-0.16190085	0.04948816
	假设方差不相等			-1.036	869.047	0.301	-0.16270435	0.05029166

4. 不同收入水平的成人高等教育学生心理资本因素差异分析

对不同收入的成人高等教育学生的心理资本水平差异性作 anova 分析，根据表 3-8 的数据情况，不同收入水平的学生在希望和自信两个方面的显著性均小于 0.05，表明不同收入的成人高等教育学生在希望和自信方面存在显著差异。一般而言，当收入越高时，对生活、工作和学习的希望会越高，随着个人可支配的收入越高，对生活、工作和学习的希望和自信会越高。这在一定程度上也能解释成人高等教育学生接受继续教育是以提升学历、改善工作和收入水平为目的的。

表 3-8　　不同收入水平的成人高等教育学生的心理资本水平差异性的 anova 分析

		平方和	df	均方	F	显著性
韧性	组间	4.986	4	1.247	1.247	0.289
	组内	1687.014	1688	0.999		
	总数	1692.000	1692			
希望	组间	16.380	4	4.095	4.125	0.002
	组内	1675.620	1688	0.993		
	总数	1692.000	1692			
自信	组间	39.256	4	9.814	10.023	0.000
	组内	1652.744	1688	0.979		
	总数	1692.000	1692			
乐观	组间	7.021	4	1.755	1.758	0.135
	组内	1684.979	1688	0.998		
	总数	1692.000	1692			

5. 城市居住时间不同的成人高等教育学生心理资本因素差异分析

根据成人高等教育学生在城市居住时间情况，对其心理资本水平差异性作 anova 分析，根据表 3-9 的数据情况，城市居住时间长短不同在自信和乐观两个方面的显著性小于 0.05，表明不同居住时长的成人高等教育学生在自信和乐观方面存在显著差异。

表 3-9　　城市居住时间不同的成人教育学生心理资本水平差异性的 anova 分析

		平方和	df	均方	F	显著性
韧性	组间	2.080	4	0.520	0.519	0.722
	组内	1689.920	1688	1.001		
	总数	1692.000	1692			

续表

		平方和	df	均方	F	显著性
希望	组间	8.513	4	2.128	2.134	0.074
	组内	1683.487	1688	0.997		
	总数	1692.000	1692			
自信	组间	14.452	4	3.613	3.635	0.006
	组内	1677.548	1688	0.994		
	总数	1692.000	1692			
乐观	组间	4.908	4	1.227	1.228	0.297
	组内	1687.092	1688	0.999		
	总数	1692.000	1692			

无论是外来务工人员还是城市本地居民，他们在城市里生活、工作、学习的时间越长，对城市越熟悉，拥有的资源（人脉、经济）会越多，这些会有助于他们在该城市里进行社会实践。因此，在城市居住时间不同的学生在自信和乐观方面会存在显著差异，教育者应注重成人高等教育学习者自信和乐观这两方面心理资本的培养，并对其加以引导。

三、本章小结

通过以上分析，本研究调查得出的成教学生在学习过程中所表现出的心理资本维度与路桑斯提出的四个维度吻合。成教学生的年龄、性别、婚姻、收入、城市居住时间等在不同程度上影响着其心理资本水平。

(1) 不同性别的成人高等教育学生在韧性的心理资本维度上存在着显著性差异。结合社会观念，男性比女性能体现出更强的面对困境的抵御能力。在我们的问卷调查与访谈分析中，我们发现工作性质会影响心理资本水平。技术性较强的、工作内容较复杂的、难度较大的工作岗位的成教学生其自信、希望、乐观与韧性的数值也会较大，其心理资本水平也较高。而在技术性较强的职业中，男性占比较高，可反映出在面对困境时，男性更具有韧性。

（2）不同年龄段的成人高等教育学生在韧性、希望和自信三个方面存在显著差异。随着成教学生年龄的增大，其韧性、希望和自信这三个维度的题目均值也随之增大，这也与成教学生工作时间有一定关系。由于成教学生非全日制学生，绝大部分是一边工作一边到学校接受继续教育，在工作、生活与情感方面有着丰富的经历的学生，心智上更为成熟，因此在韧性、希望和自信这三个心理资本水平方面与其他学生相比会存在着显著差异。

（3）不同收入的成人高等教育学生在希望和自信方面存在显著差异。一般来说，员工的薪资收入会随着工作年限的增加而增加，也即工作经历越多，其收入就越高，对生活、工作和学习的希望也会越高。个人可支配的收入越高，其对生活、工作和学习会有更多的追求，这也在一定程度上解释了成人高等教育学生接受继续教育，是以提升学历、改善工作和收入水平为目的的。

（4）已婚的或在城市居住时间较长学生的心理资本水平与未婚的或在城市居住时间相对较短学生的心理资本水平存在着显著差异。无论是外来务工人员还是城市本地居民，他们在城市里生活、工作、学习的时间越长，对城市越熟悉，拥有资源（人脉、经济）会越多，这些都会有助于他们在该城市里进行社会实践。因此，在城市里居住时间较长的学生在进行工作、学习等社会实践时所表现出来的心理资本水平与在城市里居住时间相对较短的学生心理资本水平相比，有显著的差异，尤其在自信和乐观方面的差异显著性表现得更为突出。婚姻状况也是同一个道理，已婚的学生获得的资源或支持会比未婚的学生要多，而且在生活经历方面会比未婚学生显得更为丰富，在对待、协调、处理问题的方式方法和态度上会更有优势。

第四章　成教学生学习困境之一：管理因素

从学员的整个学习过程来分析，我们看到成人高等教育管理自身也存在着许多影响成人学员学习积极性的因素。目前，成人高校管理上存在着教学管理弹性不足，不适应成人个性化自主学习的需要；教学管理人员素质一般，教学管理的知识和能力不足；学生管理力度不够，学风建设还有欠缺；激励、竞争机制不够完善，教师的工作热情不够；学校管理制度不够健全，规范化程度低或执行不够严格；教学质量保障机制不够完善等问题。

第一节　教学监管

一、政府的监督

我国成人高等教育管理体制，由“一级统管”向“分级管理、分类负责”发展，并呈现出集权到分权、计划到市场、管制到服务的特点。

各省市、地区的成人高等教育的发展程度和重点不一样，在贯彻落实中央方针政策时的执行力度也不一样，有些地方政府独揽办学权、招生计划权、学科专业设置与调整等权利，导致部分高校在专业设置、招生规模等方面出现不合理的现象。

此外，我国成人高等教育管理体制实行的是管办合一的管理办法，即成人高等教育办学机构内部与成人高等教育机构内部，既承担管理的行政职能，也承担举办责任和经营权，这并不利于对成人高等教育办学机构的监督和评估，不利于客观评估成人高等教育办学机构的办学成果。

究其原因，主要是管理主体的教育行政部门对成人高等教育的地位认识不充分。虽然终身教育在全世界范围内得到传播，成人教育也越来越受到重视，但与普通高等教育相比，各级政府重视程度仍显不够，尤其在制定相关宏观政策和统筹规划上积极性不够，未能完全适应我国成人高等教育飞速发展的强烈需要。此外就是成人高等教育法制尚不健全，尤其是未能明确地划分办学机构的责、权、利，部分政府行为缺乏法律的监督，容易出现行政管理越位等问题。所以，健全的法制也是规范政府监督的有效途径。

二、学校的监督

质量是成人高等教育事业发展的生命线，教学质量往往决定着人才培养的质量，教学质量的监管对于确保人才培养质量具有重要意义。目前，有些学校办学指导思想不够明确，片面追求数量和经济效益，硬件建设跟不上时代发展的需要，教学方法和教材相对陈旧，教学内容不能满足专业人才的新需求，教育质量不高。成教学员的学习形式以业余为主，脱产为辅，学员的工学矛盾突出，面授缺勤率较高也是常见现象，管理上的引导不足和激励机制不完善，势必影响成人高等教育的质量。因此建立科学、有效的成人高等教育质量监管体系，是促进成人高等教育学生学习的重要保障。

同时，校外教学点的监管不足也会影响成人高等教育学生的学习效果。成人高等教育学生的分布具有社会性及分散性特点，不能以全日制脱产形式上课。为了方便学生就近接受教育，现阶段主要开办继续教育校外教学点，以教学点管理为主，成人高等教育学校负责检查与评估工作，这容易造成校外教学点以经济效益管理为主的思想。由于校外教学点管理人员水平参差不齐，有时教学管理的一些基础性工作不能组织到位，也会影响教学活动的顺利开展。如果对校外教学点的检查与评估工作未能到位，就易造成教学质量问题。因此，教学管理要素也是影响成人高等教育学生学习的重要因素。

因此，要切实加强教学工作中各个环节的管理，尤其要注意加强课堂教学前中后期的质量检查和督促，在整个教学管理过程中，要加强对教学工作状态、课程教学质量、教师教学质量、学生学习质量等方面的监控，严格教学要求，备课、面授、自学、作业、考试、实验、实习、毕业论文等都要从严要求，绝不能流于形式。严格执行教学规章制度，必须从严治考，把好出口关。此外，开通学生座谈会、学生评教、教师评教等活动，形成多条教学信息反馈途径。在此过程中，要疏通信息收集渠道，健全综合信息处理机制，及时反馈处理意见，以使教学质量监控措施得力有效。

第二节　管理者素质能力

一、普通高校成人教育管理队伍基本情况

成人教育管理队伍是保障成人教育活动顺利实施的基本力量之一，肩负着成人教育系统有效运转的重要责任。成人教育管理工作特点“集中表现为劳动的复杂性和艰苦性，是一项具有多种职能、体脑并用的创造性劳动”。① 当前，我国的成人教育管理队伍存在以下问题：

首先，由于成人高等教育自身的原因以及社会的偏见，在学校的教育体系中常处于弱势地位。成教社会声望低导致管理政策难以落实，管

① 贺向东，等．中国成人教育管理运作全书［M］．北京：中国物资出版社，1998：55.

理工作也受到影响，工作多停留在事务中，管理的作用得不到充分体现。而成人教育管理需要管理人员掌握相关的专业知识，以适应多种需要，这种高投入低产出的窘况使得高学历、高层次人才不愿将精力投入到成人高等教育的研究上，成人教育理论及管理理论水准偏低，教学管理水平相对落后。

其次，随着普通高校建设高水平大学及竞争指标内容的变化，大部分院校更愿意将管理力量投入到全日制本科、研究生等层次的管理上，对成人高等教育发展投入较少的精力。不少高校看重的是经济利益而非高质量的成人教育。同时，成人教育管理工作的不被重视也使得多数年轻人并不将成教管理工作作为择业的首选，造成管理人员年龄的断层，管理队伍缺少活力。有些学校甚至将一些别的管理部门不接受的人员或者素质、学历较低的人员安排到成人教育管理岗位上。此外，成教管理人员接受专业学习和培训的时间和机会甚少，其知识结构和能力水平常不适应成人教育管理工作的最新要求，导致成人教育管理队伍的专业素养不高。另外，有针对性的、完善的岗前培训制度不够完善，管理人员上岗前培训不足，上岗后又由于种种原因缺乏深入探索及专业知识的补偿教育，致使部分管理人员在管理过程中不自觉地沿用或照搬普通全日制教育管理的方式方法。

最后，由于成人教育规模的不断扩大，管理工作日益繁重，作为实现终身教育重要途径的普通高校成人教育管理机构，有的本身就没有建立起终身教育制度，其管理人员缺乏终身学习精神，不能及时更新自身知识和观念，不能熟练地应用现代科学技术进行科学管理，缺乏创新精神和创新能力。由管理队伍因素造成的成人高等教育管理局限势必也会对成人高等教育学生的学习产生不利影响，因缺乏管理的组织性与有效性，学生学习易变得懒散而应付。

二、普通高校成人教育管理队伍面临的窘境

成人高等教育是现代高等教育体系的重要组成部分，它在我国经济

发展和社会进步中发挥着不可替代的作用。成教管理队伍肩负着学校成人高等教育组织系统的运转任务，是实施学校领导工作目标的基本力量。因此，探讨和研究成人高等教育管理队伍目前存在的问题和解决办法具有重要意义。

（一）成人教育管理队伍地位的缺失

我国的成人高等教育处于一种十分尴尬的地位，一方面，政府十分重视；另一方面，它在社会上的认可度不高。成人高等教育一直以来被认为是普通高校发展的“第二条腿”，但这条腿始终处于弱势地位。造成这种状况既有历史的原因，也有社会的偏见。因此，成人教育在高校中长期得不到重视，成教管理人员的政策得不到落实，高学历、高层次的人员不愿进入成人高等教育领域，成教管理也难以得到更高层次的发展。一些高校领导认为成人学生层次较低，不符合学校的发展规划要求，把全部精力投入到全日制本科、研究生和科学研究的发展上，仅仅把成人高等教育作为“创收”的手段，对成教工作的精力和资金投入不足。因而，成人教育管理队伍的建设得不到应有重视，其专业素质也未得到相应发展，办事效率低下、管理松散等问题时有出现。不过随着信息技术的发展、社会应用人才培养呼声的高涨以及国家出台政策对普通高校成人教育的重视，成教的管理效率也得到了一定程度的提高。根据对成教学生的调查结果，题目“我能及时获取学校管理的各类信息（如上课、考试、调课等各类安排及办事注意事项等）”均值达到 3.93 分（均值等于 3 分的表示中立态度，分值越高则表示同意程度越高，反之亦然），可以看出成教管理者在及时发布信息方面还是做得较好的。

（二）管理人员综合管理能力的缺失

一般来说，学历代表着人的素质、能力和知识水平。目前成人高等教育管理队伍的学历结构和管理水平与其所承担的工作任务不相适应。

其中一些人对成人教育心理学、成人教育管理学了解甚少，原有的知识结构已不能适应新时期成人高等教育管理工作的需要。他们日常忙于行政事务，极少注意再学习及提高自己，进而导致其现代化管理知识难以得到更新，难以创造性地开展工作，以致难以达到管理育人与服务育人的目的。根据调查结果，题目“我在就读期间遇到的问题如果向学校反映能得到及时有效的反馈”的均值只有2.76分（均值等于3分的表示中立态度，分值越高则表示同意程度越高，反之亦然）。这体现了在学生反映问题后及时得到有效的反馈的程度不高。这其中的原因有很多，但其管理体系不完善与管理者自身的素质与管理水平不高也极大地影响着整个管理体系的运作。

第三节　教学管理

一、学生管理的难度

成人高等教育的受众对象是成教学生，但由于成人高等教育学生成人的特殊性，对其管理工作也带来一定的挑战，具体表现在三个方面：

1. 生源基础薄弱

大部分成人教育招生过程中过分看重经济效益而轻视入学人员的学历，因此入学条件非常宽松，这种宽松也导致了很多学员在整个受教育过程中一直持着马马虎虎、敷衍了事的学习态度，这也给管理带来一定的难度。调查数据显示，67.5%的被调查对象是18~25岁这一年龄段，专科学生占被调查者的54.2%，而且有56.7%的成教学生来自私营企业，他们中很大一部分在没读成教前的最高学历是高中，可见成教学生的学历低，缺乏一定的知识储备，这对日后的学生管理工作带来一定的困难。

2. 学生结构多样化

成人教育的学生大多为在职者，其来源结构多样化，也相应增加了管理的复杂性。相比于全日制学生，成人高等教育学生在社会地位、学习环境以及个人成长经历的差异，使他们在思想观念、学习方式、日常行为等方面也存在着特殊性。在思想观念上，成人高等教育学生已处于相对成熟的状态，他们对各种问题有自己的看法，处理各种事情有自己的主见，不容易受到别人意见的影响。这些特点容易形成学生囿于己见、我行我素等负面特征，不利于学校管理。如有的学生无视学校规章制度，不认真听讲，不坚持上课，甚至无故旷课，以自己的好恶取舍内容，给学校管理工作带来了较大的难度。

3. 学习目的现实

成人教育与普通教育相比，学生基础素质差异较大，学习目的也各不相同。成人高等教育学生在生活和工作中易受各种实际利益的驱动，他们的学习目的相对单纯，比较明确，多数是为了获取学历，以便在职称评定、职务晋升或学历达标中符合相应的要求，增加取胜的筹码。在调查中对问题“您选择读成人教育的主要目的是”的调查中，发现有78.2%的被调查者选择了“获取文凭”这一选项，这从侧面反映出社会对学历的要求，促使大部分成教学生选择读成人教育。

> 我是班里年龄最大的（40岁），这么大年纪还来读书还不是为了一个本科文凭。没有这个文凭，我在单位里提拔不了，所以只能报读成教快点拿到本科文凭，好让我能顺利提拔。（2014级人力资源管理专业学生）

因此，一些成人高等教育学生在学习动机上一切以学历为中心，其他如通过学习获取知识和技能、提高自己的综合素质、实现人生价值等积极健康的思想则属次要目的。这就容易形成学生急功近利、为学历而学的不良思想，以致出现请假率高，上课率低，“进校临时抓、出门扔书本”等不正常现象。因此，成人高等教育学生的特殊性，给教学管理工作带来了一定的难度。

二、课程管理的问题

专业课程的设置是反映成人教育管理水平的一个重要体现。根据调查结果，题目“学校的课程设置较为合理”统计得到的均值达到3.71分（均值等于3分的表示中立态度，分值越高则表示同意程度越高，反之亦然），可反映出被调查者还是比较满意目前的课程设置。而在问题“在学校所学的知识很有针对性，对我现在或者未来的工作有帮助”的回答结果统计中，得到的均值为3.78分，这也反映出成人教育的课程设置存在着合理性。

但是，目前我国的成人教育的课程设置很多都是沿用普通高等教育的做法，并没有根据成教学生的特点进行创新，导致难以根据成教学生的特点因材施教。虽然数据结果显示学生对课程设置比较满意，但访谈中我们发现，大部分学生反映目前的课程内容比较偏向理论，缺乏实际操作的内容。

> 现在学的都是很理论的东西，确实有很大收获，也有部分理论能用到实际当中去，但是老师讲课内容太偏重理论了，缺乏实际的东西，像我们这些人已经工作很长一段时间了，再进来读书，也希望能够学到点实际的内容，提高工作能力，而现在学的内容虽然是有一定帮助，但是效果不明显。（2014级人力资源管理专业的某学生）

所以，目前成人教育课程设置方面仍存在一定问题，笔者查阅资料与调查分析后，概括出成人教育课程设置中存在的问题主要有以下几点：

（1）体系僵化，模式单一，对培训对象的层次、培训时间限制重视不够，对学员自身的特点研究不够。

（2）结构不合理，以学科为中心，以教师为中心，未能以学生为中心。

(3) 灵活性差，缺乏针对性，不能适应新形势发展的需要，课程设置不能体现以能力和知识素养为先的观点。

(4) 实践性不够，课程设置中的实践性环节较弱，部分学校在操作中将此环节舍去或象征性地予以保留。

这些课程设置的局限性不能满足成教学生学习实际知识技能与拓展知识面的需求，必然也会影响成人高等教育学生的学习效果。同时，课程的时间安排也对成人高等教育学生的学习产生重要影响。目前，成人高等教育学生的课堂面授时间一般安排在周末或者晚上，教学时间安排有限且分散。由于绝大部分学生是边工作边学习的，所以无论上课时间选择周末白天还是平日晚上，都会给他们带来很大的影响。如平日晚上的课程，由于大部分学生的工作单位是私营企业，这一类企业的工作时间具有不稳定性，经常会出现加班的情况，这对于晚上上课的学生来讲，下班后过来上课是一种很大的压力。而至于选择周末白天上课的学生，虽然能避开平日上班时间，但是周末班的课程安排是比较紧凑的，一门课程基本上会安排一天的课，甚至有部分班级周末两天都是安排上同一门课程，这种上课强度，不但会给学生带来一定的学习压力，还会给授课教师添加备课和授课压力，进而影响教学质量。所以在这种情况下，学生经常会出现逃课、迟到、早退的现象。同时，周末班的课程基本上 4 天就结束一门课程，在这么短的成人教育面授学习时间里，任课教师往往难以根据教学时间安排选取合适的教学内容，其教学效果易受影响。

在 4 天里就把一门课程学习完并且要参加考试，这课程时间安排得太紧了，这么少的上课时间，我们基本上是学不到东西的，老师为了赶进度，讲课像“开飞机”（讲课速度太快了）一样，我们上一个知识点都没听清楚，老师就已经讲到下一个知识点了，这对我们的学习一点帮助都没有。(2014 级人力资源管理专业的高升专

学生）

周末上一整天的课确实挺累的，中午也就在教室休息一下，多少是会影响学习效率的。（2014级人力资源管理专业高升专学生）

在有限的教学时间内，如果师生关系、学习者之间的关系及课堂学习气氛不好，会直接影响老师的教学，导致教学计划不能按时完成，教学目的也难以实现，对成人学习者的学习带来诸多不利影响。

三、教材管理的问题

教材建设在稳步提高成人高等教育教学质量的过程中有着举足轻重的作用。由于成教学生起点低，知识储备少，对教材评价基本处于中立状态。在对题目“学校选用的教材适合成教学生使用”进行均值分析后，该题均值为3.07分。统计显示其不确定的选择占到了38.6%，表示赞同的比例是31.7%，反映出成教学生在评价教材合理性上基本处于中立态度。关于此问题，我们从广东省成人高等教育院校了解到，目前市场上针对成人高等教育的教材比较少，多数使用全日制学生使用的教材。即使有些教材是专门为成人学生使用的教材，但其教材质量从内容到语言等都存在缺陷。成人高等教育与普通高等教育在教学要求、教学目的和培养目标上区别较大。成人学生大多数是在职人员，他们更需要夯实基础，拓宽专业面，解决现实问题。教材应该能反映岗位需求的知识，体现本学科领域的新理论和新技术。成人高等教育学习者大多有一定的工作经验，他们希望在短时间内进一步拓宽知识面，促进理论水平和实践能力的提升。

教材是教学的主要载体，成人教育教材的建设要突出“成人”特色，编写“实用性”强、通俗易懂、简明扼要并且便于自学的教材。但沿用的普通全日制高等教育的教材内容强调理论化和系统化，对成人高等教育的学生来讲，其难度偏大，且内容与实际工作相差甚远，使成人高等教育学生望而却步，无法适应成人高校教学改革的需求。此外，有些教材内容趋于老化，没有反映最新进展，缺乏针对性、实用性及时效性。对于来自工作岗位的成人高教的学生来讲，如果教材没有针对性，不利于提高学生的专业水平，也就较难保证成人高等教育学生学习的持续性。

四、师资管理的问题

（一）缺少专门的成教师资管理部门

众所周知，每一所普通高校都会有一个专门负责学校师资队伍建设与管理的部门，但这些部门关注的对象仅是全日制教育的教师，容易忽略成人教育师资问题。然而作为学校的二级学院——成人教育/继续教育学院却较少有自己的成教师资管理部门，导致在师资队伍管理上存在一定的局限性。

（二）缺乏相关的法规

我国目前没有专门针对成人教育师资队伍的相关管理要求，即专门的成人教育教师管理条例，也没有专门的成人高等教育教师资格认证制度。

我国基础教育、高等教育、职业教育、成人教育四大教育体系中唯独没有专门的成人教育法律。2012 年 8 月 20 日，国务院印发了《关于加强教师队伍建设的意见》，下级政府机关应当遵照执行，但由于成人教育基本法的缺失，使得国家制定的发展成人教育事业的相关政策缺乏法律依据，这影响其执行力度。要推动成人高等教育师资队伍建设管理，国家立法机关需出台《成人教育法》，进一步提高成人教育师资队伍管理的科学性和合法性。

成人教育的特殊性决定了成人教育授课时间基本安排在周末白天、平日晚上或寒暑假等法定休息时间，按照国家有关法律规定，在法定休息时间加班工作，其收入应为法定工作日收入的两到三倍，然而由于没有相应的法律法规，致使成人高等教育教师的授课待遇与法定工作日的待遇基本持平，授课教师工作积极性不高。

（三）领导重视不够

普通高等学校的大多数领导把建设研究型大学作为自身发展的目标，越来越多的大学把科研发展放在学校发展的首要地位。在此发展定位的驱动下，学校把主要精力放在科研论文的发表上，而放在教学上的精力却不多，成人高等教育的教学更是得不到重视。有些高校把成人高等教育作为全日制教育的补充，对成人高等教育经费投入少，这无疑对其管理造成一定程度的影响。

一些普通高校不重视成人高等教育的质量问题，把成人高等教育作为学校解决经费来源的一种手段，以此作为学校的“副业”来抓，形成了“重创收，轻管理；重规模，轻培养”的现象，甚至不顾其办学条件，盲目扩张，严重影响其教学质量。此外，由于学校领导的不重视，在人事安排上，学校往往将别的部门不要的或者安排不下的人员安排在成人教育管理部门作为成教的管理人员，而同时又将成人教育学院与其他院系统一管理、统一标准、统一模式，在管理中难以体现出成人教育和成教学生的特点，其管理也会缺乏特色和针对性。

（四）师资队伍不稳定

兼职教师队伍是普通高校成人高等教育师资队伍与生俱来的特点，成人教育师资队伍来源的复杂性及不稳定性，也给管理带来了一定难度。由于成人高等教育在高校中未能得到重视，所以在专职教师配备上也具有一定的局限性。成人教育机构的任课教师多数来自学校其他院系，也就是说，许多成人教育机构的教师是其他院系的专职教师，受其他院系的管理，有些教师甚至是来自校外的，这样一来，成人教育管理部门就很难对这些教师进行管理。因为他们的人事编制不在成人教育学院里，不归成人教育管理部门管理，对其进行高要求存在一定的困难。

因此，如何对成人高等教育师资队伍进行管理是一个两难的问题。

五、考试管理的问题

问卷题目“学校的上课和考试等时间安排合理”经统计其均值为2.64分（均值等于3分的表示中立态度，分值越高则表示同意程度越高，反之亦然），这反映出被调查者对学校的上课和考试等时间安排合理性的满意度不高。深入分析后，我们发现工作时长会影响成教学生对学校上课和考试时间安排合理性的认同度。

表4-1 不同工作时长的学生对学校上课和考试时间安排合理性的认同情况

周工作时长	均值	N	标准差
五天以下	2.87	89	1.463
五天	2.68	1028	1.464
六天	2.62	677	1.487
七天	2.32	50	1.463
总计	2.66	1844	1.473

表4-1数据显示，随着周工作日数的增加，认同情况的均值会越低。每周工作时间大于5天的学生认为考试和上课时间安排都存在不合理情况，而每周工作时间大于5天的被调查者占到总数的40%左右。由于大部分学生都在私营企业工作，所以他们的周工作时长基本在6天左右。其中大多数从事服务型行业的学生，一周只休息一天，且休息日是轮流安排的，不一定就在周末。这些情况对课程和考试时间的安排会带来一定的难度。

采取课程考核的方法往往是为了检查学生对于这门课程所学知识的掌握情况，促进学生将学到的知识进一步深化。由于受成人高等教育学生学习能力、学习基础以及诸多客观条件的影响，同时也为了让学生顺利毕业，有些成人高教办学单位对成人高等教育学生进行考核时存在着以下问题：

（1）考试要求低、考试内容浅显，主要以考核知识点为主，缺少对考生能力方面的考核。

（2）考核方式传统，以死记硬背或者直接套用的模式为主。

（3）考试试题量少，批阅试卷标准不严格。

如果任课教师在设计试卷题目时不仅降低教学大纲标准，而且忽视成教学生的实际情况，这不但会影响学生学习的积极性，也会使考试失去促进学员学习的作用，不利于成人学习者主动探索、主动学习能力的培养，也会因教学质量问题使成人高等教育在社会上的认可度继续下降。

第五章 成教学生学习困境之二：环境因素

环境是指某个具体人的本身之外的且作用于他的一切事物的总和。人类的社会活动是在特定的环境中一定的活动主体与其他要素相互作用的过程。就成人高等教育学生的学习活动而言，其本质是成人学习者作为学习活动的主体，在特定的学校环境、家庭环境和社会环境中，积极发挥其主观能动性，与环境中其他要素如家人、同事、教师、同学等相互联系和作用的过程。

美国教育学家约翰·杜威（John Dewey）在其教育学著作《民主主义与教育》中指出："环境对人的行为有着强烈的'暗示'作用，可引导行为的内涵和方向。"① 学习是个体以心理变化适应环境变化的过程，人在什么样的环境中学习，在一定程度上决定着获得什么样的学习结果。对于成人高等教育的学习者（学生）而言，学习环境是其学习活动赖以发展的基础条件。学习环境能潜在地影响其学习行为活动的过程，系统地影响其学习行为活动的效果。本章分别从教学环境、家庭与工作环境、社会环境三方面进行论述。

---

① ［美］约翰·杜威．民主主义与教育［M］．王承绪，译．北京：人民教育出版社，2001：187.

第一节　教学环境

早在两千多年前，人们对教学环境的影响作用就已有所认识。《学记》认为："独学而无友，则孤陋而寡闻。"这说明，学习过程中的人际交往、人际环境对学生学习的结果有一定的影响。学校是教学的主要场所，也是学生学习生活的主要场地。教学环境是学生学习活动赖以进行的主要环境，它由学校内部有形的物质环境和无形的软环境构成，前者包括教室、教学设备、教学设施等硬环境，后者包括师生关系、学生之间的关系、校风、课堂氛围等软环境。教学的硬、软环境都会影响学习者的学习和教师的教学。从表面上看，教学环境只处于学习活动的外围，是相对静止的，但实质上它却以环境自身特有的影响力潜在地干预着学生学习活动的过程，系统地影响着学习活动的效果。尽管这种影响在日常教学活动中是看不见摸不着的，但它对学生学习活动的影响却是存在着的，其影响作用是重要的，是不容忽视的。

一、教学环境与学习状态

在日常教学工作中，教学环境往往是通过成人高等教育学生外部的环境感知产生的学习情绪来影响学习状态与学习效果的。学生的学习情绪对学习状态的影响具有两重性，愉快、欢乐的积极情绪有利于学习活动的开展，沮丧、愤怒的消极情绪则会影响学习。当我们情绪愉快时，往往思维灵活，记忆迅速，头脑显得特别清醒；而当我们情绪低落时，则会出现思维迟钝、记忆困难、头脑混浊不清等现象。若学生走进教室，展现在眼前的是整齐宁静、清洁优雅、井然有序的情景，必然会精神振奋，情绪愉悦；反之，肮脏杂乱、空气污浊的环境则容易使学生情绪低落，不利于开展教学活动。另外，在良好的环境中，教师对学生的良好期望、和谐友好的人际关系以及积极向上的学习风气等都能够激起学生积极的情感体验，促进学习，提高学习效率。良好的教学环境促进学生形成愉快的情绪、积极的情感，有利于学习活动的开展，这一重要作用正日益引起人们注意。在教学中发挥教学环境作用，对于提高成人高等教育学生的学习效率，提高学生学习能力具有重要意义。

问卷调查结果分析显示，题目“我身边缺乏崇尚学习、热爱学习的氛围”的均值为3.46分（均值等于3分的表示中立态度，分值越高表示同意程度越高）。从题目的均值和访谈结果来看，成教学生不是很满意目前的学习环境，但因为长期习惯了这种环境而趋于采取默许态度。

> 我觉得成教上课氛围与全日制大学生上课的氛围完全不一样，我也不知道是什么原因，我们班的学生都不太喜欢听课，上课时有玩手机聊天的，本来我也想好好听课的，但是同学们的行为影响着我，我真的不太喜欢这种学习氛围。（2014级人力资源管理周末班某学生）

在差异性分析上，不同年龄的成人高等教育学生在学习气氛因素上有显著性差异。18~25岁的成教学生均值最大。对各年龄段进行均值比较，发现年龄较小的成人高等教育学生与年龄较大的学生相比，所处的社会环境差异较大。年龄小的学生倾向于认为身边缺乏崇尚学习、热爱学习的氛围，他们大部分在高考失利后2年内报读成人高等教育，从高中浓厚的学习氛围向成人高等教育的学习氛围转变时间较短，在这种对比之下，18~25岁的学生更容易产生成教课堂上的学习氛围不浓厚的感觉，因此这部分学生的同意度是最高的。这也是因每个年龄段所经历的环境不一样所导致的。

表5-1 不同年龄学习者对学习氛围的感受情况

年龄	均值	N	标准差
18~25岁	3.54	1311	1.306
26~30岁	3.41	478	1.330

续表

年龄	均值	N	标准差
31~35 岁	3. 08	117	1. 378
36~40 岁	2. 81	31	1. 642
41~45 岁	3. 00	2	1. 414
45 岁以上	2. 33	3	2. 309
总计	3. 46	1942	1. 330

在工作时长方面，分别用每周不同工作天数和每天工作时间长度的成人高等教育学生困境因素作了独立样本检验，在 95%的置信区间上发现每周不同工作天数和每天工作时间长度的成人高等教育学生在学习氛围与动机因素上的差异显著。然后，分别用每周不同工作天数和每天工作时间长度两个因素作为自变量，把题目“我身边缺乏崇尚学习、热爱学习的氛围”作为因变量进行均值比较分析，得出表 5-2 和表 5-3 的结果。

表 5-2　　**每周不同工作天数的学生对学习氛围的感受情况**

每周工作天数	均值	N	标准差
五天以下	3. 39	89	1. 362
五天	3. 44	1028	1. 327
六天	3. 51	677	1. 315
七天	3. 68	50	1. 377
总计	3. 47	1844	1. 325

表 5-3　　**每天不同工作时长的学生对学习氛围的感受情况**

每天工作时长	均值	N	标准差
8 小时以下	3. 44	703	1. 357
8~10 小时	3. 49	1057	1. 298

续表

每天工作时长	均值	N	标准差
11~12 小时	3.57	58	1.403
12 小时以上	4.08	13	1.441
总计	3.47	1831	1.326

从表 5-2 和表 5-3 的结果发现，随着一周工作时间长度增多或一天工作时间的增加，其均值也会随之变大，这说明工作时间较长的成教学生更加认同自己身边没有较好的学习氛围。进一步了解发现，工作时间较长的学生，其工作单位以私营企业、个体工商户为主，主要从事相关的生产或销售等基层工作，具有工作时间长、工作强度大的特征。由于他们需要花费更多的时间在工作上，学习时间相对较少，且身边同学情况也差不多，所以在平时生活中会明显感觉学习氛围缺乏，因此其学习积极性也会受到影响。

上班都是做上班的事，下班回家吃完饭已经很晚了，等洗完澡，歇一会基本上已经到了睡觉的时间，根本没有学习的时间。像我们这种做销售的，有时候周末上课刚好要见客户，那只好逃课了。所以，我们是没多少时间去学习的，我身边很多人都有我这种情况。(2014 级人力资源专科班某学生)

有时候会需要加班，并且有时候还是单休，所以有些周末的课如果跟上班时间冲突就不能去上课了，其实在职的学生由于工作的原因，有时候会有身不由己的事情要干的。(2015 级人力资源专科班某学生)

但如果外部环境能给予一定的支持，或有良好的外部学习环境，就会刺激学生的学习积极性或学习动机，在知识或技能的学习上投入更多的精力。

公司知道我读成高的事，也支持我去继续进修。只要学科达到指定的分数，公司可以报销学费，而且平时去上课的路费等开支都可以到公司报销。家里人也很支持我继续读书，所以在学习方面我是没有压力的。在工作和学习时间冲突时，公司领导也能理解，所以我也很认真地投入到学习中。希望能学到实用的知识，能够对自己的工作有所帮助。(2014级工商管理专科周末班某学生)

外部的学习环境会影响学生的学习状态，成教学生对学习氛围的认知就很好地说明了这一点，感觉自己身边缺乏积极的学习氛围的成教学生，他们更容易受到这种氛围的影响，跟随其他同学，出现不认真听课、上课玩手机、聊天等行为。所以外部的教学环境会影响大部分成教学生的学习状态或学习行为，而且这种影响同时也会受到年龄、工作时长等因素的影响。

二、教学环境与学习动机

良好的教学环境有利于激发成人高等教育学生的学习动机。在教学活动中，学习动机通过发挥自身的指引方向、集中注意和增加活力等功能，对学生的学习过程和学业成绩产生重要影响。研究表明，学生的学习动机是在具体的学习情境中激发和发展起来的。在特定的条件下，教学环境中的各种环境因素都可能成为影响学生学习动机的诱因。例如，课堂教学气氛、师生人际关系、教师期望、学生群体的凝聚力和群体目标、群体舆论、学习中的竞争与合作、教学环境的布置及其新异程度等，都在一定程度上对学生的学习动机产生潜在影响。这些影响可能是积极的，也可能是消极的。它们既可以充分调动学生的学习积极性，使他们全力以赴地投入学习，也可以使学生远离学习，丧失学习兴趣。

就课堂教学气氛来说，对题目“多数教师课堂讲课热情很高，课堂氛围较好”进行均值分析，发现均值为2.57分（均值等于3分表示中立态度，分值越高则表示同意程度越高）。结果显示，被调查者普遍对该题目认同度不高，低于平均值。

在差异性分析上，不同年龄阶段与年级层次的成人高等教育学生在学习氛围的感受上有显著差异。再分别用年龄和年级两个因素作为自变量，把题目“多数教师课堂讲课热情很高，课堂氛围较好”作为因变量进行均值比较分析，得出表5-4和表5-5的结果。结果显示成教学生的年龄越大，同意度越高，反之亦然。由于年龄相对较小的成教学生从高考失利到重新上学的时间间隔在2年左右，他们仍然对学习充满着向往，因此他们往往会把成教的授课方式、氛围以及学习内容等与高中学习阶段进行对比，往往会以高中教学情况作为参照物来要求成教的教学。但是，无论是教学方法、教学内容还是教学氛围，大学的学习与高中是有很大区别的。大学的学习会更突出自主性、自由化以及个性化，高中则显得更加被动和机械。所以，年龄相对较小的学生短时间内会感到成教老师的课堂授课效果不及高中教师，且学习氛围也没有那么浓烈。而年龄较大的成教学生，他们经过了一段工作时间，已经远离学校多年，当有机会再进入学校学习时，对课堂上教师的授课内容、授课方式都会相对感兴趣，比较容易产生满足感。因此，成教学生年龄越大，对于“多数教师课堂讲课热情很高，课堂氛围较好”越认同。

表5-4 **不同年龄学习者对教师课堂讲授满意度情况**

年龄	均值	N	标准差
18~25岁	2.59	1311	1.357
26~30岁	2.54	478	1.450
31~35岁	2.45	117	1.589
36~40岁	2.68	31	1.720
41~45岁	3.00	2	2.828
45岁以上	3.67	3	2.309
总计	2.57	1942	1.403

表 5-5　　不同年级层次的学生对教师课堂教授满意度情况

学习层次	均值	N	标准差
专科一年级	2.93	605	1.249
专科二年级	2.86	448	1.293
本科一年级	2.30	476	1.441
本科二年级	2.02	386	1.458
本科三年级	2.44	27	1.553
总计	2.57	1942	1.403

在年级因素方面，专科班的认同度高于本科班，原因应是专科班学生通常知识量少、学习能力不高，在接受教育时容易产生满足感。相反，接受本科教育的成教学生，在起点上比专科班要高，已接受较长时间学习，学习基础要高一些，在接受成人高等教育的时候较难产生满足感。为此，任课教师在授课时，要根据年级及班上学生年龄段来进行有针对性的备课。生动活泼、积极主动的课堂教学气氛具有很强的感染力，易于营造出一种催人向上的教育情境，使学生从中受到感化和熏陶，从而激发其学习热情和提高学习积极性。反之，懒散沉闷、师生之间缺乏交流甚至严重对立的课堂教学气氛则会抑制学生的学习热情，降低学习兴趣，严重的还可能使学生产生厌学情绪。由于成人高等教育学生的学习基础、学习能力与现实客观状况的差异，因此营造良好的教学环境显得尤为重要，对促进学生的学习具有重要意义。

三、教学环境与学习行为

教学环境中的各种环境因素，例如课堂教学气氛、师生人际关系、教师的管理作风和集体规范等也是影响学生课堂行为的重要因素。在各种社会心理环境因素中，对学生课堂行为影响最直接、最具体的莫过于学生集体的规范了。集体规范是学生集体在共同的生活中所形成的一种为大多数集体成员所接受的行为准则，它规定了什么行为是可接受的，什么行为是错误的和不能接受的。集体规范一经形成，就作为一种无形的环境力量影响着学生个体的行为，使他们遵从集体所赞同的目标和价值。

调查发现，大部分教师未能严格管理成教学生，学生频频出现迟到、早退和不认真听课等现象。如果这类行为不加以管制，很容易影响整个班集体。

给我们上课的老师基本上都不管课堂纪律，他自己在讲台上讲课，学生在下面玩手机、说悄悄话，老师一点都不管。本来我也想好好听课，但是实在太吵了，我也慢慢地开始分心了。有时候真的不是不想学，而是因为学习氛围不好，影响到自己学习的积极性。(2013级工商企业管理周末班某学生)

上课的学习气氛一般，有同学认真听，也有玩手机的，聊天或睡觉的也有，玩手机的还蛮多的。有的老师会在课堂上说一下这些问题，有的老师不会说。其实这些都会影响到我的学习，本来离开学校太久，再次回到校园，接受更高的知识就比较难消化，闲暇时间少，只能在上课时学习，一旦被人打断往下的内容就更难听懂。(2014级工商企业管理周末班某学生)

在成人高等教育教学过程中，由于学生主体自身的约束性不强，易出现迟到或缺课现象，任课教师更应该多注意引导和培养学生的课堂纪律观念，要求他们遵守课堂纪律，减少迟到与缺课率，以提高教学效果。

第二节　家庭与工作环境

对成人高等教育学生而言，学校之外的学习支持主要来自其家庭和工作单位，不同的家庭和工作环境对学生的学习会产生较大影响。同时，个体自身的因素也会因家庭和工作环境影响而出现变化。

一、家庭与工作环境对学习者产生影响的原因

成人高等教育学生的家庭生活环境主要是以学生个体的血缘、姻缘、地缘关系为纽带，以学生与家庭成员、其他亲属、朋友等相互关系为主要要素而形成的环境。“现代教育体系的发展，不仅在时间上将扩展到整个人生进行终身教育，而且在空间上将扩展到全社会，使整个社会都将担负起教育的责任。这种发展趋势，促使教育与社会生活和家庭生活相联系，教育系统与社会大系统相融合。”① 家庭是学习者心理、性格、思想、品德，特别是智力发展的最初环境。家庭的结构、文化氛围、成员的教育方式、家庭成员的支持与沟通等，直接关系到成人学习者的学习情况。

与物理环境相比，家庭经济状况，家庭是否有良好的学习氛围，家庭成员、亲友对于终身教育理念的认知程度，对成人学生参与成人高等教育的认可，他们是否为成教学生学习提供便利等，这些因素对成人高等教育学生的学习都有重要影响。成人高等教育学生能否协调家庭生活，提升自己的学习效果，需要生活环境中各要素的良好互动。

工作是推动成人高等教育学生学习的另一项重要的支持因素。成人高等教育学生在学习上面临的首要问题是工作和学习时间的协调问题。良好的企业氛围、崇尚求知进步的企业价值观和学习风气都直接对成人高等教育学生的学习产生影响。工作单位如何看待成人教育活动，如何理解成人教育理念，是否支持其员工参加成人教育，是否在工作上为参加成人教育的员工提供支持等，都在很大程度上影响成人高等教育学生学习的积极性和学习效率。成人高等教育学生参加成人教育的目的性较强，很多成人学习者是为了获取实际工作中所需要的知识和技能而选择参加成人教育，如果他们所学的知识和技能能够在工作中发挥作用或获得使用的机会，那么其学习动机就会较强，学习积极性就会较高，在学习中克服困难的决心也会较大。在建设学习型组织的过程中，如果成人

---

① 马会梅．学习环境分析［J］．河南工业大学学报，2012（2）：146.

高等教育学生的工作环境中出现或者存在“学习团队”或“学习小组”，同事、朋友之间相互鼓励，相互帮助，甚至建立共同的“学习愿景”，那么对成人高等教育学生的学习就会有更好的促进作用。

二、不同个体的影响差异性分析

下面我们分别将性别、年龄、婚姻状况、工作性质等情况与家庭和工作环境支持因素进行差异性分析。

（一）性别在家庭与工作环境因素影响方面的差异性分析

假设男女在家庭和工作环境这两方面的影响是没有显著差异的，用独立样本 T 检验对检查结果进行数据分析，得出表 5-6 所示结果。

表 5-6　　不同性别的差异性分析

	性别	N	均值	标准差	均值的标准误	均值方差的 t 检验	
						Sig 值	
家庭	男	322	4.5217	1.40576	0.07834	假设方差相等	0.944
	女	1620	4.5278	1.40978	0.03503	假设方差不相等	0.944
工作	男	322	3.8168	1.34441	0.07492	假设方差相等	0.980
	女	1620	3.8148	1.27320	0.03163	假设方差不相等	0.981

由表 5-6 的分析可知，家庭因子和工作因子的 Sig 值在 95%的置信区间下，小于显著性水平 0.05，因此这两类公共因子拒绝原假设，认为性别在家庭和工作环境的影响方面存在显著性差异。

我们通过把不同性别学习者受家庭和工作环境因素影响的均值作比较分析，可以得出表 5-7 和表 5-8 的结果，发现两者均值均为 4.35 分（均值等于 3 分的表示中立态度，分值越高则表示同意程度越高，反之亦然），可以看出无论是男生还是女生的继续学习均获得家人或亲友的支持，这也和访谈结果相一致。

在工作单位因素影响方面，单位越好的，其均值水平越高，如国家政府机关、事业单位、国有企业、集体所有制企业的学生会更容易获得家人或亲友的支持，主要是因为此类工作单位里的工作岗位相对较稳定，与其他单位工作岗位相比，其工作时间较短，收入相对较高。

表 5-7 不同性别学习者受家庭和工作环境影响比较

性别	均值	N	标准差
男	4. 34	322	0. 897
女	4. 35	1620	0. 833
总计	4. 35	1942	0. 843

表 5-8 不同工作单位学习者受家庭和工作环境影响比较

工作单位	均值	N	标准差
国家政府机关	4. 46	37	0. 900
待业中	4. 29	98	0. 825
事业单位	4. 45	142	0. 839
国有企业	4. 49	192	0. 752
外资企业	4. 30	189	0. 962
私营企业	4. 33	1101	0. 827
个体工商户	4. 34	71	0. 955
集体所有制企业	4. 50	16	0. 632
自由职业者	4. 30	56	0. 893
其他单位	4. 25	40	0. 899
总计	4. 35	1942	0. 843

（二）年龄在家庭与工作环境因素影响方面的差异性分析

首先进行原假设：假设年龄在家庭、工作、个人协调能力这些影响成人高等教育学生学习的主观性因素方面没有显著性差异，进行方差分析，如前面所述，成人高等教育学生的年龄对其在家庭和工作环境因素影响方面存在显著性差异。同理，把它们还原成五级量表形式。

我们通过把年龄对家庭和工作环境因素的均值作比较分析，可以得出表5-9的结果，发现各年龄段的均值约为4.4分（均值等于3分的表示中立态度，分值越高则表示同意程度越高，反之亦然），可以看出无论是哪个年龄段的学生在选择继续学习时均获得家人或亲友的支持，分析结果与访谈结果一致。

表5-9　　不同年龄段的学习者受家庭和工作环境影响情况

年龄	均值	N	标准差
18~25岁	4.35	1311	0.848
26~30岁	4.34	478	0.798
31~35岁	4.41	117	0.822
36~40岁	4.39	31	1.202
41~45岁	4.50	2	2.121
45岁以上	4.67	3	0.577
总计	4.35	1942	0.843

(三) 婚姻状况在家庭与工作环境因素影响方面的差异性分析

首先，假定婚姻状况在家庭与工作环境因素影响方面不存在显著性差异，对问卷数据进行独立样本T检验，得到以下的分析结果：

表5-10　不同婚姻状况学习者受环境因素影响的差异性分析

<table>
<tr><th>环境</th><th>婚姻状况</th><th>N</th><th>均值</th><th>标准差</th><th colspan="2">Sig.（双侧）</th></tr>
<tr><td rowspan="2">家庭</td><td>未婚</td><td>1579</td><td>4.5877</td><td>1.37620</td><td>假设方差相等</td><td>0.000</td></tr>
<tr><td>已婚</td><td>363</td><td>4.2617</td><td>1.51615</td><td>假设方差不相等</td><td>0.000</td></tr>
<tr><td rowspan="2">工作</td><td>未婚</td><td>1579</td><td>3.8455</td><td>1.28664</td><td>假设方差相等</td><td>0.030</td></tr>
<tr><td>已婚</td><td>363</td><td>3.6832</td><td>1.27076</td><td>假设方差不相等</td><td>0.029</td></tr>
</table>

由表5-10的分析数据可知，家庭、工作环境的Sig值在95%的置信区间下，小于显著性水平0.05，因此这两类公共因子拒绝原假设，也就是说，婚姻状况不同的学习者受家庭与工作环境方面的影响有显著性差异。

我们通过把不同婚姻状况的学习者对家庭与工作环境因素影响的均值作比较分析，发现不管是已婚还是未婚，其均值约为4.4分（均值等于3分的表示中立态度，分值越高则表示同意程度越高，反之亦然），可以看出无论是否已婚的学生在选择继续学习方面均获得家人或亲友的支持，这也和我们的访谈结果相一致。

> 我过来报读成教，家里人在精神上和物质上都非常支持，因为多读书，有利于自身素质的提升，并且学历高了，对于找工作、晋升、加薪还是有好处的，对于这一点家里人意见还是比较统一的。(2014级工商企业管理周末班的未婚某学生)
>
> 虽然父母赞同我继续读书，在生活上给予我很多的支持，但是有了自己的家庭之后，感觉家庭上的事情或多或少都会影响到自己的学习，包括带小孩、家庭事务、与爱人的关系等都会让自己不能全身心地投入到学习当中。(2014级工商企业管理周末班已婚的某男学生)
>
> 爸妈都不太赞成我继续进修，他们叫我多考虑一下自己的老公和小孩，怕读书后无法兼顾工作、家庭与学习，尤其怕影响到家庭。(2014级工商企业管理周末班已婚某女学生)

在对学生访谈中，我们了解到婚姻状况会影响到他们的学习，这也和问卷数据分析结果一致。访谈发现，已婚女学生最容易因为家庭和工作因素影响到她们的学习，尤其是在学习与家庭生活发生时间上的冲突时，相比于男性，女性更倾向于选择后者，这有可能是受到传统的中国家庭观念的影响。

（四）工作性质在家庭与工作环境因素影响方面的差异性分析

工作性质也是影响成教学生学习的重要因素之一，因为成教学生均是业余学习者，他们中绝大部分是在职学生，也即是边工作边学习的学生。我们从题目“您的工作单位是”的调查结果中可看出93%的学生都是在职学生，详细可见表5-11。从表中我们可知大部分学生是在私营企业里工作的，这也是因为学历上的限制，导致他们中的绝大部分只能选择私营企业，或者自己创业做个体工商户来获取收入以维持生活。

表5-11　　不同工作单位的学习者情况描述统计

	频率	百分比	有效百分比	累积百分比
国家政府机关	37	1.9	1.9	1.9
待业中	98	5.0	5.0	7.0
事业单位	142	7.3	7.3	14.3
国有企业	192	9.9	9.9	24.2
外资企业	189	9.7	9.7	33.9
私营企业	1101	56.7	56.7	90.6
个体工商户	71	3.7	3.7	94.2
集体所有制企业	16	0.8	0.8	95.1
自由职业者	56	2.9	2.9	97.9
其他单位	40	2.1	2.1	100.0
合计	1942	100.0	100.0	

由于绝大部分的学生均是在私营企业工作，因此，在工作时间和收入上也不很理想，有97.3%的在职学生一周需要上6天班，61.6%的在职学生一天工作时间是超过8小时的。虽然工作时间较长，但是收入并非与工作时长成正比。88.3%的在职学生的收入低于5 000元，这与2018年广东省全省在岗职工月平均工资6 350元相比较，还存在着很大

的差距。所以普通高校成人高等教育学生大都属于中低收入人群，大部分学生也正是因为这个原因，才想通过继续教育来提升自己的价值，从而获得更多的收入来维持生活。

所在单位不知道我过来读书，我之所以选择来读书就是想换一个更好的工作，想让自己学历更高一些，找一个自己理想的工作。(2012 级人力资源管理周末班某学生)

经过对成教的在职学生访谈后，我们发现大部分学生认为工作会对他们的学习造成一定的影响，包括因为加班导致上课迟到，或是单位临时有事导致上课早退以及出差导致无法上课等。

我也不想迟到，有时候工作一忙起来每天都很晚才下班，晚饭都还没吃就得赶去学校上课了。上班忙碌了一整天，下班后还要挤地铁挤公交才能来到学校，很累的。老师讲得再有劲，我有时候听着听着也会睡着，因为确实太累了。(非周末班的学生)

有时候会需要加班，并且有时候还是单休，所以有些周末的课如果跟上班时间冲突了就不能去上课了，其实在职的学生由于工作的原因，迟到、翘课无法避免。(周末班某学生)

以上仅仅是个别成教学生的访谈，在调查中，我们发现大部分学生都存在着工作与学习时间相冲突的情况。在两者发生冲突的时候，学生往往会优先选择把工作做好，等闲下来再回头考虑上课和学习的事情。

我们现在肯定是以工作为主，为了上课不去工作，是根本做不到的，搞不好被老板炒了，到时候没钱交学费，到头来课都上不了。所以，无论怎么样，两者有冲突时，肯定是以工作为重。(2013 级人力资源管理专业周末班学生)

本研究通过对题目“如果有谋求更高职位或增加更多收入机会，并且这些机会与参与成教学习之间发生冲突时，我会暂时中止或者放弃就读成教”作了描述性统计，发现有66.6%的学生会选择放弃就读成教，有24.5%的学生仍会选择继续读书。从简单的描述统计中也可以看出，在职的成教学生仍以工作为主，这和访谈结果相一致。因此，工作因素影响着成教学生的学习，甚至在一定程度上左右着学生的学习。

第三节　社会环境

一、社会观念

当下，社会环境也是影响成教学生学习的因素之一。在传统观念中，学历越高越能找到好工作。在社会上，本科学历相对本科以下的学历找工作的优势是显而易见的。首先在就业方面，本科以下的学历，无形之中将丧失许多理想的工作机会。在当今社会，通常学历越高工作机会越多，上升空间越大，发展速度越快。但调查发现，社会环境因素对成教学生学习的影响相对较小。外界社会，包括企业或个人，会认为成教的学历在社会上的认可度比较低，而且在招聘的时候会对此进行限制，尤其在学历方面的限制尤为明显。即使是没有限制，企业在录用时也容易把成教学历者给筛选掉。

某些企业在招聘的时候，要求应聘者是全日制本科以上学历。(2014级人力资源管理专业的某学生)

现在我们招聘都是以全日制的本科大学生为主，对于成教本科的学生，除非是有丰富的工作经验，不然在面试中很快就给淘汰掉的。(来自某大型企业的HR)

目前，有一些单位是存在这种偏见的，当初我有一个朋友找工作的时候就遇到了这种情况，当时我朋友非常郁闷，感觉自己这几

年都白读了。(2012级企业工商管理专业的某学生)

另外，本科以下学历的员工通常会遭受不平等的待遇，如在进入岗位定级定岗后，许多单位（尤其是国家机关和事业单位）提拔干部、竞选领导基本条件都是本科以上学历，即使自己完全可以胜任，也没有竞选资格，机遇摆在面前却抓不住。还有，在职人员若在规定年限拿不到本科及以上学历的话，在人事改革中会直接导致下岗。也就是说，专科以下人员即使找到工作，在以后的工作中也可能面临下岗失业的危险。在调查中我们也发现很多学生是出于这种原因而来参加学习的。

我是在医院做管理工作的，升职最基本要求是本科学历，我是因为这个原因才过来报读继续教育的，希望能有个提升。我在医院工作十几年了，也看到有些员工平时工作很努力，成绩很出色，但是因为没有本科学历，就一直升不上去，令人感到很无奈。(2013级企业工商管理专业专升本的学生)

二、社会对成教的认可度

社会的快速发展对人的素质提出了更高的要求，成人高等学历教育作为一种培养高素质人才的形式，其教育质量与水平与是否得到社会承认和社会支持有显著的关联。现阶段我国社会对成人高等学历教育存在一定的偏见。

首先，公众对成人高等学历教育在人的发展和社会发展的重要性方面认识不足，未能全面认识到成人高等学历教育是我国高等教育的重要组成部分，为我国实现高等教育大众化作出了积极贡献，未能全面认识到成人高等学历教育是终身教育和建设学习型社会的重要形式，是实现教育公平乃至社会公平的重要渠道，同时，也是实现人的全面发展的重要途径。当前一些人还只是把成人高等学历教育当成创收或获取文凭的工具。

其次，没能较好地区分普通高等教育与成人高等学历教育的培养目标。成人高等学历教育与普通高等教育都是培养高级专门人才，但二者在培养目标上又有着重大的区别，不少人片面地以普通高等教育培养目标的标准去衡量成人高等学历教育，从而得出成人高等学历教育是一种低层次教育，成人高等学历教育学生是能力低下者或失败者的错误结论。观念是行为的先导，行为总是一定价值观的外化，上述错误认识就会导致在实践中对成人高等学历教育的歧视，这不利于激发成人高等学历教育学生的学习积极性，直接影响到成人高等教育学生的学习效果。

具体来说，相对于普通高等教育而言，成人高等教育已被放置在可有可无的尴尬境地，主要表现在以下几个方面：

（1）成人高等教育的目标定位不够准确。在指导思想、教育特点、教学管理、成果应用等方面与社会需求相悖，成人高等教育特色不明显，优势没有发挥，培养应用型、实践型、适应型人才的教学目标不鲜明，专业设置、招生、教学内容等方面存在普教化现象，多数是照搬普通高等教育来进行的，所培养的人才难以符合社会对人才的需要。

（2）成人高等教育的社会声誉不高。成人教育体制不健全，教育质量不高，办学形式不合理，过分追求经济效益等自身发展中存在的问题导致了成人高等教育的声誉每况愈下，加剧了人们对成人高等教育的歧视，在选择接受教育上，他们有意识地避开成人高等教育。

（3）成人高等教育的生源不足。近几年，全国高等院校大规模扩招，使得高考的升学率大幅上升。此外，高等教育自学考试、高职院校以及各类民办学校风起云涌，使学生学习的渠道拓宽、学习的机会增多。社会上各类职业教育、岗位培训等的招生也使得报考成人高等教育的生源进一步分流，这些造成了成人高等教育生源数量的下滑。

成人高等教育是高等教育的重要组成部分，和普通高等教育一样具备发展经济、推动民主政治、繁荣文化和稳定社会等职能。但是实践发展过程中，成人高等教育面临的这些现实困境会阻碍成人高等教育的发展，进而影响成人高等教育学生的学习。尽管近些年我国成人高等教育在长期的摸索中取得了一定的发展，其办学体系不断更新，然而因为社会对成人高等教育在推动国家各项事业发展中效用认知的不足，造成我国成人高等教育长期处于边缘的位置，在现实生活中也出现了一些成人高等教育的功利化现象，这种认识的不足伤害了我国成人高等教育的健康发展，也影响了成人高等教育学生的学习。

虽然社会存在对成教学历认可度低的事实，但是在经过访谈后，我们发现大部分的成教学生来参加学习，主要是想达到扩大自己的知识面、提升个人价值等自我提升的目的。

> 虽然会碰到这种现象，但是我还是觉得学历高一点比较好，有句话说得好："技多不压身。"所以我还是坚决地选择了报考成人高等教育，以增长自己的知识。当听到别人说读成人高等教育没用的时候，心理上是有一些影响的，但是最终还是说服了自己，觉得读书是有用的，所以会坚持一直读到毕业的。(2014 级企业工商管理专业专升本学生)
>
> 其实现在对成人高等学历教育的感受还好吧，现在选择读成人高等教育就是有一种弥补当初没有读大学的遗憾，工作之后想进一步提升一下学历。(2014 级企业工商管理专业高升本学生)

当社会普遍对成人高等教育的学历认可度偏低时，一般会认为成教学生的学习也会受到不好的影响。但在对访谈结果进行分析后发现，成教学生受这种社会认识的影响还是比较小的，大部分的成教学生认为选择报考成人高等教育是为了提升自己。所以，社会环境因素对成人高等教育学生学习的影响相对较小。为此，向成教学生开展的教育内容应该更具时代性、新颖性以及实用性，这样才能满足大部分成教学生的学习目的。

第六章　成教学生学习困境之三：教学因素

课堂是成人高等教育学生进行学习的主要场所。在各种影响课堂教学的微观环境中，教师所用的教学方法、教师的评价方式和适宜的教育教学资源是创设良好的课堂教学环境，激发成人高等教育学生学习兴趣的关键。

首先，教学水平对于提升课堂教学效果起着十分重要的作用，换句话说，学生是否能够对所学的内容感兴趣，更好地融入课堂教学，不仅依赖于课程内容本身，在很大程度上更取决于教师的教学方式是否得当。其次，教学方法对提升教学质量水平也有重要的影响作用，成人高等教育学生具有与普通高等教育学生不同的特征。再者，合适、恰当的教学效果评价和学生学习成效评价也是营造良好课堂教学环境的一个重要因素，尤其是及时的、积极的评价，有利于学习者在相对放松的环境状态下进行学习和反馈，避免焦虑的产生，树立学习的信心。最后，丰富便捷的教学资源是成人高等教育学生获得良好的学习效果的重要保证。因此，学校教师的教学水平、教学方法、教学评价、教育资源等都与成人高等教育学生的学习有一定的关联。

第一节　师资队伍

教学是在教育目的的规范下，由教师的教和学生的学共同组成的一种教育活动。在教学活动中，许多环节与教师关系密切。通过教学，学生在教师有计划、有步骤的引导下，主动掌握系统的科学文化知识和技能，发展智力和体力，陶冶品德和美感，形成全面发展的个性。① 教学是学校的中心任务和主要活动，教学水平的高低直接影响学生的学习质量与效果。教师对于教育活动的重要性不言而喻，在很大程度上，高素质的教师队伍是高质量的成人高等教育的保证。《中国教育改革和发展纲要》也指出："振兴民族的希望在教育，振兴教育的希望在教师。建设一支具有良好政治业务素质、结构合理、相对稳定的教师队伍，是教育改革和发展的根本大计。"②

一、师资队伍情况调查结果分析

根据成教学生学习影响因素的调查分析结果可知，影响其学习的困境因素有 7 个，其中一个是教学与评价。对这一因素作深入分析后可知，不同性别、年龄、学习层次及工作时长的学习者对这一因素的看法存在显著性差异。

首先对题目"多数任课教师专业水平较高"（B11）与题目"我向任课教师请教问题能得到及时有效的答复"（B14）作简单的描述分析。根据表 6-1 和表 6-2 的分析结果，我们可以发现，有 68.9%的被调查者不认可多数任课教师专业水平较高，有 88.5%的被调查者不认可任课老师能及时回复自己提出的问题。

表 6-1　　**对任课教师专业水平的评价情况**

	频率	百分比	有效百分比	累积百分比
完全同意	193	9.9	9.9	9.9

① 王道俊，王汉澜．教育学［M］．人民教育出版社，1999：178.

② 齐高岱，赵世平．成人教育大词典［M］．东营：中国石油大学出版社，2000：481.

续表

	频率	百分比	有效百分比	累积百分比
基本同意	292	15.0	15.0	25.0
不确定	119	6.1	6.1	31.1
基本不同意	1014	52.2	52.2	83.3
完全不同意	324	16.7	16.7	100.0
合计	1942	100.0	100.0	

表6-2　　**对任课教师反馈问题的评价情况**

	频率	百分比	有效百分比	累积百分比
完全同意	54	2.8	2.8	2.8
基本同意	60	3.1	3.1	5.9
不确定	110	5.7	5.7	11.5
基本不同意	1157	59.6	59.6	71.1
完全不同意	561	28.9	28.9	100.0
合计	1942	100.0	100.0	

从上述简单的描述性统计分析中，可以看出大部分成教学生对教师的总体教学水平持否定态度，对教师的态度尤为不满。下面是访谈实例：

大部分的任课老师的专业水平还是蛮高的，但是部分老师的教学态度不好，上课内容和书本内容不太相符，直接跟我讲考试的内容，感觉任课老师没有重视成教学生，态度不太好。（2014级人力资源管理专业高起本学生）

再对问卷中开放问题进行分析，发现40%的学生在回答中均提到教师的问题，他们认为教师因素是其中一个重要的困境因素。部分教师专业水平不高，尤其是专业素质不高是成教教学中的一大致命缺点，对学生的学习产生很大的不利影响。调查结果显示，成教教师的知识水平是比较高的，成教学生不满意教师的专业水平的原因，应是由于教师教学素质不高而影响了学生对其总体专业水平的认可度。下面将对不同性别、年龄以及学习层次的个体对现有教师满意度的情况作一比较，以进一步了解学生对现有师资的认知情况。

（一）不同性别

分别将性别因素中的男性、女性对题目“多数任课教师专业水平较高”与题目“我向任课教师请教问题能得到及时有效的答复”作均值分析，男性学生对教师教学水平和教师反馈情况的均值分别为 3.71 分和 4.17 分，而女性学生分别为 3.47 分和 4.08 分，从数据中发现男性学生对这两道题的均值均高于女性学生。相比于女性学生，男性学生对教师队伍的水平相对满意，包括他们对任课老师的专业水平以及任课教师的有效答复。

（二）不同年龄

分别将年龄因素中的不同年龄学习者对题目“多数任课教师专业水平较高”与题目“我向任课教师请教问题能得到及时有效的答复”作均值分析。由于 36~40 岁、41~45 岁以及 45 岁以上这三个选项的人数极少，故将三个选项合并为“35 岁以上”，分析得出表 6-3 的结果。

表 6-3　**不同年龄段学习者对教师教学水平与反馈情况的评价比较**

年龄段		教师教学水平	教师反馈情况
18~25 岁	均值	3.43	4.07
	N	1311	1311
	标准差	1.229	0.868

续表

年龄段		教师教学水平	教师反馈情况
26~30 岁	均值	3.62	4.09
	N	478	478
	标准差	1.168	0.803
31~35 岁	均值	3.78	4.23
	N	117	117
	标准差	1.146	0.724
35 岁以上	均值	3.85	4.36
	N	36	36
	标准差	1.365	0.832
总计	均值	3.51	4.09
	N	1942	1942
	标准差	1.217	0.844

从表 6-3 可看出，年龄越大，他们对教师专业水平的认可度越大。35 岁以上的学生对这两个问题的选择结果均值分别为 3.85 分和 4.36 分。这可能是因为年纪比较大的成教学生多数已经工作过很长一段时间了，再入读成人高等教育的目的，大部分是为获取学历文凭，便于他们在原单位中晋升。再加上年龄大的学生离开学校多年再重回学校读书，会对教师所讲授的知识比较感兴趣，自然而然就会觉得任课教师专业水平比较高。

对我来说，已经离开课堂很多年了，现在重新回到课堂学习，感觉非常高兴，老师水平还是挺高的，讲课内容很好，对平时工作都挺有用的。(某 37 岁的女学生)

我觉得现在的老师上课一点都不紧凑，讲的知识点与书本上的内容不相符，而且都是粗略地讲解一下，都不像在高中时，老师会

很明确地把知识点、重点、难点都说出来，还是高中的老师好。（某22岁的成教学生）

对于年龄相对较小的成教学生来说，大部分离开学校学习时间较短，依然深受就读高中时老师紧张的授课节奏与认真的授课态度影响。因此，尽管他们目前就读于高等学校，接受的是高等教育，但仍会依据高中教师的授课水平来衡量高校成教教师的授课水平。由于大学学习讲求自主性，完全区别于高中的被动性学习，所以也导致了年龄比较小的成教学生会对成教教师专业水平的认可度偏低。

（三）不同学习层次

在学习层次方面，我们将不同学习层次的学生对题目“多数任课教师专业水平较高”与题目“我向任课教师请教问题能得到及时有效的答复”的调查结果作均值分析。由于专科三年级、本科四年级与五年级的课程相对较少，在学校上课学习的时间比较少，所以没有对此学习层级的学生进行调查。因此，本问卷主要针对专科一、二年级与本科一至三年级的成教学生进行调查，得出了学习层次不同的学习者对题目“多数任课教师专业水平较高”与题目“我向任课教师请教问题能得到及时有效的答复”的回答结果均值分析表。

表6-4　不同层次学生对教师教学水平与教师反馈情况的评价比较

学习层次		教师教学水平	教师反馈
专科一年级	均值	3.37	4.06
	N	605	605
	标准差	1.200	1.009

续表

学习层次		教师教学水平	教师反馈
专科二年级	均值	3.58	4.18
	N	448	448
	标准差	1.169	0.649
本科一年级	均值	3.72	4.13
	N	476	476
	标准差	1.095	0.711
本科二年级	均值	3.40	4.01
	N	386	386
	标准差	1.362	0.862
本科三年级	均值	3.04	3.59
	N	27	27
	标准差	1.581	1.217
总计	均值	3.51	4.09
	N	1942	1942
	标准差	1.217	0.844

在专科层次，可看出学生学习时间越长，其均值也会越大，说明专科年级越高的学习者，对成教教师专业水平的认同度越高；而在本科层次，年级越高，其均值反而降低，说明本科年级越高的学生，对成教教师拥有较高专业水平的认同度越低。在深入访谈后，发现专科层次的学生起点较低，绝大部分是高中毕业后工作一年左右就重回学校继续学习的学生，他们还没完全从高中的学习环境中脱离出来，在与高中学习情况相比较之下，就容易形成成教教师的专业水平不高的认识。有些学生在入学第一年时因为这一因素而打击了其学习积极性，这导致有些学生出现厌学、逃学等行为。

很不习惯现在的教学方式，老师整天都在讲理论，内容很虚，又不详细讲解习题，感觉自己没学到什么知识。（专科一年级的小红）

现在感觉老师还是蛮厉害的，虽然老师没讲细，但是讲的知识面很广，结合自己平时的经历，感觉获益良多。（升到专科二年级的小红）

至于本科层次的学生，他们当中大部分人的起点较高，都是大专毕业的学生，已经具备了一定的知识量，也习惯了大学教师的教学风格，而且在第一年学习里，由于学习内容的新颖性，他们在第一学年对教师的专业水平有较高的认同度。但随着学习时间的推移，他们的知识储备不断增加，对教师拥有较高专业水平的认同度会慢慢下降，到了三年级基本是中立的认同度，出现不确定的状态。此类学生随着认同度的下降，其学习积极性也会随之降低。针对这种情况，对于专科学生来说，任课教师需要在第一年里使用多样化的授课方式来加快低年级学生的思维转变；对于高一级的专科学生来讲，任课老师要维持正常的教学方式。对于本科学生，学校应该安排学历更高的、知识水平与教师素养较高的教师进行教学，在满足学生基本需求的基础上，刺激他们更大的求知欲望，才能更好地维持他们学习的积极性。

根据调查分析的结果，我们对广东省普通高校开展成人高等教育的教师队伍进行了进一步的调查了解。目前普通高校的成人教育师资来源主要有两种形式：专职教师和兼职教师。专职教师录用程序较为严格，一般普通高校选择的是专业对口、接受过相关专业教育训练的，具有一定的教育教学或教育管理经验的人才。在普通高校成人高等教育的实践当中，专职教师全职进行成教的教学或管理工作，在长期工作过程中积累了大量工作经验。他们比较熟悉成人教育学生的特点，能够掌握成人教育学生教学管理工作的规律，他们更善于有针对性地在成人高等教育教学中使用科学合理的教学方式和教学方法。此外，由于专职教师往往与成人高等教育举办部门有固定的人事关系，所以他们大多会把教学工作当做分内之事，在教学过程中会更加积极、投入更多的热情。前几年，普通高校的成人高等教育招生数量不断扩张，有的普通高校的成人教育招生规模甚至已经超过全日制学生招生规模，但成人高等教育的专职教师却没有增加，部分学校反而在减少。普通高校成人高等教育的专职教师与普通高校全日制教师相比，在数量上有很大的差距。

与专职教师相比，兼职教师的教学经验与水平存在一定的差距。他们往往不能很好地把握成人高等教育的特点。如果校内兼职教师没有针对成人高等教育学生的特点采用适合成人教育学生的方式和方法进行授课，而是把对全日制学生的授课形式复制到成人高等教育的课堂上来的话，显然达不到成人高等教育的要求，满足不了成人高等教育学生的需求。但类似这种聘用全日制学生的教师作为普通高校成人高等教育教师的做法却是目前开展成人高等教育的普通高校的通常做法。

> 近年来，普通高校的成人高等教育招生数量不断扩张，学生数量增长迅猛，而由于经费不足等原因，只得去聘用兼职教师来为成教学生进行授课。有时候兼职教师数量不足的时候，我们还得请有授课经验的优秀研究生作为临时教师进行授课。(一名负责成教工作的老师)

除了以上介绍的两种兼职教师之外，还有另外一种类型，就是社会兼职教师。他们一般由具有较为丰富实践经验的人来担任，从实践教育教学的角度来看，他们能给渴望通过学校教育提升自己职业技能和专业素养的成人教育学生更多的切合实际的指导。但是，现实中社会兼职教师大多没有接受过专门的教师职业训练，在教育教学方法和专业基础知识方面的积累有所欠缺，在实际的教学活动中也会出现一些问题，比较难以达到理想的教学效果，教师教学水平的局限在一定程度上也会影响成人高等教育学生的学习。

从前面现有师资队伍调查结果分析中我们可知：性别、年龄、学习层级等不同的学习者，对教师知识水平有不同的判断。他们各自都有自己的学习需求，而且专职教师、兼职教师或是社会兼职教师也会有各自的教学特点。因此，如何根据每类学生的学习特点以及需求来合理进行教师梯队的组建，是成人教育师资队伍建设需要考虑的主要问题。根据学生的学习特点和需要建设师资队伍，会更有助于满足成教学生的基本学习需求，更大地刺激他们的学习动机和学习潜力，也使教师的知识水平与教学水平得以发挥。

二、成教师资队伍存在的问题

成人教育的教师在掌握相应的理论知识基础上，也应当根据成人高等教育学生的自身特点掌握必要的专业知识，将成人高等教育学生和全日制高校学生区分对待。但是，目前我国的成人教育师资力量仍然比较薄弱，主要存在以下问题。

1. 教师队伍不够稳定

由于高校对成人教育不够重视，成教教师队伍一直处于动态变化中。学校往往要在安排了全日制普通高教课程教学任务之后才分配成人高教课程的教学任务。再加上对成人教师的聘任制度也没有明确的管理办法，这就造成成人高等教育教师队伍的不稳定。从事成人教育的教师往往是兼职的身份，其本职工作和重心仍是全日制普通高教课程教学，并且由于成人教育对象的复杂性和成人教育学习形式和学历层次的多样性，使成人教育的教学有其自身的特殊性，这就要求成人教育教师必须按照成人教育规律进行教学活动，教师必须掌握成人教育学、成人心理学等师范专业理论知识，但教师队伍的不稳定性，使得部分新上岗的教师难谙成人高等教育之道。

2. 教师责任心不够强

当前，成人高等教育的单位对教师是否符合从事成人教育教学的各方面要求较为宽松。一些对成人高等教育不够了解和缺乏责任心的教师进入了成人教育教师队伍，他们要么照搬全日制普通教育授课模式，教学内容局限在教材范围内，要么临近考试只给学员划大纲、圈重点。这难以让成人高等教育学生学到对其工作岗位实际操作有用的知识，使成人教育教学在课堂环节打了折扣，严重影响了成人教育的教学质量，以致降低了成人教育教师的社会认可度。一个既教全日制学生又教成人教育学生的教师，在教学过程中应有一个教育对象的转移问题，他们面对的成人教育学生在年龄、职业、学识、能力等方面与全日制学生的差别很大，在教学中需要关注的因素更多。然而目前成人教育师生相互交流机会极少，再加上学校里许多教师超负荷上课，无暇了解成人教育学生或探索成人教育特点和规律，因而在给成教学生上课时很容易走到给全日制大学生授课的模式上去，不能够兼顾成教学生各方面的需要，而且一旦上课时间发生冲突，在无法调控的情况下，经常舍弃的是成人教学的课时和任务。

同时，由于成人教学工作待遇相对较低，其教学工作量又往往不与职称评定、岗位津贴挂钩，因此，一些教师对成人教学敷衍了事，经常出现随意调课、请人代课等现象。有的教师上课晚、下课早，不能按时完成教学计划，还有的教师工作责任心不强，缺乏进取精神，知识陈旧，方法僵化，更有甚者，以上课时间紧而教学任务重为由，只讲授与考试有关的内容，圈重点，划范围，置学生知识掌握和能力培养于不顾。如此等等现象，严重影响了成人教学人才培养的质量。

3. 专门的培训不足

在目前从事成人教育教学工作的教师中，接受过系统的成人教育教学理论以及成人教育方面的职业学习和培训者较少。由于成教学生有别于普教学生，有着自身独特的心理状况及学习方式，这就要求成教教师对这些特点进行充分掌握。目前尚未形成一套成熟的成人教育教学的操作模式，对成人教育教师的培训力量也较为薄弱，致使从事成人教育的教师多数依靠实践积累经验，教学和管理水平很难快速提高，严重抑制了成人高等教育的发展。

三、成教师资队伍存在问题的原因

据统计，普通高等学校承担着一半以上的成人教育任务，是我国成人高等教育建设和发展的重要力量。因此，如何提高普通高校中成人教育的办学质量，是摆在广大学校领导和广大成人教育工作者面前的一项重要课题。

与各类专门性成人院校相比，普通高校举办成人教育有其自身优势，它可以充分利用普通高校雄厚的师资力量、先进的实验设备和丰富的图书资料等资源优势开展成人高等教育。然而，由于学校从领导到教师都有将主要精力放在全日制学生教育工作上的倾向，导致对成人教育的重视程度不够，因而出现了以下所提到的问题。

1. 成教教师队伍无固定编制

学校领导的重视体现在对学校各种资源（包括教师在内）的分配上。但在很多高校，成教教师队伍一直处于变化中，学校往往要在安排了全日制普通高教课程教学任务之后才分配成人高教课程的教学任务，成教教师的聘任常常具有较大的随意性，容易导致成人教育教师队伍的不稳定。有些高校规定，刚从高校毕业分配来的年轻教师第一年不能直接担任全日制学生的教学任务，这些教师往往被安排担任成人高教课程的教学工作。

由于成人教育对象的复杂性，成人教育学习形式和学历层次的多样性，形成了成人教育教学的特殊性，成人教育教师需要掌握成人教育学、成人心理学等师范专业理论知识，还需要按照成人教育规律进行教学活动，才能真正地教好成人教育的学生。此外，成人教育教师在具有一定的理论知识的同时，还必须具有一定的教学实践经验和专业实践知识。显然，新上岗的教师在这两方面都是欠缺的，这些都将影响成人教育教学质量的提高。

2. 重普教轻成教现象严重

普通高校虽然把成人高等教育作为学校教育的一部分，但更多的是把它看做一种附属品，放在从属地位。因此，在教学管理上投入的精力较少，从成人教育专业设置、教学计划、教材到教学方法、教学手段等基本上是全日制教学的"翻版"。一个既教全日制学生又教成人学生的教师，在教学过程中应有一个教育对象的转移问题，他们面对的成人学生年龄、职业、学识、能力等的差别很大，在教学中需要关注的因素很多。然而，目前成人教育师生相互交流的机会极少，再加上高校教师中的许多教师都是超负荷上课，教师无法深入了解成人学生或探索成人教育特点和规律。因此，他们在给成教学生上课时会不自觉地按照给全日制大学生授课模式进行授课，不能够兼顾成教学生各方面的需要。而且一旦上课时间发生冲突，在无法调控的情况下，教师经常会舍弃成人教学的课时和任务。另外，由于成人教学工作待遇相对较低，其教学工作量又往往不与职称评定、岗位津贴挂钩，一些教师对成人教学敷衍了事，随意调课、请自己的研究生代课等现象便时有发生。

有的教师上课晚、下课早，不能按时完成教学计划；还有的教师工作责任感不强，缺乏进取精神，知识陈旧，方法僵化，更有甚者，以上课时间紧而教学任务重为由，只讲授与考试有关的内容，圈重点，划范围，置学生知识掌握和能力培养于不顾。这些现象，均影响了成人教育人才培养的质量。

第二节　教学方法

普通高校拥有雄厚的师资力量、完善的教学和科研设备以及丰富的教学资源。部分高校设有成人教育模块，所以也拥有上述这些有利条件。但普通高校成人教育教学，也因此容易产生一些问题，例如教师不加区分地采用相同的教学方法对待成人教育学生。如何发挥普通高校的办学优势，根据成教学生的学习特点，采取相应的良好的教学手段，是成教发展的主要难题。

教学方法运用的合理性要建立在对学生特点了解的基础上，所以，下面通过调查数据，对成教学生自身特征以及学习特点进行探讨、分析，为成人教育的课堂教学方法的应用提供参考依据。

一、学生对教师教学方法的评价结果分析

主成分因子分析结果显示，共有 7 个影响成人高等教育学生学习的因素，其中一个为教学与评价。对这一因素深入分析后发现，不同性别、年龄、学习层次及工作时长的学习者对教学与评价这一困境因素的认知存在显著性差异，其中题目“多数教师的教学方式很好，能因材施教顾及不同层次的学生”（B17）和题目“多数教师有很好的教学方法，能帮助我有效地学习课程内容”（B18）涉及教学方法，下面对其进行具体的分析。

（一）不同性别学习者对教学方法的评价

将不同性别学习者对题目“多数教师的教学方式很好，能因材施教顾及不同层次的学生”与题目“多数教师有很好的教学方法，能帮助我有效地学习课程内容”的评价结果作均值分析，从表 6-5 中可以看出，男生对这两个问题的认同度高于女生。两者之间出现显著性差异的原因可能是因调查对象数量不同而造成的。但纵观中国高校，“阴盛阳衰”几乎成为普遍现象。在本次调查中，被调查的 1 942 名成教学生中有 83. 4%是女性学生。研究结果揭示，性别失衡会给高校的教学和管理带来难题。尤其是教学方面，在教学方法或教学模式的选择上如何结合性别特点来进行教学，也是任课教师需要认真考虑的问题。管理者和教师都需要认真思考和对待这一问题。

表 6-5　　不同性别学习者对教学方法评价对比表

性别		教学方法能因材施教	教学方法能助我学习
男	均值	2. 84	3. 55
	N	322	322
	标准差	1. 358	1. 316
女	均值	2. 44	3. 38
	N	1620	1620
	标准差	1. 224	1. 277
总计	均值	2. 50	3. 41
	N	1942	1942
	标准差	1. 255	1. 285

（二）不同年龄段学习者对教学方法的评价

由于 36~40 岁、41~45 岁与 45 岁以上的学生数量较少，为了更清晰地了解到学生各年龄段的评价结果，我们把 36~40 岁、41~45 岁与 45 岁以上的年龄层合并为 35 岁以上，并对此进行统计分析。

表 6-6　　不同年龄段学习者对教学方法评价对比表

年龄段		教学方法能因材施教	教学方法能助我学习
18~25 岁	均值	2. 42	3. 41
	N	1311	1311
	标准差	1. 248	1. 284
26~30 岁	均值	2. 63	3. 34
	N	478	478
	标准差	1. 236	1. 289

续表

年龄段		教学方法能因材施教	教学方法能助我学习
31~35岁	均值	2.74	3.50
	N	117	117
	标准差	1.260	1.284
35岁以上	均值	2.97	3.87
	N	36	36
	标准差	1.402	1.118
总计	均值	2.50	3.41
	N	1942	1942
	标准差	1.255	1.285

从表6-6可看出，随着年龄的增长，成教学生对教师教学方法的认可也增加。也就是说年龄越大的成教学生越认同成教任课教师的教学方法，年龄大的学生要求教师直接把知识内容讲授出来即可。而年纪比较小的学生则喜欢更加灵活的教学方式，如举例或多讲点趣味性的内容，把知识点逐渐讲授出来，或与学生进行互动交流等。

> 任课老师能认真备课，基本能按照课本的知识进行讲解，挺不错的，听完之后，还是会学到新东西。（上人力资源管理课程的34岁A同学）
>
> 老师讲课枯燥，基本上是按照书本的内容讲，知识偏理论性，很少联系实际，应该多加点案例分析并与学生互动，不然，直接讲书本上的内容会让学生没听课兴趣。（上人力资源管理课程的25岁B同学）

年龄大小影响着学生的思维方式，再加上每个学生所处的社会微环境不同，因此对教学方法上的要求也不同，呈现出多样化的特征。访谈结果表明，年纪相对较小的成教学生更希望教师具备启发性、开拓性、幽默性以及灵活性等特征的教学方法，而年龄相对较大的成教学生更多的还是带有很强的目的性来学习（如为了获取学历）的，所以他们要求多点直接性、快速性、便捷性的教学方法。所以，针对不同年龄的学生，任课教师需要根据授课学生的具体情况来选择教学方法，尽量满足学生的不同需求。

（三）不同学习层次学习者对教学方法的评价

在学习层次方面，把不同学习层次的学习者对成教教师教学方法的评价作均值统计。从表 6-7 可看出，学习层次越高的专科学生对“教学方法能助我学习”这个情况的认同度越高，觉得教师使用的教学方法是比较好的方法。但是学习层次越高的专科学生对“多数教师的教学方式很好，能因材施教顾及不同层次的学生”的认同度较低，说明高年级的专科生虽然认为教师的教学方法是好的，但觉得其针对性不足。

表 6-7　　不同学习层次学习者对教学方法评价对比表

学习层次		教学方法能因材施教	教学方法能助我学习
专科一年级	均值	2.50	3.51
	N	605	605
	标准差	1.264	1.167
专科二年级	均值	2.23	3.77
	N	448	448
	标准差	1.326	1.043
本科一年级	均值	2.48	3.18
	N	476	476
	标准差	1.141	1.405

续表

学习层次		教学方法能因材施教	教学方法能助我学习
本科二年级	均值	2.77	3.13
	N	386	386
	标准差	1.197	1.420
本科三年级	均值	3.44	3.07
	N	27	27
	标准差	1.396	1.517
总计	均值	2.50	3.41
	N	1942	1942
	标准差	1.255	1.285

我觉得老师的教学方法还是可以的，和高中的教学虽然不一样，但还是可以接受的，基本上能把知识点都进行解说，让学生都能学习到新知识。（专科一年级的A同学）

现在，我觉得大部分老师的教学方法都是一样的，好的就是能把书本内容讲一遍，不好的就直接挑选几个知识点来讲，感觉都是直接讲知识点，方法单一，而且显得枯燥。现在我们很多同学都已经没来上课，他们觉得老师越讲越没意思。（升到专科二年级的A同学）

访谈结果表明，年级越高的专科学生越趋向于认为教师的教学方法是可行的教学方法，但未必适合学生自身的学习特点。其主要原因是大部分学生在读专科一年级的时候会发现教学方法与高中教学方法存有区别，经过一年学习后，他们逐渐适应了大学的学习氛围，因此在专科二年级的时候对教师的授课方法的认同度也会随之增加。另外，就读专科一年级的学生入学前的学历多是高中学历，其大部分学生的学习基础较为薄弱。因成教教师队伍中有一部分是由全日制本科教学的教师组成，这些教师对学生的教学多沿用全日制本科的课堂教学方法，这样教学效果就不理想。随着专科学生学习层次的提升，他们对教师的教学要求也会随之提高。如果任课老师对全体成教学生仅使用一套教学方法，教学效果就会很差。表 6-7 的均值揭示了这种现象，即年级越高的专科学生对教学方法的因材施教问题认同度越低（已低于平均值），反映出了部分成教老师的授课方式单一的情况。

对于本科学习层次的学生来说，由于本科三年级的数据量较少，因此，本研究主要对本科一年级和二年级的数据进行分析。在本科层面，本科层次的成教学生对教学方法的评价相对一致，均值变化幅度不大，较为稳定，对于因材施教方面，学习层次较高的本科成教学生对“教师的教学方法能达到因材施教的效果”的认同度较高。

> 我觉得老师上课方式还是能接受的，不过有时候对于讲解的内容不是很懂，如果讲课有针对性就更好。(本科专业一年级的学生)
>
> 老师的教学方法中规中矩，基本能把课程的知识点讲解一遍，这种教学方法我们也习惯了，都是这么一路听过来的，基本能学到知识，不过就是学得不深，有知其然不知其所然的感觉。(本科专业二年级的学生)

在访谈过程中我们发现，本科层次的成教学生由于具备一定的知识储备，或有大专学历等原因，他们都能接受教师的教学方法，但是从表 6-7 可看出，他们会比专科层次的学生的均值要小，说明本科层次的成教学生会比专科的成教学生更希望有好的教学方法，访谈中也表现出他们对于实施多样化的教学方法进行教学的期望，这主要是学习层次越高对教学需求越高的原因所致。

二、成教教师目前使用的主要教学方法

下面我们先从成教学生的特点和变化入手，再对成人教育中所采用

的教学方法进行分析，从而探讨目前成教教师的教学方法所存在的问题。

（一）成教学生的特点

随着社会的发展，接受成人教育的对象也在不断发生变化，调查结果显示，其变化特点可概括为以下两点：

第一，成人教育对象层次多样化。从年龄来看，成教学生依然呈现年轻化的特征，67.5%的被调查者是在18~25岁这一年龄段。而近几年来，有不少年龄相对较大的学生也加入成教学生这一队伍中，大于30岁的被调查者占了7.9%，此类学生有一定的社会实践经验，理解能力与分析概括能力也比较强，他们会利用已有的知识来对新知识进行理解，完成对新知识的建构。这对任课教师的教学提出了更高的要求。从学生的层次看，成教学生中既有通过成人教育途径学习以期获得大专或本科学历的年轻学生，也有具有丰富社会实践经验的学习者，希望通过接受成人教育，以弥补学历不足及获取知识。从学生的工作单位来看，他们来自私营、国有、外资、自营等不同工作单位。成人教育教师在教学中需要具备较强的针对性和灵活性，才能适应不同教育对象的不同要求，满足不同类型学生的学习需求。

第二，随着社会的发展，信息技术深刻地影响着社会各个方面。在新的环境下，无论是年轻的还是年长的成教学生，他们思想都比较活跃。尤其是年轻学生，他们对新事物、新观念接受较快，对知识的求知欲望相对较高。但信息技术的发展也会带来一些不好的影响，包括碎片化的学习让学生在获取新知识时容易产生断层现象，以及让学生在学习过程中仅追求碎片化知识，学习时间短与学习的直接性是年轻学生学习的新特征，而这也会对学生深入学习新理论、新知识造成不利的影响。因此，面对各式各样特征的成教学生，如何选择教学方法成为成教教师必须深入研究、认真思考的问题。

（二）目前成人教育教师使用的主要教学方法

目前，成人高等教育在教学方法上是重共性、轻个性，重知识、轻方法，重灌输、轻启发的“三重三轻”，即在教育目的上重视文化知识的传承性，忽视知识创新意义上的重构性；在价值评价上重视专业知识的完善性，忽视求异精神和创造潜能的开发。本研究在对相关教学方法进行调查分析后，总结出目前成教的教学方法主要分为以下两种。

第一种是集中式学习。相对来说，集中式学习是一种较为传统的教学方法，目前绝大部分的成教授课采用的是集中式学习的教学方法。集中式学习是以教师为中心，即由教师根据教学计划中统一规定的课程内容和教学时数，把学生集中到一起按照学校的课程表进行分科教学的一种组织形式。该教学模式强调教师的主导作用。成人教育教学中的集中式学习类似于普通高校的学习形式。集中式学习在成人教育中有其优点，如当教学规模不是很大时，这种组织形式相对来说是比较经济、有效的：教师的主导作用易于发挥，便于教师组织、监控整个教学活动的进程，这是其一；其二是有利于教学管理，使教学有目的、有计划、有组织地进行；其三是有利于自然学科的学习，自然学科中许多内容需要进行演示、分解和剖析，有些内容需学生亲自去感触等；其四是有利于学生之间以及师生之间的情感交流，充分体现情感因素在学习过程中的重要作用。①

尽管集中式学习有上述优点，但它在成人教育教学活动中存在的弊端又是十分明显的，以传统的教师讲授为主，学生提问为辅，曾经饱受批评的“填鸭式”教学依然成为当今成人高等教育课堂上最主要的教学手段。在教学过程中，必要的师生交流严重缺乏，这一做法忽视了成

① 魏志慧，陈丽．分布式学习：远程教育和传统教育殊途同归［J］．开放教育研究，2003（3）：15.

人学习的自我导向性和成人学员的已有经验。成人高等教育学生在其较丰富的工作和生活中，会形成对所学内容的一定认识，形成自己的看法，灌输式的教学形式不利于成人学生个性的发展和自身能力的提高，而且成人学生在理论基础、技能技巧、工作经验、学习能力等方面是有个体差别的，因此，单一滞后的教学方法会造成课堂气氛沉闷、教学效果不好的结果。

第二种是分布式学习。新的信息技术在教学活动中的应用，计算机网络的发展能够使教学内容得到有效的远距离传递，学生可以不必像以往那样，全体集中到一个地点，由教师面对面地传授知识，因此，分布式学习的教学模式便应运而生，并迅速以自上而下的政策推广形式，借助国家成人高等教育政策手段投入各地办学实践，目前蓬勃发展的慕课、网络教育、线上公开课等远程教育方式就是这种实践的产物。它是远程教育中采用建构主义的学习环境的设计思想，将传统的以教师为中心的教学思路，改变为以学习者为主体的教学思路，着重于为学习者提供丰富的资源，强化自学过程。

分布式学习的教学模式除了可以使学习者获得丰富的资源外，还可以补充传统课堂授课方式的不足，如可通过电子邮件交作业、答疑，通过网络与教师、学生，甚至专家进行交流和讨论等。这一教学模式在成人教育教学活动中的优势十分明显，首先它解决了成人学生在学习中存在的工作与学习、家庭与学习、分散居住与集中学习的诸多矛盾，同时丰富了学习资源，学生获取知识的渠道更加宽广，教与学的方式变得更加灵活，学生学习的自主性也得到了加强。这对于学生的发现性学习和研究性学习能力的培养也起到了很好的促进作用。但是，远程教育模式强调学生自主学习的能动性，如果教师和学生没有在该模式中发挥应有的角色作用，该模式会较难产生应有的效果。目前，远程教育虽很受成教学生的欢迎，但很多成教院校的网络教育还处于发展阶段，仍存在很多问题。

（三）成人教育教师教学方法所存在的问题

深入分析成人高等教育教师的教学方法，我们发现主要存在下列几个问题：

1. 实用性不足

目前，成人教育领域的教师绝大多数是从事普通高等教育的教师，其教学方法偏重于理论知识的传授和灌输。① 虽然教师的理论知识非常丰富，但缺乏企业的相关工作经历，导致其实践经验不足，从而使教学所传授的知识缺乏实用性，学生的学习也流于表面，导致学生学习动力不足，自学兴趣难以激发，进而影响成人教育教学质量。

2. 针对性不够

不管是普通高等教育、成人教育或培训，其基本教学原则应是因材施教。成人教育培训的对象主要是社会在职人员，他们中的很多人是带着问题来参加学习的，这就需要相关的教师与学习者进行充分的沟通交流，并采用有效的、有针对性的教学方法，做到因材施教。传统的成人教学方法的弊端之一就是教与学的脱节，缺乏针对性，使学生感觉老师所讲授的理论知识与自己的需求不符，从而直接影响教育效果。

3. 专业性不强

对成教学生来说，其参与学习的目的是非常明确的，除了获取毕业证书等文凭外，就是学以致用。这必然要求授课教师具有丰富的专业知识和实践操作水平，同时还需要具有能够解决实际问题的能力。但是目前从事成教教学工作的教师大多是普通高等院校的教师，他们中多数人缺乏实践经验，所教授的知识基本上以理论知识为主，其专业针对性及深度不够，从而导致学习者学习效果不佳。

随着社会的发展，普通高校的成人教育师资队伍的教学水平已经在

① 尹贞姬．高职成人教育与高技能人才培训的衔接机制研究［J］．教育与职业，2014（6）：23-24.

不断地提高，但是仍存在着诸多问题，其中教学方法问题尤为突出，这也说明成教教师教学水平还有很大提升空间，仍需要进行不断的改革与完善。

总的来说，普通高校的成人教育师资队伍素质是比较好的，业务水平也比较高。但部分成教师资的普教色彩较浓，成教特色不够鲜明。由于成人教育教学工作的授课时间短而任务重，在实际工作中，不可避免地会出现某些灌输式教学。这多源于承担成人教学任务的教师对成人教育的特点了解不够，对成人教育的特殊规律认识不足，从而沿用普通高校的教学手法所致。因此，需要加强师资队伍建设，探索适合成人高教的教学方法和教学手段，培养一批专业的成人教育师资队伍。

同时，在成人高等教育教学方法中，重理论轻实践也是较为突出的问题。实践教学是培养学生基本技能、应用能力、创新能力的重要途径。实践教学在成人教育中具有重要地位，但成人教育的发展与人们对成人教育的认识不到位以及实践资源的缺乏等形成鲜明的反差。对于从普通高校中剥离出来的成人教育部门，学校在人员、资金、资源配置上，教学内容选择以及教学方法使用等方面，都倾向于课堂理论教学。理论教学在教学计划中所占的比例严重超过实践教学，而且实践教学也往往会受各种人为因素影响而难以实施，从而使实践、实习、实训流于形式，实践环节落不到实处，并导致成人高等教育学生的实践能力相对薄弱，未能很好地达到成人教育培养实用型、应用型人才的目标。

第三节　教育资源

成人高等教育体制改革的核心是人才培养模式改革，而成人教育中教学资源的优化整合是人才培养、提高教学质量的基础。成人教育中的教学资源配置的优劣取决于资源配置能否最大限度地满足教学过程以及提高人才培养质量的需要。现有的教学资源配置和运行机制存在的诸多问题将直接影响普通高校成人教育的可持续发展与人才的培养。为了保证成人高等教育的健康发展和不断地为社会提供高质量的人才，保证高校作为知识创新的园地不断为社会提供各类先进的方法和技术成果，需对教学资源配置中所存在的问题进行深入、详细的分析，进而提出解决问题的有效办法与措施。

一、普通高校成人教育现有教学资源情况

对调查题目“我获取学校的辅助学习资源（如图书馆资源、教师课下答疑等）方便”进行描述性和总体均值分析，结果显示认同的学生人数较少（只有26.9%），均值也较低（2.49分）（均值等于3分的表示中立态度，分值越高则表示同意程度越高，反之亦然），由此反映出大部分成教学生在获取学校资源方面还是相对欠缺的，是不太满意的。究其原因，有众多因素的影响，下面将进一步讨论。

目前我国的成人高等教育学生在学习的过程中，面临着不能享受与普通全日制学生同等的教育资源的状况。一方面表现在当前成人高等学历教育学生没有享受到与普通院校学生平等的教育资源，如教学资源、图书资源以及后勤保障，这就容易使他们感到不公平，认为受到了不公平的对待，进而影响学习情绪、学习行为及学习成就感。另一方面则表现为教育师资力量的不足。成人高等教育教师在全日制本科生及研究生方面的教学任务十分繁重，科研压力也较大，可想而知他们在成人教育教学中投入的精力相对而言是较少的，除了要承担全日制普通高等教育学生的教学任务外，业余时间还要进行普通成人高等教育的教学，这种超负荷的工作，使教师疲惫不堪，在一定程度上会影响教育教学效果。

随着高等教育大众化进程的加快，成人高等教育与普通高等教育一起，连年扩大招生规模。成人高等教育为促进教育公平作出了积极贡献，使得更多成人获得接受高等教育的机会，也为高等教育的发展起到推波助澜的作用，但成人高等教育学生规模的扩张自然会挤占普通全日制学生的教育资源，有限的教育资源使得教育质量和教学效果难以保障，导致培养出来的人才可能与用人单位需求相脱节，不仅降低了成人

高等教育质量，而且也对普通高校学生的教育造成一定影响。在当今的知识经济、网络经济时代，科学技术得到充分发展，多媒体计算机、多媒体教室、校园网络等新型教学设施的引入，明显改善了办学条件，但网络的优势资源并没有被合理利用到成人教育教学活动中来，教育资源没有得到合理配置和优化。教育资源保障不足，导致成人高等教育学生的学习效果受到了不利影响。

成人高等教育中的教学改革的根本目的在于构建能满足社会发展需要的人才培养模式，但现在大部分的普通高校成人教育中人才培养存在的突出问题是与社会需求脱节，主要表现为专业结构不合理、专业口径狭窄、学生适应能力差、实际动手能力和创新能力不足等。在访谈过程中，有69%的被访者认为在学校学不到有用的东西，74%的人认为所学内容与社会现实脱节，80%的人对课程设置、教学内容不满意。这在很大程度上是因为教学资源配置与人才培养模式改革的趋势脱节。而在一定时期内，大学教学资源供给量是有限的，要满足经济社会发展对高等教育的需求，不断提高人才培养质量，就必须时刻注意优化教育结构和合理配置教学资源。

二、普通高校成人教育教学资源使用中存在的问题

现阶段大部分普通高校的成人教育在教学资源使用上存在着许多问题，如资源缺乏有效整合，未能形成良好的整体优势，难以产生良好的人才培养效益等。为了更深入了解现阶段成人高等教育院校中教育资源配置所存在的问题，通过搜集资料和调查分析，我们概括为以下几点。

（一）资源配置结构性失衡，效率低下

任何一项生产活动的进行都需要消耗多种资源，包括劳动力、资金、设备、原材料等。在生产过程中，各种资源应该在数量上保持相互匹配的关系，就如同烧火煮饭一样，火不够、水太多太少、米太多太少、米的质量、锅的厚薄等，都会影响米饭的质量。作为培养高质量人

才的成人教育教学活动应使各种教学资源之间保持一个较好的匹配关系，尽可能使各种资源的配置均衡。如果不能做到这一点，就势必会造成一部分资源供给相对过剩而被闲置，而另外一部分资源的供给则相对不足，将对生产活动产生不利的影响。在这种情况下，资源配置所采取的就是一种不经济的方式，资源配置效益和资源利用率也不会太高。资源配置效益可以用不同资源配置方式产出和收益量的多少和资源闲置数量的多少加以衡量。资源配置的效益高，意味着人尽其才、物尽其用、材尽其用，资源尽可能被充分利用。在资源总量相同的条件下，资源配置的结构将会影响资源配置的效益。从一般意义上来讲，在资源总量一定的情况下，合理的配置结构可以提高资源的利用效率；反之，不合理的配置结构可以降低资源的利用效率。由于高度集中的计划经济体制的影响，在我国大学人才培养以及教学改革过程中，教学资源配置结构效益低的现象普遍存在，概括起来主要有如下几种。

（1）成人教育教师在师生比、学历结构、职称结构、年龄结构等方面的配置不尽合理。主要表现为综合师生比高，教师数量增长率小于教育规模的增长率，师资普遍缺乏；专任教师比重小，教学辅助和管理人员比例过高；普通高校中负责成人教育教学任务的主要由讲师、助教和部分管理人员来承担，具有高职称、高学历的专家教授参与人数较少；师资力量与专业结构调整不相适应、师资与学科布局不甚合理，而且在成人教育当中，实践经验丰富的教师较少，导致了重理论轻实践的问题出现。

（2）强大的行政管理体系消耗了较多的资金，导致资金利用率不高，教学科研方面的经费投入比重偏小。有限的经费不能发挥出较好的办学效益，而且使教学、科研处于无动力、无压力、无竞争的状态，办学条件的改善不到位，影响了教学质量的提高。另外，成教专业的设置实用性不够及重点性不明确，导致各高校成人教育模块的发展出现千校一面的现象。每个学校设置的成教专业特色不够、重点不突出，导致在教学资源建设上出现集中于某一方面的现象。再者，很多普通高校虽设置了成人教育院系，但这仅仅是作为学校创收的一个部分，学校大量的资金和精力却用在高校的其他重点院系或学科上，使得重点院系或重点学科的资金相对比较充裕，而对成教院系的投入却相对偏少甚至严重不足，使成教教学资源的建设缺乏物质上的支持，这也是产生成教教学资源匮乏的原因之一。

(3) 学科、专业、课程的设置结构性失调。目前，各普通高校在成人教育专业结构上存在失调的状态，尤其是专业课、公共课、选修课的设置受到诸多限制，导致专业设置出现了结构性失调。另外，受到大学课程选择范围的限制，选修课修读质量不高，无法充分满足学生多样化的学习需求；通识教育课程处于学校课程体系的“边缘”，无法与专业教育课程之间形成一种相互衔接、互为促进的关系，无法实现课程整体功能的发挥。这种失衡的课程结构，必然影响成教学生的知识结构、能力结构和素质结构的塑造。

(4) 成教规模的扩展与教学资源配置模式不协调。随着信息技术的发展，部分高校已采用网络教学方式，这必然导致大量教室、各种设备的闲置，利用率低下，在生均占有资源量与规模之间呈现出“边际效益递减”趋势。对于实践性的资源而言，基本上都是“专款专用”，各专业在仪器的配置上，没有整体观念，一边在不断购买实验仪器设备尤其是大型贵重仪器，另一边却有不少稀缺设备资源处于低效使用或闲置状态；专业和实验项目开设界限分明，专业之间的仪器不能有机地相互使用。此外，物力资源配置存在着条块分割、管理不到位现象，后勤化改革不够全面和不彻底等问题，也造成了教学资源的浪费。

学校内部教学资源配置的结构性失衡造成了教学资源的浪费，降低了资源的利用率，致使资源未能产生应有的效益。因此，需要进行资源的良好配置，使各种教学资源的配置均衡，以保证大学教学资源的高效运行，尽量避免教学过程中的“无效”现象，切实提高办学效益。

（二）校内外实践教学资源缺乏有效整合

实验和实践是培养人才的重要基础。实验教学资源包括实验教师队伍、实验教学课程、实验教学设备资源等多方面的内容。实验室建设是学校科研工作的重要组成部分，对于成教学生来说，这部分的资源可能较少用到。而实践教学资源对于成教学生这一群体来说，则是十分必要的教学资源。

实践教学是培养应用型人才和创新型人才的重要途径，对于成教学生来说，更是非常必要的途径。但是普通高校里的课堂教学体系不仅未与校内的课外教学活动体系相连接，而且未与校外社会教学、实践体系连接和开放。尤其是创新人才培养所必需的社会教学、实践体系所特有的微型课程、实验课程等还未完全纳入成教系统里。另外，校与校之间、校内院与院之间的资源没有完全共享，各自为政的现象普遍存在，这都不利于成人高等教育的发展。

（三）资源获取中学生自身的影响因素

目前众多知名高校里都设有成人高等教育模块，此类高校的内部资源丰富，尤其是图书馆的资源。这类高校的成教学生大多可以使用校内的图书馆、电脑室、饭堂等大部分资源。但是调查结果显示，成教学生利用校内资源的机会事实上很少。因为大部分成教学生的上课时间是周一至周五的晚上，或周末。对于工作的他们来说，下课后没有多少时间留在学校里，导致他们很少利用校内资源。

我们的学生卡也能进学校图书馆吗？我真不知道，我还以为只有全日制的学生才能进图书馆呢。（2015 级人力资源专业周末班的 A 学生）

我基本上是没有进学校图书馆的，我们又不是全日制的学生，基本上一放学就赶着回家了，哪有这么多时间去图书馆看书。

（2015 级人力资源专业周末班的 B 学生）

我周末有空会去学校的图书馆借书，但是借回来的书都没时间看，过期了都不知道。（2014 级企业工商管理专业夜晚班的学生）

因此，有效整合实践教学资源与校外教学资源是实现资源优化配置的关键。同时，要充分运用网络现代化手段，尤其是加快电子资源建设的步伐，为成教学生提供电子图书馆等资源，以弥补他们由于工作、学习等原因而无法在图书馆查找资源学习的缺陷。

三、普通高校成人教育教学资源存在问题的原因

在对以上问题进行分析的基础上，本书通过文献分析和实地调研，深入分析其问题存在的原因，主要有以下几点。

（一）思想观念有待改进

在成人教育发展与改革中，首要的问题是进一步明确或调整教育思想、教育观念，这不仅是成人教育改革的重要内容，也是教学资源优化配置的先导。而现阶段成人高等教育中的教学资源配置思想相对落后，不能适应市场经济的发展；未从陈旧落后的教育思想、封闭的管理方式转向现代教育思想和开放的管理方式；未建立资源有偿使用机制，僵硬的人均设备标准、面积标准造成了教学资源的“单位所有制”；专业的设置受传统观念的影响，没有树立适应时代要求的知识、能力与素质协调发展的质量观；缺乏对学科的社会性的研究；对教学资源的开发工作不够重视，领导和教师的思想观念和思维方式还停留在以前传统教学的阶段，而且大部分的教师对现代化的教学媒体和教学手段有排斥的思想，认为教学资源的开发属于教师和技术人员的事情，没有主动参与到教学资源的开发过程中来，没有意识到教学资源在一个学校的整体发展中发挥的重要作用。

入学这么久，就发了一本入学须知的小册子，里面介绍了学校有什么资源，但是有很多资源是不面向我们开放的，而且也没有老师很具体地介绍使用资源的方法，这使我们在使用学校资源上存在一定困难。(2015级人力资源管理专业的周末班学生)

在教学资源的利用上没有树立“以人为本”的配置观念，没有确立教师教育的主导作用和学生学习的主体地位并重的“以人为本”的办学理念；没有很好地树立学生的发展为第一要务的思想，对学生的个性和差异性重视程度不够，未完全把“立德树人”作为高校成人教学管理工作的出发点和落脚点；未能有效地把促进学生发展情况作为衡量教学质量的重要标准，这些问题亟待我们去解决。

（二）人才培养模式改革滞后、办学模式封闭

目前大部分的高校都开设了成人教育学院，并且将其作为创收的途径之一，学校的收入虽然增多了，但通过成教获得的收入未能全部投入到成教领域中，导致了其教育质量并没有得到相应的提升，尤其是教学方式、教学资源配置模式等没有发生本质上的变化。在现代技术高速发展的今天，如果成人高等教育仍然沿用传统的教学模式和方法，培养环境单一，培养过程封闭，必然会使本来就要培养应用型人才的成人教育与社会需求脱节，而且学校的专业结构、培养目标调整及教学内容和课程体系未能及时更新，使许多成教毕业生难以适应劳动力市场的需要。各普通高校自行设置教学资源，教学资源在校内没能得到合理的共享，不但使优质资源得不到充分的利用，也不利于优质成果的广泛利用。此外，学校与学校之间的教学资源未能得到共享，导致了教学资源重复建设，使资源严重浪费，这样一来既浪费了相对紧张的教学资源，也不利于不同类型的成教学生的个性发展。因此，这种半封闭的办学状态不能实现与外界的信息、资源和能量物质的交换，难以保持成人高等教育的可持续发展。

第七章　成教学生学习困境之四：学生因素

成人高等教育学生是学习的主体，主体自身的因素对开展积极有效的学习无疑会产生重要的影响，下面将从成人高等教育学生的学习动机与态度、学习基础与方法、学习兴趣与能力等几个方面展开论述。

第一节　学习动机与态度

学习动机，指直接引起并维持人的学习活动，并使之朝一定目标进行，以满足人的需要的内在动因。① 在此我们将其理解为促进成人高等教育学生学习的内部心理力量。它对促进学生的学习活动，提高其学习积极主动性有着重要的作用，是直接推动学生学习的一种内部动力，它表现为学习的需要、意向、愿望或兴趣等内容。本书认为它来源于两个方面：一方面来自外部对成人高等教育学生的一种学习支持，如家庭支持、单位的培育机会、学校支持等；另一方面则来源于学生主体本身，若学生在学习活动过程中有明确的方向性和目的性，自然会增强其学习动力，鼓励其不断严格要求自己，在学习上取得更大的突破。

---

① 苏显春．浅谈激发大学生学习动机的策略［J］．吉林化工学院学报，2015（12）：57-60.

一、外部动机

1. 家庭支持

家庭收入因素对动机的影响明显。一方面，家庭收入高的成人，在谋求职业发展、适应社会变迁以及实现可持续发展方面的动机表现得相对较弱。主要是因为他们的家庭经济状况较好，物质上更加优越，相对来说，不会担心以后找不到工作，没有收入来源；他们习惯依赖家庭，对个人自我价值的追求和实现持续发展都没有多大的欲望，缺乏竞争意识。而家庭收入较低的学生在谋求职业发展、适应社会变迁以及满足家人期望方面的动机相对较强。这主要和他们的家庭环境和经济条件有着密切关系，由于他们生活相对拮据，更希望通过自己的努力来改变自己及家人的命运，在学习过程中自然而然地倾向于增强自己的知识面，提升自己的能力，以图将来有更好的发展。另一方面，学费也是影响成人高等教育学生参与学习的重要因素之一。成人高等教育学生在社会上担任多种角色，家庭和生活的其他开支占据了其收入的很大一部分，学习费用的高低是其需要考虑的因素。

前面内容已讲述，在收入方面，绝大多数就读成人高等教育的学生的收入水平低于在岗职工平均收入水平，也就是说，普通高校成人高等教育学生大都属于中低收入人群。对“就读成人教育我在经济上没有困难”这个题目的调查结果显示，其均值为 3. 53 分，这表明被调查者就读成人教育有一定程度的经济困难，这与被调查者的收入情况是相符合的。

在对成教学生“就读成人教育的目的”情况进行调查分析后发现，78. 2%的被调查者就读成人教育的主要目的是为了获取文凭。

现在出来找好一点的工作，最低条件都要本科，而自己就是大专学历，想跳槽到好一点的公司很难，所以才想着读一下成教，获得本科学历，好让自己未来找工作时有多一点选择。（2014 级人力

资源管理专业专升本学生）

以上的访谈结果证实了问卷调查符合实际情况，也就是说，大部分成教学生就读成教的目的是为了获取文凭，让自己能够找到好的工作或者得到晋升，以提高他们的工资收入。这也是家庭收入因素影响着他们选择读成教的原因，进而也影响到他们学习的动机。因此，合理的成人高等教育学费支出也是决定其是否参与成人高等教育学习的重要因素。

2. 单位支持

成人高等教育学生所从事的工作五花八门，加之很多学生选择成人高等教育专业时往往刻意选择一些和自己工作性质和从前所学专业不相同的专业，所以成人高等教育的专业和学生所从事的专业“不对口”情形司空见惯。因此，很大一部分的成教学生在工作了一段时间后，觉得在理论上需要有一定的提升时，工作单位会要求他们去学习与自己岗位相关的专业，来提升自我，从而更好地继续为该单位做出更大的贡献。

公司想提拔我，就叫我过来进修一下，学习一些相关的知识，所以我才过来报读成人教育，因工作需要，我也想学习一些相关专业知识。（2014 级企业工商管理专业高升专学生）

以上案例是工作单位的原因刺激了他们继续学习的需求，让他们产生了学习的动力，尤其是学习与工作内容相挂钩的时候，这种学习动力就更明显。调查结果揭示，有部分工作单位为了让员工接受继续教育，专门给员工一定的经济补贴或一定的学习时间。这些做法使学生产生了较大的学习动力。

此外，各行各业的工作性质和劳动强度差异较大，很多学生晚上或双休日上课，身体和心理状态均处于疲劳状态，学习动机减弱。成人学生在社会生活中担任着多种角色，同时还要完成较为沉重的学习任务。

时间的紧张、角色的冲突会使他们容易产生焦虑情绪，从而影响其学习信心和学习效率。大多数学员是利用业余时间学习的，他们本身还有工作，在处理工学矛盾方面做得不是很好，特别是在竞争日趋激烈、生活节奏不断加快的情况下，既要保证做好工作，又要保证生活质量，还要把学习搞好，是不容易的。

随着社会环境的变化和就业竞争的加剧，学生面临着更加突出的工学矛盾。迫于现实的压力，在处理这对矛盾时，学生们选择的天平会更多地向工作一方倾斜。成人高校普遍存在出勤率下降、迟到早退，甚至“混学”的现象正是这一问题的表征。学习动机是引起和维持个体的学习行为以满足学习需要的心理倾向，它是推动学生学习的内部动力。学生的学习动机难以维持长期有效的学习，原因有二：一是学习动机较弱，学生没有产生“想学”“愿学”的心理，“混学”“厌学”现象普遍；二是学习动机不纯，由于社会“文凭热”“学历风”的影响，相当一部分成人学习者是外部学习动机占主导，其主要学习动机是获取文凭而非获取知识。

3. 教学支持

在教学内容上，适宜的学习内容有助于成人学生良好学习动机的产生，帮助其有效开展学习活动。过难的学习任务会加剧成人学生的挫败感，打击其学习信心，使学习动机减弱，而学习任务过于简单的话又缺乏挑战性，因此，过于困难或者过于简单的学习任务都或多或少损害成人学生的学习动机。中等难度的学习任务，既能让学生易于接受，又有一定的激发作用，是应该推崇的教学方法。且教师应采取循序渐进、由易到难的教学方法，这样既能让学生有学习的自信心，又不至于太损伤他们的学习兴趣。

平时要上班，下班后还要过来上课，基本上是没有时间做别的事了。有时候任课老师还布置作业给我们做，我们压力实在太大了，我们不可能兼顾得了这么多事情。有时候因为不想做作业，索

性就不去上课了。(2014 级会计专业夜晚班学生)

在管理方式上，学校管理的严格或者松散会影响成人学生的学习动机。当学校的管理方式过严时，成人学生的学习动机就相对较弱。

学校上课和考试管得太严了，尤其是上课，基本上是每节课都点名，按照规定缺课超三分之一课时的就取消考试资格，我们本来上课时间就几天，有时候因为工作原因缺了两次课，就基本上可以取消考试资格了，这规定一点都不人性化，慢慢地就特别讨厌去上课了。(2015 级市场营销专业高升专学生)

学校管理方式过于严格，容易让成人学生产生叛逆心理，会让学生滋生厌学情绪，进而影响其学习动机。而当学校的管理方式出现松散时，成人学生的学习动机强度也显得较弱。学校管理制度没有给成人学习者造成一定压力的话，学生的积极性就相对较低。调查揭示，成人学生大多是中专毕业生，年龄偏小，学习自主性较差，教师的监督不严或管理不到位，就容易在学习上分心。学校的管理方式对成人高等教育学生的学习动机的影响不可忽略。

同时，教师的授课方式对成人高等教育学生学习动机也有影响，严肃、刻板的授课方式不利于成人学生学习动机的激发。

感觉任课老师都没有认真对待我们，上课都是很敷衍地去教书，有些老师只是在讲台上念书，这么呆板无聊的教学，真的没劲。本来是抱着学东西的心态过来的，但老师的态度和这么呆板的教学方式，真的让人难以接受。(2015 级会计专业高升专学生)

如果教师从学生的情感出发，用“以人为本”的教育方式对待学生，对待教学，就会强化学生的学习动机。因此，教师应该对自己的授课方式加以改善，适应成人学生的实际学习需求和兴趣，助其形成良好的学习动机。

二、内部动机

从内部心理支撑力量来说，成人学习者对学习的渴望，决定着其参与成人学习的效果和质量。① 因此，学习动机产生的内部心理支撑，在学生面临学习冲突时，发挥着重要作用。若心理支撑不够强大，则会对学生的学习产生负面影响。与普通高等院校的全日制学生相比，成人高等教育学生的社会阅历较为丰富，他们多数有薪酬，经济上较为独立，个性较为成熟，理性经济人的社会特征更为明显，直接目的性更为强烈。在面临学习、家庭、工作等多种矛盾相互冲突时，他们往往选择利益最大、最为便利、最直接的方式。

1. 成教学生的心理特征

由第三章对学生的心理资本分析结果可知，成教学生的心理特征为：

（1）年龄越大，在工作、生活与情感上的经历也越丰富，心智更为成熟，所以在自信、希望、乐观、韧性四个维度上的数值也相对较高，反映出其心理资本水平较高。

（2）成教学生工作内容难度越大、越复杂，他们越愿意花更多的时间去学习，所以他们在自信、希望、乐观、韧性四个维度上的数值也相对较高，反映出其心理资本水平较高。

（3）在城市里居住时间较长的学生的心理资本水平比在城市里居住时间相对较短的学生的心理资本水平要高。无论是外来务工人员还是城市本地居民，他们在城市里生活、工作、学习的时间越长，他们对城市越熟悉，拥有的资源（人脉、经济）会越多，这些都有助于他们在

① 方斌．成人高等教育教学质量的影响因素探析［J］．继续教育研究，2010（5）：129-130.

该城市里进行社会实践。因此，在城市里居住时间较长的学生在进行工作、学习等社会实践时所表现出来的心理资本水平会高于在城市里居住时间相对较短的学生的心理资本水平。

（4）已婚的学生比未婚的学生心理资本水平要高。已婚的学生获得的资源或支持会比未婚的学生要多，因此在工作、学习或生活上，已婚学生的心理资本水平会高于未婚学生的心理资本水平。

由于成人教育的教育对象来源复杂，包含来自社会各个阶层以及从事各种职业的人员，有工人、农民、军人、干部、商人、职员、教师等。他们存在年龄的差别、经历的不同以及阅历的不同，其在学习基础、理解问题和解决问题的能力等方面都存在很大差异。这些学生绝大部分是已经在岗的从业人员，他们有不同的学习动机，这些动机是从生活和工作的实际需要转化而来的。例如，有的学生是为了提高学历、争取优厚待遇而参加学习的，因此自然会产生一定的学习积极性和主动性。因此如何增强成人高等教育在成教学生心目中的重要性，增强成人高等教育的吸引力，增强学生自主学习的动机，提升学生参与成教学习的心理支撑，都是需要认真对待的问题。

2. 成教学生学习动机类型

根据访谈结果，成教学生学习动机主要表现在发展、求知、交往、家庭、竞争或提升、求职六个方面，不同学习动机类型有不同的行为表现。

（1）发展型。发展型学生的学习动机是建立在自我提高的基础之上的，具有这类动机的学生在学习上希望用学业成绩来取得名次或求得事业上的成功、社会的承认与尊重。他们认为学习哪怕是不能学以致用，但可掌握一门专业知识，对提高自己的素质修养也会有很好的帮助。

（2）求知型。求知型学生的学习目的很明确，对本专业有浓厚的兴趣。他们希望通过学习来提升自己，以便更好地发挥自己的才能，为家庭、民族、社会作出更大的贡献。这类学生在学习中通常有较好的自我管理能力，并且对自己的要求非常高。

（3）交往型。交往型的学生主要是为了丰富生活内容，结识更多的朋友，将走进校园作为社交的一个重要手段，以便获得更多的社会资源。

（4）竞争型，也称提升型。学生的动机与求知求职动机有一定的关联，它也能直接地引发出学生的学习积极性。

（5）家庭型。家庭型学生一般既无具体的现实利益方面的追求，也无明确的社会责任感，主要为因家庭成员期望或家庭需要而学习。

（6）求职型。求职型学生的学习目的主要是为求职积攒资本，以便将来获得一个好工作而有较好的物质待遇。他们对自己的学习一般有较明确的规划，在学习知识方面有一定的实用主义倾向，对那些实用性较强与对工作有帮助的课程学得更为认真。在各种课余活动中，他们表现出较高的热情，积极参与，而且主动担任职务，努力提高自身的综合能力。

一般来讲，成人教育的教育对象是带有自觉性和自愿性的。对成人而言，学习从根本上取决于他们的自愿性。成人各种学习动机的表现应该都具有一定的现实性和合理性。然而，从社会发展角度来看成人教育的目的，可以认为发展、求知、竞争或提升动机具有良好的社会意义，属于合理的、向上的动机。从总的调查结果来看，这些动机占比较大，这也说明成人学习目的是符合教育要求与教育目的的，也与时代的要求相一致。成人高等教育学生具有角色的多重性和社会多层次性的特点，他们承担着对家庭、工作、职业的不同责任，他们在价值观念、认知水平、追求目标上也会有不同的表现，故而在学习动机上也存在差异。另外，成人高等教育学生思想复杂、个性多样，他们一般都经历过社会生活的磨练，有较深的社会阅历和较丰富的社会经验。因此，在学习动机上，表现出既有求知型、发展型，也会有交往型和求职型等特征。由于生理与心理上的成熟，其人格相对独立，主体意识和自尊心较强，且注重自己在社会和集体中的地位、威信和声誉，渴望得到大家的尊重和信任。这些内容在一定程度上影响着他们学习动机的表现和要求。从访谈的结果可以看出，成人高等教育学生一方面表现出强烈的求知欲望，另一方面又有自我表现的需要；一方面表现出对专业的浓厚兴趣，另一方面是出于职业的考虑；一方面是个人利益的追求，另一方面也表现出对社会的关注。

3. 成教学生学习动机的其他特征

除此之外，在访谈中我们发现，成教学生的学习动机还有其他一些特征：

（1）各种动机彼此关联，具有一定的可变性。成人高等教育学生的学习动机较多，具有一定复杂性，但这些动机并不是孤立存在的，往往是在同一个学生身上同时存在几种不同层次的学习动机。但这些动机是有主次之分的，在一定的时期和特定的环境中，它会发生一定变化。当学生所面临的工作环境、社会环境、学习环境、教育方法和教学内容等发生变化时，学习动机也会随之发生变化。如求知型的学生在遭遇不合适的教育方法后，部分学生的学习目的就会变得不明确，有一种随大流的思想，进而慢慢转为以取得学历证明为主要目的类型。另外还有少数成教学生没有学习目的，没有特定的指向和内容，这类学生产生的消极影响却是不容忽视的，他们往往存在求知欲不足、学习不努力、不守学校纪律、考试作弊等不良习惯。他们的行为会对其他学生有着潜在的不良影响，如果缺乏正确的引导，容易对学校教育和个人发展造成阻碍，也会影响其他学生的学习。

（2）交往动机的出现。此次调查中，我们发现学生交往动机水平明显增强。从社会的角度分析，国家经济的发展不仅在生产领域与流通领域有所体现，而且在人们的物质生活与精神生活中也有所体现。随着科学技术在生活领域的应用和由此而带来的人们观念上的变化，使得人们的生活方式日趋多样化。为了丰富生活内容，人们会根据自己的兴趣、爱好和条件，通过进入校园这一途径，以认识更多的朋友以及体验生活，因此交往动机的存在是有其现实基础的。

调查结果揭示，当交往动机作为主流动机存在的时候，成教学生的行为表现通常是积极主动地与教师和同学沟通，积极组织和参加班级活动，但对学习本身没有兴趣，时有缺课现象发生，对考试也表现出一种畏难情绪。当这种动机作为一种附属动机存在的时候，此时的交往容易建立在求知或竞争的动机之上，它往往对学生的学习有较好的促进作用。而此次调查所得到的交往动机强度水平已不能作为一种附属动机来看待，因为在调查中，发现部分被调查者是因为工作性质而学习的，希望通过扩大自己的交际圈来推动其事业的发展。此类学生的不良目的会影响其他成教学生的学习，因此，成人教育工作者如何根据实际正确引导成人学习动机是一个不容忽视的问题。

（3）文凭动机强度有增强趋势。在成人学习动机的整个体系中，文凭动机长期处于一个很重要的位置，这与社会或国家对文凭的重视以及文凭所带来的利益是密切相关的。在实际生活中，文凭往往与荣誉、地位、职称、工资等挂钩。社会赋予文凭（或学历证书）的价值越高，越容易引起人们对它的追求和向往。因此，学生有为文凭而学习的动机时，也是合理的学习动机，不应受到指责。但文凭动机只能居于较低层次，为文凭而学的主导动机不利于学生成才，不能真正调动起学生学习的积极性和自觉性，从而影响其学习效果。调查中发现，经过一段时间学习后，大部分成教学生发现学习内容、教师水平以及学习环境等未能满足其求学目的，其学习动机开始慢慢发生转变，转向以获取文凭为目的的学习，表现为大部分成教学生在入学后都会很积极地过来上课学习，但时间久了，发现课堂学习内容太理论化、教学内容枯燥、教学方式生硬等问题时，其学习积极性就会下降，在后面的学习时间里，课堂出勤率会大幅度减少，到最后，此类学生为获取文凭的学习目的会有所增强，成为他们主要的学习动机。

三、学习态度

社会心理学认为：“态度是指个人对特定对象以一定的方式做出反

应时所持有的评价，表现为较稳定的内部心理倾向。”① 因此，本书将学习态度定义为学生在对待学习各方面情况时所表现出来的一种较稳定的心理倾向，它是学生主体自身价值内化的认知过程。学生的学习态度，具体又可包括对待课程学习的态度、对待学习材料的态度以及对待教师、学校的态度等。②

根据对问卷调查中的题目“我会为了争取优秀学生和优秀学生干部等荣誉而努力学习”的统计，结果显示其均值达到 3.57 分，反映出大部分的成教学生拥有努力学习的态度，他们愿意为取得好成绩而付出努力。

另外，我们对不同工作时长的被调查者对“我会为了争取优秀学生和优秀学生干部等荣誉而努力学习”这一问题的选择结果进行统计，得出每周工作时长从 5 天以下到 7 天的均值呈递减趋势，每天工作时长均值也是呈递减趋势。这一结果揭示，工作时间相对较短的学生，为了取得好成绩更愿意去努力学习。相对于工作时间较长的成教学生来讲，那些工作时间较短的成教学生，除了工作之外，会有更多可支配的时间，因此，他们可以用更多时间去学习来取得更好的成绩。在一定程度上，学习态度受到客观因素影响。此外，对于工作时间相对较短的学生，他们可能是国企、事业单位的员工或是自由职业者，由于岗位的需要，他们对学习的态度会有别于其他工作单位的员工，这也是他们拥有积极的学习态度的原因之一。

学习态度对成人高等教育学生来说，是影响其学习的重要因素。成人高等教育学生在参与成人高等教育学习的过程中，面临着较多冲突与矛盾，如果没有良好的学习态度作为学习动力的支撑，也就不能保证其学习的持续性与主动性。因此在成人高等教育学生学习方面，一旦成人

---

① 李应龙，何祥勇．教育心理学［M］．北京：中国人民大学出版社，2010：56-58.

② 张凡．大学生学习态度对学习效果影响研究［D］．西安：西安工业大学，2014.

高等教育学生端正了自己的学习态度，他们就会全身心地投入到学习当中去，变被动学习为主动学习，积极进取，并取得较为理想的学习效果。反之，若是没有良好的学习态度作为支撑，成人高等教育学生的学习就会缺乏主动性。在现实中，部分成人高等教育学生参加学习就是冲着文凭而来，并不是以学习知识和提高自己为目的的，因此，在上课期间不按时到课、随便缺课的现象时有发生。没有端正的学习态度和积极的主观能动性，无疑会影响其学习效率和学习质量。

第二节　学习基础与方法

一、学习基础

学习基础对成人高等教育学生而言是指其为接受成人高等教育所作的准备，也是其接受高等教育的起点。九层之台，起于垒土，学习基础对于学生学习能起到很大的作用，学习基础不完善、不牢固，会在很大程度上影响学生的学习效率，进而影响他们的学习自信心和学习主动性。

成人高等教育学生背景各异，他们既有高中、中专毕业的学生，也有专科起点的学生；既有来自教育落后地区的学生，也有来自教育发达地区的学生；既有应届毕业生，也有离开学校教育多年的往届学生。因此他们的学习基础和为接受成人高等教育而作的准备参差不齐。目前，在我国的高等教育体系中，接受成人高等教育的学生大多是接受中等教育时学习基础较差的。特别是来自教育落后地区的学生，其中有些学生甚至没有完全掌握比较重要的基础知识，无法通过普通高等教育入学的全国统一招生考试进入普通全日制高等教育体系内接受教育。高等教育与中等教育相比无论是学习内容还是学习方式都有很大差异，如果成人高等教育学生中的大多数没有良好的学习基础，不能掌握科学的学习方法，那么他们的学习效率自然会受到很大的影响。

在对调查问卷中的题目“高中或中专时期的学习基础较差，现在感到学习比较吃力”进行统计后，得出其均值为3.58分；从描述统计结果来看，题目“高中或中专时期的学习基础较差，现在感到学习比较吃力”，只有25.4%的被调查者认为自己基础不太差，在学习上不会很吃力。这表明大部分的成教学生的学习基础还是相对较差的。而学习基础的欠缺给成人高等教育学生学习所带来的影响是巨大的，这不仅仅体现在对成人高等教育学生学习结果的影响上，更重要的是基础较差的成人高等教育学生在通过努力后仍无法获得令人满意的学习结果，其学习自信心和学习主动性往往会受到较大的打击。在成人高等教育中所出现的面授课程出勤率低、考试恐惧症、对开设课程不感兴趣等问题在一定程度上都与该类学生没有良好的学习基础和不能掌握科学的学习方法有关。与此相对应的是成人高等教育又是一种对自主学习能力要求较高的教育形式，除了短暂的面授和有限的师生交流之外，成人高等教育依赖于学生的自学。而没有牢固的学习基础，自主学习就无法顺利开展，因此就造成了自学流于形式，成人高等教育学生学习效率不高等结果。

二、学习方法

科学测试证明：95%的人智商介乎70至130之标准范围，只有2.5%的人智商低于70。因此，智力通常不是成绩的决定因素，关键还是在于学习方法，“差生”差就差在学习方法上，不同的学习阶段、学习环节需要不同的学习方法，不同的学科、不同的知识类型也需要不同的学习方法，只要学习方法好，绝大多数学生都能够取得优异成绩。所以，无论是成教学生，还是全日制的大学生，他们学习上的差距主要不是体现在智力方面，而在于学习方法的使用方面。

本研究中的问卷调查题目“我有一套自己的学习方法”的调查结果显示，其均值仅有2.55分，低于中间值3分，这说明在成教学生群体里，大部分学生的学习是缺乏方法的，下面我们将对其进行更深入的分析。

从表 7-1 可看出，随着年龄的增大，关于学习方法调查结果的均值变大。结合访谈内容可反映出，年龄较大的学生，他们在工作实践中往往会总结出一般的学习方法，在学习新内容的时候，能套用自己总结概括出来的学习方法。而年龄相对较小的成教学生除了工作经验少之外，他们通常刚高中毕业，多数是采用被动式的、方法单一的学习方法，这种方法用在大学阶段的学习是不适用的。因此，年龄较大的成教学生相对于年龄较小的学生来说，会拥有自己独特的学习方法。

表 7-1　　**不同年龄段学生的学习方法情况**

年龄段	均值	N	标准差
18~25 岁	2.47	1311	1.259
26~30 岁	2.70	478	1.212
31~35 岁	2.70	117	1.254
36~40 岁	2.74	31	1.612
41~45 岁	3.00	2	1.414
45 岁以上	4.33	3	0.577
总计	2.55	1942	1.258

根据表 7-2，在学习层次方面，可看出本科年级的学生会比专科年级的学生更认同有好的学习方法，而且在同一学习层次上，随着年级的升高，其对有好的学习方法的认可度也越高。结合调查结果，可反映出高年级的学生在经过一段时间的学习后，他们会慢慢总结出适合自己的学习方法，所以对题目“我有一套自己的学习方法”的赞同度会随着学习层次的提升以及学习年限的增加而提高。

表 7-2　　不同年级学生的学习方法情况

年级	均值	N	标准差
专科一年级	2.40	605	1.289
专科二年级	2.41	448	1.294
本科一年级	2.68	476	1.247
本科二年级	2.72	386	1.115
本科三年级	3.48	27	1.221
总计	2.55	1942	1.258

我感觉老师上课的风格和课堂上讲的知识点和高中很不一样，老师在课堂上经常讲理论的东西，感觉和我们生活没什么联系，都不知道学来有什么用。下课后，老师也没有布置什么作业，我也不知道该如何去理解老师讲的内容。(2013 级人力资源管理专业的专科学生)

老师平时讲课都会引导我们去联想生活的例子，让我们可以深刻理解老师讲的知识点，有时候对于比较感兴趣的内容，我会去找一些相关的书籍来看一下，以便更深入了解知识点。(2013 级人力资源管理专业的本科学生)

我觉得老师在课堂上讲的部分内容虽然理论性很强，不过我经常会用生活上的例子去加深老师所讲的理论，或者找相关的案例来进行分析，这样更容易把知识理论记忆下来，一来方便考试记忆，二来有时候还能用到工作里面去。我现在也特别爱听老师讲的理论的东西，因为我理解起来更容易。(2010 级人力资源管理专业的本科学生)

在访谈过程中，我们发现学习层次越高的成教学生越能够掌握好的学习方法，这也说明学习经历的丰富程度会对学生学习方法的掌握具有一定的影响。在整个过程中，成教学生形成适合自己的学习方法也会受到老师的教学方式的影响。

在工作时长方面，把不同工作时长的被调查者对问题“我有一套自己的学习方法”的回答结果作均值统计和对比分析，会发现随着工作时长的增加，其均值会呈现递减趋势（表7-3和表7-4）。学习方法的形成是需要时间积累的，如前文所提到的年龄较大的学生和学习时间较长的学生，他们会比年龄更小或学习时间更少的学生更容易拥有一套学习方法，这也说明学习方法是需要一定的时间积累才能形成的。而对于工作时间较长的，如上班时间在8个小时以上的，或一周工作时间在6天甚至更多时间的学生来说，他们基本上很少有时间用来学习，更不用说去总结自己的学习经验来提炼适应自己的学习方法。因此，工作时间越短的成教学生相对于工作时间较长的学生来说，他们更可能，也更容易找到适合自己的学习方法。

表7-3　　周工作时长不同学习者的学习方法情况

每周工作时长	均值	N	标准差
五天以下	2.90	89	1.398
五天	2.59	1028	1.255
六天	2.51	677	1.236
七天	2.24	50	1.170
总计	2.57	1844	1.256

表7-4　　天工作时长不同学习者的学习方法情况

每天工作时长	均值	N	标准差
8小时以下	2.60	703	1.308
8~10小时	2.54	1057	1.222
11~12小时	2.64	58	1.180
12小时以上	2.00	13	1.291
总计	2.56	1831	1.255

对于学习者来说，一套好的学习方法有利于刺激学习积极性和主动性，进而获得更好的学习效果。反之，则会直接影响到他们的学习积极性。对于成人高等教育学生来讲，他们的具体情况有别于全日制学生，如果一味地模仿或照搬别人的学习方法，也不利于成教学生的学习，因为他们受到的外部影响因素比较多，如果不是在对成教学生自身情况分析的基础上去探索学习方法，也是不利于提高成教学生的学习积极性的，这也给成教的管理者和教师带来了很大的挑战。

第三节　学习兴趣与能力

一、学习兴趣

爱因斯坦曾说过“兴趣是最好的老师”，捷克著名教育学家夸美纽斯也认为：“兴趣是创造一个欢乐和光明的教学环境的主要途径，教师只有在教学中创造一个能使学生产生浓厚兴趣和个人爱好的条件，才能不断激发学生的学习兴趣，学生才能以科学的学习态度，坚强的毅力克服学习过程中的重重困难，从而获得知识技能，提高智力能力。”① 兴趣是个体带有感情色彩的一种特殊认识倾向，它属于非智力因素，学生的学习兴趣是指个体渴望获得知识、探究某种事物或参与学习活动，与积极的情绪状态相联系的认识倾向，② 即人的意识对一定课题、事物或活动的内在趋向性和内在选择性的表现。③ 学习兴趣对学习起着十分重要的作用，一般可分为直接兴趣和间接兴趣。直接兴趣是由学习过程本身和知识内容的特点直接引起的。学习内容的新颖、教师系统而又生动的讲解、学习的成就等，都可以引起学生对学习的直接兴趣。间接兴趣

① 任志凤．浅谈学生学习兴趣的培养［J］．重庆工商大学学报（西部论坛），2005：186-187.

② 陈安福．中学心理学［M］．北京：高等教育出版社，1993：147.

③ 燕国材．非智力因素与学习［M］．上海：上海教育出版社，2006：75.

是和学习自觉性密切关联着的，有时候学生对某些具体的学习对象或学习活动并不直接感兴趣，但是他能意识到学习的价值和意义，对学习的结果发生兴趣，因而支配、强迫自己去坚持学习，这就是间接兴趣。这两种兴趣对于学习都是必要的。缺乏直接兴趣，会使学习成为枯燥无味的负担；没有间接兴趣，又会使学生丧失学习的毅力和恒心。因此，直接兴趣和间接兴趣的有机结合，对提高学生学习的积极性和增强学习效果有着重要意义。

参加成人高等教育的学生具有在职为主、业余为主、自学为主的特点。成人学生几乎都是一边工作，一边学习的。他们面临着工作与学习、家务与学习等种种矛盾。因此，能够用于学习的时间相对较少。成人高等教育及其学生的这些特点，决定了成人高等教育在教和学方面都具有特殊性，而且成人在学习中所表现出来的兴趣具有不稳定性，主要有以下几点原因：

（1）课程或教学方法不能适应社会需要。目前，成人学校开设的基础课程，包括了本学科的基本理论、基础知识和基本技能，这些应该是成人大学生在校学习期间所应牢固掌握的。但是，在以高新技术为核心的知识经济逐步占据经济发展的主导地位的今天，仅仅具备本学科的基础知识还不足以适应日新月异的社会发展的需要。为此，不少开办成人教育的普通高校十分注重在教学中添加本学科前沿性的、内容起点高、视野较宽的新理论与新知识，这些往往能引起许多成教学生的学习兴趣。但是，由于教师自身知识和教材内容的更新需要一个过程和一定的时间，因此在讲授这类新知识时也有不成熟、不全面的一面，因而又使得一些成教学生的学习兴趣下降。

（2）主观因素的影响。成教学生中有不少人曾对学习抱有很大的兴趣，但当遭遇了考试失败后，往往就会产生一种自卑感，原来的学习兴趣受到严重打击，也有成教学生因为击败了众多的竞争对手而跨进大学校门，一时表现出了强烈的求知欲，但在学习过程中受到他人消极动机的影响，转而认为学习是为了混个文凭，内心常常充满矛盾，学习兴趣丧失。

学习兴趣的稳定性直接影响着学习动机。因此，成人高等教育管理者和教育者更应根据成人教育自身的特点，重视培养成人学生的学习兴趣。有了浓厚的学习兴趣，学生才能对知识学习具有较强的自觉性。有了学习的自觉性，才会激发出学习的极大热情，表现出学习的坚毅精神，从而养成推动学习的一种内在动力，促使他们勤学苦练。当成教学生对学习产生兴趣时，他们并不觉得学习是一种沉重的负担，会积极主动而且心情愉快地进行学习。有兴趣的学习，就能使学生全神贯注、积极思考，甚至达到废寝忘食的境地。人在满怀兴趣的状态下所学习的一切，常常掌握得迅速而牢固。而学习的自觉性、自愿性和主动性，是提高教育效果、教学效果的前提和条件。有了浓厚的学习兴趣，对学习才有较强的自制力，才能在学习过程中产生毅力、决心、自信和恒心，克服自己的惰性、松懈、自卑等不利于学习的思想因素，主动排除工作、婚姻、家庭生活等所引起的各种干扰和影响，把注意力集中在学习上，达到预期的目标。培养成人学生的学习兴趣，可以促使学生在学习中积极发挥主体作用，对提高成人教育的教学质量、教学效果也有重要的作用，而且对学生今后乃至一生的学习具有深远的意义。教育心理学家认为，兴趣是学习动机中最现实最活跃的成分，是求知的前提。要做好任何事情，都必须有兴趣。成人的学习也是这样，有了兴趣，才有劲头。兴之所至，即志之所在。可见，处于稳定状态的兴趣，往往可转化为坚毅的意志，从而产生到达目标所需的耐力。因此，培养学习兴趣对成人高等教育学生的学习具有积极作用。所以，为提高成人高等教育的教学质量，作为成教管理者和教育者有必要注重培养学生的学习兴趣。

成人高等教育学生的学习是以间接兴趣为主的，但是以间接兴趣为主的学习活动往往存在着短期的兴趣效应。一旦学习任务完成或目的达到，这种兴趣就不会再持续下去了。所以成人教育工作者应正确地引导成人学生加强对学习动机的培养，正确认识学习的价值和意义。比如可以在平时的教学中经常联系当前的形势，告诉学生，知识已成为力量无穷的产业，在激烈的生存竞争中，只有不断学习，才能适应社会的需要。学习已成为生存的必需，应视为一种自觉自愿的追求。对学习兴趣的培养也应是长期的，而不能是短期的。另外，学习除了具有获得知识、掌握技能、取得资格的作用外，还具有满足精神需求、体现自我价值、完善人格结构的强大功能。要把学习视为一种自觉自愿的追求，从而始终保持对学习的兴趣，坚持连续不断的学习，树立终身学习的理念。正确认识学习的价值和意义，是维持间接兴趣并将学习积极性长期保持下去的关键因素。

二、学习能力

未来的文盲不再是不识字的人，而是没有学会怎样学习的人。学习能力是学习者的一种心理特征，是顺利完成学业及实现可持续发展的心理条件。在现实的学习过程中，成人高等教育的学生由于各种原因，相比于全日制的学生，其学习能力存在一定的不足。

对成教学生的调查分析结果显示，成教学生的学习能力相比于全日制的大学生，具有一定的特点，下面对调查结果进行详细分析。

对题目“因为年龄较大的原因，我觉得自己学习能力下降，学习比较吃力”的统计结果作均值分析，其结果为 2.67 分，这体现了成教学生自认为有一定的学习能力，能应付现在的课程学习。但在对不同婚姻状况、学习层次及工作时长等数据作进一步分析后，发现其学习能力方面存在显著性差异。

将不同婚姻状况的学习者对题目“因为年龄较大的原因，我觉得自己学习能力下降，学习比较吃力”作均值对比分析，显示已婚的均值（3.14）明显大于未婚的均值（2.56）。由于大部分已婚学生的年龄相对较大，可能因为受到家庭、工作等因素的影响，没办法专心学习，久而久之，其学习能力会逐渐下降。因此，相对于未婚的学生来说，已婚学生对于自己因为年龄大而学习能力下降的认同度会更高，这也是符合现实情况的。

在不同年级及学习层次上，通过表7-5的结果，我们发现随着学习年级及学习层次的提高，其均值也会相应地增加，说明学习时间越长以及学习层级越高的学习者，越认同“因为年龄较大，自己学习能力下降，学习比较吃力”这一观点。前面章节也提到，随着年龄的增大，学习能力也存在一定幅度的下降。因此，随着年级的提高，学生的年龄也随之增大，对“因为年龄较大，自己学习能力下降，学习比较吃力”这一观点的认同度也会变高。再者，随着年级的提高，课程难度也随之增加，如果成教学生还是以低年级的学习方法进行学习，会产生越学越不适应的感觉，随之也会质疑自身的学习能力。因此，这一因素也会影响不同学习层次的成教学生的认同度。

表7-5　　不同年级学习者对学习能力的反映情况

学习年级	均值	N	标准差
专科一年级	2.58	605	1.422
专科二年级	2.65	448	1.416
本科一年级	2.74	476	1.446
本科二年级	2.76	386	1.493
本科三年级	2.70	27	1.409
总计	2.67	1942	1.441

从表7-6和表7-7的结果可看出，相比于工作时间短的学生来说，工作时间相对较长的成教学生对于“因为年龄较大，自己学习能力下降，学习比较吃力”这一观点的认同度会相对较高。由于工作时间较长的成教学生，一天的工作时间多数大于8小时，或一周需要工作5天以上，用于学习的时间会相对较少，但学习能力的形成需要长时间知识的积累和学习经验的总结，在被调查的成教学生中，工作时间相对较长者很少有时间学习，这也导致他们难以具备良好的学习技能，所以此分析结果也是符合现实情况的。

表 7-6　　周工作时长不同的学习者对学习能力的反映情况

每周工作时长	均值	N	标准差
五天以下	2. 49	89	1. 439
五天	2. 65	1028	1. 451
六天	2. 76	677	1. 420
七天	2. 70	50	1. 488
总计	2. 68	1844	1. 441

表 7-7　　天工作时长不同的学习者对学习能力的反映情况

每周工作时长	均值	N	标准差
8 小时以下	2. 58	703	1. 445
8~10 小时	2. 72	1057	1. 425
11~12 小时	3. 16	58	1. 484
12 小时以上	3. 46	13	1. 664
总计	2. 68	1831	1. 441

调查结果揭示，目前大部分的成教学生在学习中容易感到心有余而力不足，学习成绩难以提升，而造成这方面的原因是多方面的。首先是部分成人高等教育学生学习基础较差，学习能力有较大欠缺；其次是教学方面，在种种因素的影响下，有些教师在教学中更多是采用照本宣科的方法教学，未留给学生较多的思考和创造空间，以致学生获得了知识，而未能获得学习能力；最后是传统的应试教育体制让较多的教师和学生过分重视分数，学生丧失了主动学习精神。学习能力是学习者能够进行良好学习的保障，如果学习者在学习过程中出现学习能力欠缺问题，就容易挫伤学习兴趣，影响其学习的积极性，从而对学习产生乏力、倦怠之感。因此要积极培养成人高等教育学生的自主学习能力，为其开展有效的自主学习提供保障。

第八章　应对策略之一：管理策略

第一节　提高管理者水平

一、重视成人教育

一些发达国家非常重视成人教育管理工作，美国成人教育规模巨大，种类繁多，国家重视成人教育的立法和投入；成人教育管理体制机构不重叠，相互之间协调配合较好，能充分发挥地方办学的积极性，通过竞争保持成人教育的质量和活力。成人教育已成为美国社会与个人的有机组成部分。而在我国成人高等教育管理之所以存在资源不足、地位不高等问题，主要原因是对成人高等教育重视不够。长期以来，成人高等教育基本上是普通教育的附属，定位是高考落榜生及失学成年人的教育管理，成人高等教育的社会意义并没有得到充分认识。事实上，成人高等教育是社会和个人在社会经济、文化发展到一定阶段时的自然和必然需求，通过学科知识的学习，可以全面提升普通从业人员在社会生活中的竞争能力，提高成人生活质量和生活水平，有利于实现人的社会价值。

现代成人教育理论已经表明，成人高等教育及其管理所具有的成人性、广泛性、多样性、实效性、民主性等特点，使其管理较之于普通高等教育管理来说，困境因素更多，环境更复杂，难度也更大。目前，成人高等教育管理工作者的一项重要任务就是在全社会范围内大力宣传成人高等教育及其管理的重大意义，努力提高对成人高等教育及其管理重要性的认识。通过进一步促进成人高等教育健康有序的发展，满足社会对多层次、多规格、有个性特点人才的需求。这既是成人高等教育管理工作者的长期任务，也是成人高等教育管理工作未来发展的大趋势。

二、开展管理人员职业培训

众所周知，成人教育的对象是一种特殊的人群，他们是社会物质生产的直接承担者，有着各自的需要和明确的学习目的，有较高的选择、判断能力。这就决定着成人教育的管理工作者也应该具有一定的特殊性，体现出自己的管理水平。现代管理的趋势是实行内行管理，而实行内行管理则必须提高管理者的素质，这些“内行”不仅要政治上过硬，身体健康，有一定的专业知识，而且还需要有较强的组织协调能力，能够在复杂多变的管理环境中处理各种各样的学生管理问题。管理者需要充分认识到成人教育管理岗位的特点和要求，清晰了解自己的水平和能力，并有针对性地进行管理人员的培训。

成教管理人员的培训包括专业能力的培训、方法能力的培训、社会能力的培训等。

（1）专业能力的培训。管理人员专业能力的培训包括管理岗位必备知识和技能及其运用能力的培训；管理岗位相关知识和技能及其运用能力，适应管理岗位变化的知识和能力等方面的培训。

（2）方法能力的培训。管理人员方法能力的培训包括信息接受与处理能力的培训，发现问题与解决问题能力的培训，辩证思维与系统思考能力的培训以及计划决策与创新能力的培训等。

（3）社会能力的培训。社会能力的培训包括人际协调与合作能力的培训，自我行为控制与形象塑造能力的培训，谈判与应变能力的培训，竞争与耐挫能力的培训等。

通过这些培训，使成教管理人员补充和更新知识，提高管理技能，增强竞争能力，最终胜任现在或者未来的管理工作，提高自己的职业生活质量，乃至提升个人价值。因此，成人高等教育机构要充分认识到培训是提高成人教育管理队伍素质的重要途径之一，要高度重视培训，注重培训的方式方法，并做好工作计划安排，使全体成教管理人员在岗不间断培训成为可能。

三、提高工作效率

目前有很多的成教管理工作是以事为本，重量不重质，重物不重人，立足于限制人的各种规范，不考虑人的各种实际需求，其管理的形式和目的是“控制人”，往往忽视了成教管理人员的主体地位和主观能动性，严重挫伤了成教管理者的积极性和创造性。成教管理人员如果普遍缺乏主动参与和自觉配合管理的积极性，学校的管理目标便很难取得积极的效果。今天，现代管理学和心理学同教育理论的充分结合，使原有的管理体系受到猛烈冲击。建立在哲学、管理学、心理学理论基础之上的以人为本的观念对高校管理改革具有重大意义。目前，人们的自主意识普遍提高，追求自我、渴望实现自我价值的意识增强，时代呼唤一种以人为本、尊重人的主体人格的新型管理模式。以人为本的管理首先要求我们在管理中创造一个人尽其才、人才辈出的机制与环境；其次要尊重人、关心人、理解人，了解人的需要，激励人的积极性，尊重人的自主性，这是人本化管理的本质所在。实行人本化管理能够产生一种强大的内驱力，激励每一位成教管理者全身心地投入到工作目标之中，由“要我做”转变为“我要做”，责己严，待人宽，尊重事实，服从真理，这样就可使管理过程中的错位现象减少，冲突的可能性降低，内耗降低，彼此间的同步效应、共鸣效应增强，成教管理工作水平和效率必然得以提高。

成人教育管理队伍建设是一项复杂的系统工程，它涉及经济、文化、体制等诸多因素，应该说，成人教育管理队伍建设从根本上取决于我们能否从整体上形成一个有利于管理人员素质提高的良好环境，取决于能否形成一个有利于他们积极性发挥和人才脱颖而出的机制。

第二节　有效管理的方法与手段

一、管理方法

成人高等教育的管理活动是一个比较复杂的系统。在成人高等教育管理活动中的高等教育者、教育对象以及管理人员等群体共同组成了成人高等教育活动的主体，而人是这一系统的基本要素。成人高等教育管理的目标就是教育与培养人。因此，成人高等教育更需要树立以人为本的核心管理理念，这也应该是成人高等教育管理的核心要素。

成人高等教育让教师参与学校管理，成为学校管理的核心，通过这种方式来让学校职员和学生的综合素质得以提升，从而激发教师对成人高等教育管理工作的积极性。另外，成人高等教育也应让学生成为教育的核心，更好地关心他们在学习中出现的问题，提高他们在学习中的积极性和主动性，提高对自身及对成人高等教育的认同感，从而顺利地完成学业。

第一，采用学分制管理模式。所谓的“学分制”，是指学生可自主选择感兴趣的专业、学科进行选修，只要修满学分即可取得毕业证书的一种弹性人才培养模式。成人高等教育的教育对象大多一边工作一边读书，这一特殊情况容易导致时间冲突，即工作时间与学习时间的冲突。实行学分制，有利于激发成教学生学习热情与积极性，可有效缓解成人学生学习的多重矛盾，是一种灵活性较大的教学管理新模式。

第二，加快学生管理工作的创新进程。可以效仿企业管理中的“客户关系管理”，创建在校生数据库系统，将学生所处行业、工作职位、兴趣偏好、授课需求、实际困难等个人信息资料整合、上传、共享，便于教师及各部门管理人员分析、掌握，并根据学生情况及其需求制定相应的教学、管理实施方案。此外，还可以构建应届学生及往届毕业生网络互动平台，在该平台上实现学生间的实时互通，如可以建立“招生信息变化”“学习心得体会”“师生答疑解惑”“前沿知识探寻”等有益的互动交流模块，以此全面了解在校成人高等教育学生的需要。通过掌握学生各方面的变化情况，来改善管理工作中的不足，进一步加强对学生的引导。

第三，提高教学主动性。首先是运用科学的激励方式，成人高等教育管理者必须充分考虑成人高等教育教学活动中教师的劳动价值，在物质激励上要充分体现教师的教学效果和价值，尤其是在课酬方面，更需要制定科学合理的劳动分配制度，充分体现按劳分配的原则。此外，还要注重精神激励，让教师对成人高等教育产生归属感，从而提高教学的积极性与主动性。其次，要注重和学生之间的交流。很多高等院校的成人教育管理者都不能与学生保持密切的联系，客观存在的原因是学生大多在校外居住，教师对这类学生的教学经验不足，加上普遍采用传统的授课方式，师生之间的互动较为缺乏，学生也较难产生对母校的情怀。因此，对于此类教学点，管理者要更多地组织师生前往学校感受校园文化，强化师生之间的互动与交流，增强学生对学校的认同感和归属感。

二、管理手段

随着信息技术的发展，尤其是“互联网+”、物联网及智能技术的广泛应用，信息技术及互联网技术为教育领域综合改革提供了强劲动力，“互联网+教育”已经是中国未来教育发展大势，这也给成人高等教育的发展提供了机遇。成人高等教育管理面临课程安排、专业设计、教学资源管理等问题，因而成人高等教育要按照互联网思维，运用移动互联网、大数据等新技术，为成年学习者提供更加个性化、更加智能化的教育服务，从而实现“互联网+”大背景下的成人高等教育管理手段的转型升级。

首先，是利用互联网进行教务管理。成人教育的学生群体大多由在职人员构成，工作背景差异较大，住宿地点分散，管理工作复杂困难，学校的相关教学信息和管理信息往往难以顺利传达给这些学生。而采用互联网进行管理，就解决了学生的沟通问题和学习问题，将学生按照年级、专业、班级编成多个集体，利用网络的优势建立起相应的群体网站，并对这些学生进行合理的分组管理，在入学前、学习等过程中通过网络与学生进行沟通交流，对学生的各个方面进行及时的了解，学校将相应的课程课件放到网络上，学生注册后可以根据自己的时间安排学习，有助于解决成人学生无法长时间集中上课的弊端，对“现实”教学起着良好的补充作用，保证了学校相关工作的高效完成。对于学校的一些重要通知，学校还可以通过网络向学生及时推送，保持学校与学生的及时沟通，学生在远端就能及时了解学校的重要通知和其他重要情况，对各种学校活动、教学安排以及国家对高等教育的相关政策规定和要求等内容都能在第一时间获取，而且还能在同学间保持密切联系，互相沟通、共同讨论、共同学习。

其次，通过对互联网的利用，还可以加强学生的集体意识。通过上述的在网站上注册班级，让更多同学能够有一个班级集体意识，强化班级意识、学习意识、同学意识。刚刚开学，同学们互相不了解，同时由于成人高等教育的分散性特点，许多同学平时难以见面，课后见到老师的机会也不多，因此，相互之间比较陌生，集体团结意识通常较弱。通过互联网的帮助，同学们可以在网上互动、交流，并及时了解有关的学习内容和学习计划，及时与同学相互交流学习内容和学校的有关情况，并可以就难以解决的问题进行探讨和向老师咨询，及时向老师反馈自己近期所取得的学习成果和学习状况。网上班级虽然不像实体班级一样可以随时见到人，但是仍然可以帮助学生进行随时的沟通交流，也可增进同学间的情感和集体意识，促进学生的学习。

因此，利用微信、QQ 等社交软件在成人高等教育中建立微信群、QQ 群、微信公众号等信息交换群，既方便学生与教师、学生与管理人员、学生与学生之间的互通与交流，也方便管理人员与教师对学生的管理和服务。

第九章　应对策略之二：师资队伍建设策略

第一节　完善成教教师队伍建设

一、完善成教教师专业化制度

国际上，有许多国家制定了专门针对成人教育的政策法规，比如美国的《成人教育法》，日本的《教育公务员特例法》以及英国的《教师工资待遇法》和《教育白皮书》中都明确规定了成人教育教师的继续教育和提高修养的要求，制定了成人教育教师及其他教师进修制度，提出对不同水平和职务的教师加以培训的要求。尽管我国从基础教育到普通高等教育出台了不少的政策法规，但是对于成人高等教育，尤其是成人高等教育师资队伍的建设和管理，却没有专门的法律法规。

制度的建设、政策法规的设立对于成人高等教育教师队伍的专业化建设与发展具有指导、引领和激励的作用。我国应制定成教教师队伍专业化的政策，加大经费投入力度，为教师提供更多获得培训提高的机会，帮助教师在专业方面顺利成长。为了建立有效的运行机制，政府应从政策、法律、激励机制等方面对成教教师队伍的专业化建设提出指导意见。首先，根据国家《宪法》《教育法》《教师法》《高等学校教师培训工作规程》等相关的法律法规制定有针对性的、操作性强的成人高等教育教师培训实施细则，促使成人高等教育机构加大教师专业化的培养力度。此外，加强对成人高等教育管理者工作的约束，制定相关的法律政策，促使教师专业化法律法规的落实。

另外，成人高等教育院校应制定相关的选聘、考核制度来规范兼职教师的管理工作。成人高等教育兼职教师的聘任应根据公开、公平、公正的原则，制定科学合理的聘任方案和行之有效、可操作性强的聘任程序，吸引社会优秀人才加入成人高等教育队伍中来。此外还应加强岗位培训管理。由于兼职教师缺乏教学经验，各成人教育院校应做好岗前和岗中培训，促使兼职教师快速了解成人教育的规律与特点，提高教学效果。岗位培训包括成人教育理论以及教学能力的培训，例如可举办成人高等教育教学方式讲座、开展教学经验交流活动等，通过多种形式，促使兼职教师快速熟悉成人学员特点与学习规律，并能够尽快地采用恰当的教学方法开展教学。

二、加强成教兼职教师队伍建设

（一）对兼职教师教学过程的监控

成人高等教育院校需要加强对兼职教师教学过程的管理和教学质量的考核，把好教学质量关。通过制定相关的监督与考核制度，对成教兼职教师进行有效的教学监督与评估。加强教学督导和完善专业教师听课制度，不断改进教师教学中的问题。我们在调查中发现，大部分学生都反映缺乏评价教师的途径，导致他们的意见无法被采纳。所以，学校应采取问卷调查、网上评教等多种形式，及时了解、掌握兼职教师的教学状况，不断健全学生评教制度；定期对兼职教师进行业务水平、教学质量的考核，量化考核评估指标，并及时将考核评估结果反馈给兼职教师，以促进其改进教学方法，提高教学能力。

（二）对兼职教师的激励与关怀

根据考核标准，对优秀的兼职教师采取物质激励和精神激励相结合的方法，尤其是对积极参与学校成人教育教学研究与教学改革、长期支持学校成人教育发展的兼职教师予以激励。只有对兼职教师进行充分的肯定与激励，在管理上与专职教师一视同仁，才能最大限度地调动他们参与成人教育工作的积极性，让他们在成人高等教育事业中充分发挥出应有的价值。

第二节　提高成教教师专业素质

成人高等教育院校和机构要实行内外聘用结合，打造一支高素质的专业教师队伍。由于成人高等教育的培养目标是实用型人才，它是一种应用型、提高型的人才培养模式，与普通全日制高等教育着重培养理论基础深厚、知识广博、系统性强的专业人才有所区别。因此，在校内选聘教师的同时，还必须从校外聘请具备丰富的理论知识和丰富实践经验的优秀教师充实成人高等教育教师队伍。这样，既可以优化教师队伍，又可以缓解校内教师由于任课多而带来的师资紧张的状况。

一、加强对成教教师专业理论知识的培训

成人高等教育的教育对象基本上是边工作边学习的学生，他们有一定的社会经验和知识，是进入成熟期的人。从教育学的观点看，一个人进入成熟期就意味着其认识能力和学习能力已经达到成熟的水平，能够用经验去认识周围的事物，能够自导学习过程等。因此成人高等教育不是简单地照搬普通全日制高等教育的体系、观念、内容及方式，而应针对成人的特点进行教育。这就需要加强成人高等教育教师教育理论的培训工作。凡担任成人高等教育教学任务的专职教师在上岗前须进行诸如成人教育学、成人心理学、成人教育管理学等成人教育理论课程的短期

培训，取得合格证后方可上岗，这样做有利于教师在教学中针对成人教育特点，运用相关理论，改进教学方法，创造新的教学模式，提高教学效果。

二、强化成教教师专业实践

在普通高校中，教师学历层次较高，一般都具有较深厚的专业理论知识，但实践经验、操作技能相对较欠缺；而成人学员大多来自生产一线，他们具有相当丰富的实践经验。因此，教师必须不断提高自身的专业知识水平和实践能力。为此，高校应与相关行业单位建立合理的交流机制，有计划安排成教教师特别是年轻教师到相关的行业单位工作半年至一年时间，或对有丰富实践经验的教师进行理论知识的教育，以提高其理论与实践相结合的能力，这对提高教学质量有着积极意义。同时，通过与对口行业单位间的信息交流，使成教教师了解本学科发展的最前沿的知识，更新、扩展、重组自身知识结构，提高掌握和应用新科技、新工艺的能力。只有这样，成教教师才能在教学中厚积薄发，真正成为成人与高深专门知识之间的媒介和协助者，成为成人职业和学术发展的指导者。

三、完善成教教师的激励机制

学校应建立并完善激励机制，逐步提高成教教师的待遇，以稳定师资队伍。学校在讲课酬金上要考虑成教特点，成人教育教学工作时间安排经常是在晚上、周六、周日、寒暑假及法定假日，教师有时还要出差到外地去讲课，遇到函授班回校集中面授时，还需要长时间连续授课。因此，高校在倡导奉献精神的同时，也要适当提高成教教师的讲课酬金，按照国家对节假日加班人员的薪酬制度给予成教教师补贴，以激励成教教师积极上进，并以此吸引并稳定优秀教师从事成教工作。

四、建立成教教学质量评价体系

教学质量评价主要是检查成教教师履行职能情况、教学活动各环节的实施情况、工作态度情况等。学校应根据实际情况，制定一套切实可行的量化办法，每学期都要坚持开展这方面的检查活动，可组织同行专家、成教学员对任课教师的教学进行评价，并将综合考核结果作为教师聘任、解聘、晋升、奖励或处理的依据，对不符合要求的教师予以调换，这有利于促进成教教师业务水平的提高，增强教师的责任感和竞争意识。

第十章　应对策略之三：教学策略

第一节　课程设计策略

一、成教课程设置的理念

目前成人高等教育课程与学生需求之间存在脱节，因此，需要政府、社会以及高等学校重视成人高等教育课程的开发。成人教育课程不仅是普通教育课程的延伸和补充，更是与实践相结合的应用课程。随着终身教育的大力倡导，随着知识经济的到来，竞争越来越激烈，人的一生都要不断地学习，不断地接受新的教育，课程开发也要与时俱进，不断创新。①

二、课程内容的选择

成人教育课程的非正规性，决定它所开设的课程与普通全日制大学开设的课程有所不同。普通全日制大学开设的课程多是基础文化课程，是教育部根据一定条件统一设定的，由大学成人教育课程的设置主要依据两点，一是根据成年人本身的需求愿望设定；二是根据市场需求发展

---

① 梁艳萍，高建军，黄大乾．发达国家高等学校成人与继续教育的经验启示［J］．华南农业大学学报，2009（1）：28.

设定。在美国，大学成人教育学院都设有专门的“调查小组”，调查小组负责对当时的市场需求进行调查分析，再根据学校本身的优势和办学条件提供相应的课程开设建议。我国应借鉴美国大学成人教育学院课程内容的设置模式，组成类似美国专门的市场调查委员会，对市场的动态和成年人需求的动态做出预测和分析，由大学教师、管理者和企业一同设置课程内容。如果脱离市场需要而盲目开设课程，既会浪费有限的教育资源，也会耽误成年人宝贵的时间。

因此，在全球一体化的浪潮不断袭来，社会生产力不断向前发展的背景下，成人高等教育的课程不能一成不变、墨守成规，更需要适应社会、适应市场需求去积极创新，不断适应社会和个人的发展变化，以社会发展和个人发展为核心，坚持以市场和个人为导向，在充分调查分析实际需求的基础上设置课程内容，努力做到“按需办学、按需设课”，为社会培养出所需要的应用型人才。

三、课程设置与企业的相互协作

成人高等教育需重视与企业的密切联系，成人高等教育已经成为普通大学和企业之间的良好纽带。高等学校应与企业签订协议，保障每年有一定数量的学生到企业进行工作实践，同时也有一定数量的企业员工到大学学习新的知识和技能。成人高等教育机构应根据市场的变化和企业自身的实际要求来设置相应的课程内容，做好企业员工到学校培训的项目，与此同时，根据各大高校成人高等教育课程的特点从外面请来优秀的企业家进校园，为这些成年学生在学习先进理论知识的同时，感受到社会不断更新的专业化、实用化的实践经验，切实提高他们的工作技能。

四、现代化教学手段的应用

随着科学技术的不断发展，国际互联网和多媒体技术开创了不受时间和地域限制的学习和授课方式，改变了传统的教学方式，推动了先进技术在教育领域中的应用。目前已有不少普通高校实行了成人高等教育的网络化。相关的访谈也证实，大多数学生对于网络课程比较喜欢，并期望能够全面实行。因此，成人高等教育机构应把先进的网络和多媒体技术应用到平时的成人高等教育教学中，尤其是随着人工智能、AR技术的推广和应用，学校更应该把高新技术应用到教育领域里，以此帮助学生习得知识和实践技能，从而激发学习者的学习积极性，增强教学效果。

第二节 创新教学模式

一、树立科学的教学观念

首先，成人教育培训要从理论知识传授向理论知识与职业技能结合培养转变。从成教学生学习特征出发，在传授知识的同时，更要注重培养学生的独立思考、独立分析问题和解决问题的能力，充分挖掘学生的学习潜力，提高学生的综合学习能力。此外，根据成教学生的社会实践经验，组织和实施有针对性的教学，其中包括对教学目标、教学内容及教学方法的针对性设计，充分发挥每位成教学生的个性潜能，真正做到因材施教，使学生能够得到更好的发展。

其次，针对成教学生的多样化特征，应采取灵活多变的教学方法，以达到因材施教的目的。相比于全日制的大学生，成教学生大部分具有一定的社会实践经验，他们在年龄、学习层次、工作单位、工作时长等方面存在着很大的差异性，其文化基础也存在着巨大的差距。如果成教教师在教授成教学生时仍照搬全日制的教学方法，就易对成教学生产生不利的影响，出现重理论轻实践的问题。因此，在教学过程中应该采取灵活多样的教学方法，找出最适合学生特点的教学方法，并注重多种教学方法及教学手段的交替使用。

二、创新教学模式

（一）创新教学模式的原则

根据成教学生学习特点，结合成教师资队伍建设情况，其教学模式的创新应该遵循以下原则。

第一，坚持培养学习能力优先原则。成人高等教育是一种继续教育，大部分的成教学生选择读成人高等教育，是为了促进自身能力的全面提高。所以，培养自主学习能力应成为教学方法改革的首要原则。一般来说，成人学员学习目的明确，求知欲望强烈，但由于学习时间较短，一方面在有限的学习时间不可能学到他们所需要的全部知识；另一方面在以后的工作和生活中还会不断需要学习更多的知识和技能。可见，自学应成为成人学习者获取知识的主要方式，因此，教学模式的改革创新一定要有利于培养学生的自学能力。

第二，坚持理论联系实际原则。理论联系实际是成人高等教育的基本要求。调查结果显示，成教学生学习的职业目的性和生活目的性很强，尤其在市场经济条件下，学生更希望通过学习获取更高的学历以及更加重视提高与职业相关的专业知识和学习能力。因此，改革创新教学模式，应该使教学内容、教学方法更贴近实际、贴近生活，更贴近工作，在传授课本上的理论知识的同时，要把学生普遍关心的实践问题拿到课堂上进行讨论与分析，强化理论联系实际的效果，找到两者的契合点，使学生自觉地运用所学理论知识去认识和解决社会实际问题。

第三，坚持启发性原则。传统的注入式教学方式，通过机械式、被动式的教学方式向学生直接传输知识，容易把学生培养成死记硬背、思想僵化、创造性不足的书呆子。成人高等教育应该减少注入式教学方式，多用启发式的教学方式。对于已经在岗位上工作的成教学生来讲，启发式的教学方式有利于调动他们学习的积极性、主动性和创造性，有利于引导他们通过观察、思考、探索、判断等方式，去理解、运用和检验知识，掌握并提高技能，有效地提高分析问题和解决问题的能力。

（二）创新教学模式的策略

1. 以解决成人的现实问题为中心

建构主义学习理论强调以学生为中心，不仅要求学生由受外部刺激的被动接受者和知识的灌输对象转变为信息加工的主体，而且要求教师要由知识的传授者、灌输者转变为学生主动学习的帮助者、促进者。这就意味着教师应当在教学过程中改变以教师为中心、强调知识传授、把学生当做知识灌输对象的传统教学模式，采用全新的教学模式、全新的教学方法和全新的教学设计思想。

首先，成教学生均为具有一定实践经验的学习者，他们将现实中真实的问题作为学习的起点，成人学习者渴盼通过研究和探索来获得解决此类问题的能力，并运用到工作当中。

其次，成人学习者不能简单地套用原来的经验和解决方法来解决这些问题，他们需要在原有经验的基础上进行必要的分析，找到解决问题的方式方法或思路。成人学习者在尝试解决问题的过程中，可能还会遇到一些新的问题，需要逐步地去予以解决。

再者，在解决问题的过程中，面对那些结构不良的新问题，成人学习者应该把握概念之间的复杂联系并广泛灵活地将其应用到具体的问题情境中去，在解决问题的过程中发展其有效解决问题的技能和高级思维能力，这样也能帮助成人学习者在以后的工作和学习中将已有的知识和技能迁移到解决实际问题中去。

最后，问题解决是以成人学习者为主体来进行的，成人高等教育教师在问题解决的过程中担当辅助者角色，帮助成人学习者更好地利用资源来解决问题，这当中需要教师和成人学习者之间的良性互动。

2. 以研究性学习为基本学习方式

研究性学习是一种让成人学习者在主动探究中学习的教学模式，有利于培养成人学习者的创新能力和实践能力。培养成人学习者的问题意识是研究性学习的起点，也是解决学习的首要环节。培养成人学习者的问题意识不仅是成人学习者研究、创新的原动力，也是在成人教学中开展研究性学习活动的核心环节。正如爱因斯坦所说，指出一个问题往往比解决一个问题更重要。通过引导成人学习者根据以往的经验或自学课本知识提出问题，再从成人学习者的需要出发组织问题，让成人学习者在搜寻、发现、确立和解决问题的过程中更新知识，使发现和解决问题的喜悦成为激发成人学习者努力学习的强大动机。成人学习者必须自己担负起学习的责任，主动学习，明确学习目标，选择合适的方式学习，凭借个体经验以及基于个体经验的个性化的知识自主地去解决所面临的疑问和矛盾。这不同于以往的成人教学，成人学习者不再是被动地听和记，需要自己的高级思维活动来参与。

3. 以形成自主学习与问题解决能力为目的

第一，调动成人学习者的学习积极性，使其成为自主的学习者。成人学习者参加学习大多有较明确的目标，一般是为了更新知识和提高技能以更好地适应工作岗位的需要。目前的成人教学大多采用讲授为主的方法，内容以传授系统的科学知识为主，成人学习者由于自身条件和精力的影响，很难适应这种教学。另外，成人学习实用知识的需求得不到满足，也就很难以积极的热情投入到学习中去。

成人学习者获得知识主要靠自己，他们应知晓学习知识是自己的事，要对自己的学习负责。因此，学习者需要发挥自己的自主性、主动性和独创性，主动建构自己的知识，并思考和评判所学知识。当任务完成之后，他们也就成为独立自主的思考者和学习者。

第二，培养成人学习者问题解决的能力。成人教学的目的是为了养成成人学习者解决问题的技能和知识迁移能力，这样，成人学习者在接受短暂的学习回到工作岗位之后，遇到问题时能自主解决或是努力自主解决，这也符合成人高等教育时效性的特点。

成人学习者在问题解决过程中必须进行一系列的思维活动，思维要尽可能地发散，还要对自己当前的研究进行批判性的反思和自我反思等思维活动，这有助于提高成人学习者的高层次思维技能。

三、运用教学策略

（一）教学内容的选择

建构主义学习理论强调知识的动态性，强调学习者知识的丰富性和差异性，认为知识建构是通过主体积极地针对客体施加各种活动而实现的，在这种活动背后有着积极、活跃的思维过程。因此，在选择成人教学内容时应该注意以下几点：

1. 尊重成人学习者的经验

建构主义强调每个学习者应该基于自己与世界相互作用的独特经验去建构自己的知识，并赋予经验以意义。成人高等教育学生都已经参加了社会工作，在社会上担任多种角色，他们能用在学习上的时间和精力相对全日制本科学生来讲会少很多。如果忽略成教学生特点，一味地按照传统方式教学，容易造成学习资源的浪费，进而影响学习成效。因此，成人教学应该根据其特点，综合利用多方面的学习资源来进行。

成人高等教育的现代教学应该注重对成人学习者工作经验的分析，分析成人学习者的经历、经验及知识水平，成教老师在问题解决中创设合适的问题情境，以及确定问题解决过程中的知识点时，都应考虑成人已有的知识水平和认知能力。

成人学习者丰富的经验不仅为成人学习者个体新知识的输入、新概念的导出以及学习的迁移创造了优越的条件，同时也为成人学习者共同解决问题提供了宝贵的资源。因此，授课内容要与成人的经验相结合，做到授课按需施教，内容时时更新。

2. 创设适当的问题情境

成人学习的意义在于使成人学习者通过一个个实际问题或案例的解决活动及反思活动而逐渐领悟知识，并将新的知识纳入自己的知识体系之中。成人高等教育教学的核心是考虑成人学习者的社会角色需要，设置有真实意义的、来自专业实际的问题情境，将学科知识的学习和专业实践融合到一个可操作的、有探究意义的问题中，让成人学习者在解决问题的过程中建构和应用知识，获得技能，从而改善教学效果。因此，成人高等教育教师在成人学习者寻找解题思路或制订解题计划的过程中，要多途径多渠道帮助他们搜集有用的材料，为成人学习者营造轻松自如的解题环境，及时鼓励成人学习者深化对问题及解决方法的研究。在创设问题情境时，成人教育教师应注意以下三点：

第一，要注意问题的真实性。问题越真实，越贴近成人学习者的生活，对成人学习者理解知识、应用知识的要求就越高，所要实现的教学目标就越具有全面性、整体性以及综合性，对成人学习者的知识基础与基本能力就具有更大的挑战性。因此，问题的真实性程度要根据成人学习者所要实现的目标类型与层次而定。

第二，要注意问题的综合性。问题的综合性是指某一问题可能涉及不同的学科，学习者可从不同学科来探索同一主题。虽然单一性质的问题也能促进成人学习者进行思考和解决，但可能不利于他们对信息的组织和联系。带有综合性质的问题不仅有大量的信息可供学习者搜索、加工和整理，还有利于他们从不同学科或自身工作、生活等方面对信息进行整合，锻炼成人学习者分析、整合信息的能力。

第三，要注意问题的趣味性。趣味性是指问题对学习者的吸引力，越是具有趣味性和吸引力的问题就越能激发学习者的兴趣，使他们积极投入到学习活动中去。对于成人学习者，成人高等教育教师要充分分析问题背后隐含的知识，提出多样化的具有挑战性的任务，引导成人学习者积极思考、努力探索和认真学习，进而开发成人学习者的创造性潜力。

3. 注重知识的实用性

成人学习者参与学习的目的与青少年不同，成人学习者注重时效性，也就是即学即用。工作和生活的需要是成人学习者的主要动机，成人学习者的内容总是与他们的职业相联系。成人学习者是针对个人工作中的问题来设定学习目标的，成人学习者参与学习主要是为了弥补自身的不足，提高自身能力以更好地适应工作，他们希望学到有指导实践价值的知识，而对那些纯理论的、学科性的知识不是很感兴趣。成人学习的过程是一个不断地学习、实践、总结、提高的过程，成人学习者在经过一段时间的学习之后，把获得的知识和技能应用到实践中去，当成人学习者觉得现有的知识和技能已不能适应工作的需求时，他们会进行再培训和再学习。因此，成人教学的内容也应该与知识的实用性相关联，不但要包括与成人学习者的实践密切相关的指导性的理论知识，也应包括一些技能性的知识和实践能力的培养和传授，这样才能更好地帮助成人开展工作。

4. 重视成人学习者技能的培养

技能包括动作技能和认知技能，是智力劳动成果转化为实际劳动成果的必经之路。成人学习者参与学习的目的不仅是掌握知识，更要获得把所学知识转化为解决现实问题的能力或者技能。

技能水平的高低影响着成人学习者的学习效果，也影响他们学习和工作的效率。因此，在成人教学的过程中，要充分重视成人的技能与职业素质的培养，使成人的技能在学习的过程中得到提高，能够适应将来工作岗位的需要，这也符合终身学习的需求。在培养成人学习者技能的过程中，首先，要与成人学习者的职业相联系，为学员提供锻炼职业技能的机会，帮助成人学习者提高职业素质；其次，在成人教学的过程中，要从成人的生理、心理特点和职业特点出发，根据实际情况选择教学方法；再次，在成人教与学的过程中，成人教育教师和成人学习者要勇于创新，努力开拓解决问题的新思路，寻找解决问题的新方法；最后，成人高等教育教师也应该重视成人学习者的个性差异，因材施教，为成人学习者提出不同的教育目标，采用不同的教学方法，充分发挥成人学习者的主观能动性，使每个学习者的技能或者能力都能在解决现实问题中得到提高。

（二）教学的实施

1. 成人教育教师的能力与素质

高质量的成人高等教育对教师的素质具有更高的要求。如前所述，成人的经历和特点决定了成人教育教师在教学过程中不再处于中心位置。教师的任务是提供宏观的理论框架，介绍背景知识，促进成人学习者高层次思维的发展，以此帮助成人学习者的学习。这要求成人高等教育教师的课堂教学思想和观念从灌输型向启发探究型转化，同时也要求成人学习者的学习方式应从接受性学习向探索性学习转化，师生关系从从属型向平等型转化。因此，要达到高质量的教学效果，就需要成人教育教师具有较高的能力和素质。

第一，成人教育教师要广泛涉猎各学科的基础知识，具备广博的知识基础。要想很好地开展成人教学，教师需要涉猎多学科知识，具备广博的知识基础，提高自己的知识修养，才能为成人学习者解决问题提供及时的帮助与支持。这就要求教师利用一切可以利用的机会与资源向他人学习。在教学时，也应该与学生一起合作学习，不断丰富自己的知识储备。

第二，教师应熟悉并能运用各种教学策略和方法。成功的问题解决者之所以能够成功，在于他们会积极自觉地使用各种各样的启发式方法和步骤来探讨解决问题的办法、对策。教师应该善于运用启发式的方法，启发学生的思考；能合理猜想、寻找模式或规律；会运用观察法、实验法、分析法、综合法、归纳法等分析问题，找出解决思路。这些启发式的方法和步骤构成了有价值的策略，如目标定向策略、模式化策略等。有效的教学策略有赖于教师熟悉并能运用启发式教学的基本技能。

第三，教师要善于激发成人学习者的积极性。教学的主体是成人学习者，成人学习者的积极性是否被激发和调动起来，是学习成败的决定性因素。首先，要善于营造和谐的学习氛围。良好的环境和氛围可以增进教学民主，消除成人学习者的紧张感，只有在这种和谐的氛围中，成人学习者才能更好地发挥自主性。因此教师要尽可能地营造出一种宽松、和谐的学习场景。其次，授课教师要充分了解成教学生，使教学的内容与学生特点相吻合，这样才能激发成人学习者学习的兴趣。

第四，教师要遵循成人教学的原则。有效的教学策略有赖于教师能自觉地运用成人教学的原则。当教师有意识地运用成人教学原则时，不仅教学效果好，而且成人学习者的学习效果会明显提高。因此，教师要确保成人学习者理解问题，让其明确自己的学习需求。教师需要在充分认识学生具有一定的社会实践的基础上，把教学内容与学生的学习特征有机结合，找到建立新知识的切入点，进而促进新知识的建构和传授。

2. 资源的充分利用

成人学习者一方面要在社会担任多种角色，另一方面还要在有限的时间里学习和提高自己，因此应充分利用各种学习资源，提高学习效率。

（1）充分利用网络技术。首先，以计算机为核心的信息技术为新的教学提供了有力的支持。在现代教学过程中，媒体主要作为学生获取和处理信息、展示学习成果和完成学习项目的认知工具。网络信息技术的出现实现了信息共享，在信息来源方面使学生和教学人员越来越接近，为成教学生学习创造了十分有利的条件。比如成人学习者可以利用网络信息技术、实验模拟软件、专用的学习工具软件等来学习，也可以通过数字图书馆、网络平台等来搜索所需要的资料或者在线咨询一些问题。

其次，在成人教学过程中，可以依托网络优势，实现教育资源的共享。网络教育是计算机多媒体技术、网络通信技术与现代教育理论相结合的产物，是一种全新的学习方式，它向人们展示了一个崭新的、广阔的学习世界，为任何愿意获取知识的人提供了学习的权利和机会。它突破传统学校教学方式的时空束缚，与课堂教育、广播教育、电视教育共同构成多元化的教育体系。尤其是发展到今天，云计算、云储存、泛互联网技术的应用，使现代教学的方式方法更为丰富。利用网络中丰富的教育信息资源进行网上教学，可拓宽学生接受知识的范围，也跨越了师生间的时空界限，打破了传统的课堂教学方式的限制，将课堂从教室、实验室延伸到网络覆盖的任何一个场所，提供了便捷通畅的交流平台。这有利于师生和生生之间的交流，成教学生无论在学习还是在工作上遇到问题时都可以及时进行沟通交流，以最快的速度寻找解决问题的方法。

（2）融合运用多种媒体技术，提升教学传播效果。成人高等教育并非由一位教师面对几十位学生组织教学，而是由有机组合的教学媒体，面对广大成教学生组织教学。教师根据教育目标和任务选择好教育内容后，要编制教育媒体，包括文字教材和音像教材等内容，并将教学媒体通过信息技术传递给每位成教学生，从而使他们独立地进行学习。

现代教学信息的传播，融合了各种媒体技术。以文字、声音、图形、图像、动画结合的方式呈现的信息内容，做到了图文并茂、情景交融。多媒体和智能化利用其在视觉和听觉上的优势提高了信息传递的效率，尤其是随着目前虚拟现实技术的发展，它为日后模拟现实的实践场景提供了强有力的技术支撑。以上提到的各种各样的高新技术，为教学提供了逼真的表现效果，充分调动了各种感官，扩大了人的感知空间，使成教学生能主动记忆，积极思考，从而大大提高了教学效率与传播效果。在成人教学过程中，充分利用各种媒体技术来进行教学，能够激发成教学生的思维，形象地呈现教学所要表达的内容，也为教师实现虚拟实验教学提供了可能。

3. 教学方法的选择

成人教学需选择适用于成教学生学习的相关教学方法，包括讨论式教学法、问题式教学法以及案例式教学法等。

（1）讨论式教学法。所谓讨论式教学法，是指教师把教学内容中有现实意义的问题、与现实联系比较紧密的问题提出来，并和学生一起进行讨论和评价。通过讨论，集思广益，从而明辨是非，掌握知识和真理。讨论式教学法的运用有利于培养成教学生批判性思维能力、培养集思广益的技能以及有利于提高他们的沟通与表达能力。因此，在成人教学的过程中，讨论教学问题主要从以下几方面展开：首先，教师要向成人学习者呈现与当前学习主题相关联的情景，引导他们进入预设的学习场景；其次，由于进入学习场景的学生具备不同的学习基础，教师要特别注意培养学习者的思维能力；再次，要激发小组各成员的积极性，教师要引导成人学习者围绕呈现不同侧面的情境所获得的认识展开小组讨论，每个小组成员也应该对别人的观点、看法进行思考和做出一定的反应；最后，教师对小组各成员观点进行点评、总结与概括，并对教师的观点进行分享。

（2）问题式教学法。建构主义认为，学习者要想完成对所学知识的意义建构，即达到对该知识所反映事物的性质、规律以及该事物与其他事物之间联系的深刻理解，最好的办法是让学习者到现实世界的真实环境中去感受、去体验（即通过获取直接经验来学习），而不是仅仅聆听别人（如教师）关于这种经验的介绍和讲解。教师根据问题创设真实情境，使学习能在和现实情况基本一致或相类似的情境中发生。问题式教学法要求建立在有感染力的真实事件或真实问题的基础上，它的主要目的是使学生在一个完整、真实的问题背景中，产生学习的需要，并通过嵌入式教学以及学习者之间的合作学习，凭借其学习的主动性，亲身体验从识别目标到提出和达到目标的全过程。总之，问题式教学法可为成教学生提供一个交流、合作、探索、发展的平台，使成教学生在解决问题中感受到知识的价值和魅力，从而提高学习的兴趣和效率。

（3）案例式教学法。案例式教学法是教师根据课堂教学目标和教学内容的需要，选择具有代表性的典型案例，并组织学生对案例进行阅读、思考、分析、讨论和交流等活动，让学生在具体的问题情境中积极思考、主动探索，培养学生认识问题、分析问题和解决问题等能力的一种教学方法。即根据成人学习者在现实工作中遇到的问题，结合课本相关的理论知识，带动成教学生进行案例分析。首先，它有利于让学生清楚地认识到这些原理、概念在实际生活中的运用和表现，从而准确掌握这些原理和概念；其次，有利于提高成教学生分析问题和解决问题的能力，在工作上遇到相似问题能够迎刃而解；再次，案例教学有助于提高成教学生学习的积极性。成教学生学习的一个很重要的目的是为了解决现实工作或生活中的问题，案例教学中的案例来自工作中突出的问题，运用案例来加以阐述理论知识，更有利于引导学生主动投入到分析案例和学习理论知识的全过程中，进而强化其学习效果。

第十一章　应对策略之四：环境改变策略

第一节　形成良好的校风和班风

一、校、班级氛围的界定

氛围是指围绕或是归属于某一特定根源的有特色的高度个体化的气氛。学习氛围，是校、班级氛围中的一种。

组织心理学认为，班级氛围是一种组织氛围。组织氛围是指“在某种环境中员工对一些事件、活动和程序以及那些可能会受到奖励、支持和期望的行为的认识，即同一组织中各成员的共享的认知”。而学习氛围是在学校和班级内各学员之间、师生之间的不断交流和互动中逐渐形成的，对学校和班级各学员的学习以及教师的授课都会产生影响。

施耐德（Schneider）和霍尔（Hall）认为，组织氛围是个体对组织环境的总知觉，这种知觉反映个体与环境特征之间的相互作用。它具有使组织之间产生区别、影响力较为持久以及会对组织个人行为产生影响的特征。① 社会心理学认为班级氛围是对班级教学等各种行为产生影响的情绪和心理氛围。这种心理氛围是在班级成员相互交往和活动中逐渐形成的占优势的情绪状态和心理倾向。这种心理倾向能够对班级成员的

① 王垒．组织管理心理学［M］．北京：北京大学出版社，1998：67.

心理和行为产生潜在的约束力。班级氛围具有较强的稳定性，一旦形成就可以作为评价班级基本状况和精神面貌的一项指标。① 班级氛围主要包括以下内容：一是集体成员普遍的自我感觉与情绪状态，即每个成员能在集体中经常体验着愉快感、温暖感或是压抑感；二是集体中人际关系心理相容的程度；三是集体的价值观、舆论水平、行为规范的执行情况及成员的集体归属程度等。②

综合校、班级氛围的研究成果，本书将校、班级氛围定义为：通过校及班级内部学生之间和师生之间的互动逐渐形成的，师生学习态度、情绪、人际关系、校及班级规范的综合。校、班级氛围能够影响学生对于校、班级活动和事件的预测和评价，从而影响学生的学习行为。

我们可以把校、班级学习氛围看做一种学生在进行学习活动时的环境。它包括教学条件等硬环境和周围同学行为对学生学习行为的影响等软环境。良好的学习氛围能够提高学生的学习兴趣和积极性，促使学生有效地安排自己的精力和时间，提高学习效率。本章分别从成教学生的学习心态、学习竞争、课堂秩序和学习压力等方面调查班上学生的学习积极性、学习风气等情况，将此维度的调查称为学习氛围调查。

二、形成良好的课堂氛围

在访谈过程中，我们发现成教学生认为自己会比较在意学习成绩，这与中国家庭教育和学校教育中重视学生学习成绩的风气有关。但有较多同学认为班上的学习气氛不好，主要表现为学习氛围不好（懒散）、班级建设不好（没班长和班委、缺乏班级管理），以及同学之间缺乏沟通联系等。此外，大部分学生反映教师授课方式不灵活，导致课堂气氛差，也有部分学生反映自身学习基础薄弱，不能跟上授课节奏，以致不能认真投入学习等。这也说明课堂上学习气氛的形成主要还是以师生之

① 张大均．教学心理学［M］．重庆：西南师范大学出版社，1997：243.
② 王垒．组织管理心理学［M］．北京：北京大学出版社，1998：67.

间的交互为主，尤其是教师的授课内容、方法以及形式等在班级学习气氛的形成中显得尤为重要。

1. 活跃课堂学习气氛

班级是一个特殊的群体，在这群体中的每位学生都会存在一定的关系。在班级这一群体中很容易产生从众效应，也就是人们自觉不自觉地以多数人的意见为准则，做出判断、形成印象的心理变化过程。如课堂上大多数同学都认真积极回答问题，其他学生也会迫于压力改变自身的做法，跟随大部分学生的行为，认真回答问题。因此，要活跃课堂学习气氛，教师需要对好的学生做出激励行为，使其他学生的行为模式与教师所期望的行为趋于一致。

2. 形成良好的课堂规范和民主平等的课堂氛围

成人学习者具有明确的自我概念，在参与学习活动中，更希望别人把他当成人看待，希望得到尊重，相信他既能决定自己的行为，又能对自己的行为后果承担责任。所以在课堂的教学中应遵循公平、公正、公开的原则，这会更利于提高学生的学习积极性。课堂规范制定上要体现以人为本的思想。虽然“没有规矩不成方圆”，但规范的制定会直接涉及每位学生的利益，所以成教管理者或班主任在制定相关班级规范时要充分考虑全班学生的意见，达到人性化、规范化、科学性的有机统一。另外，要把以人为本的观念体现在课堂规范的落实上面，在规范的课堂规则的基础上建立人性化的课堂氛围。

第二节　形成良好的学习氛围

一、从教师角度来看

首先，教师应该赏识学生、理解学生、尊重学生和宽容学生。教师应从学生的心理特点出发，根据学生优势，制定合适的学习目标。学生在学习过程中出现问题，教师应给予理解，应从不同角度考虑出现的原因及寻找解决的方法。其次，营造良好的学习氛围还需要尊重学生。课堂上和课后，教师都应多倾听学生的想法，即便有的成教学生在某个问题上的观点不够成熟，甚至存在明显的逻辑错误，教师也应给学生提供尽量多的机会，尊重学生的意见和建议，不随意打断或批评学生的观点，这样有利于激发学生的学习兴趣和热情，形成良好的学习氛围。最后，要培养学生的学习能力。教师在教学时，不仅要让成教学生掌握课本上的知识和内容，还要培养学生探索和掌握新知识、新技能的能力，提高学生的学习创新能力和创造能力。培养学生的学习能力应遵循以下原则：

1. 发挥学生的主体性

学生是学习活动的主体，培养学生的学习能力只能靠学生自己的学习活动和思考才能有效地完成。因此，教师在教学时应该充分发挥成教学生的主动性和创造性，为他们提供更多在课堂上表达自己观点的机会，同时授课教师应给学生适当的鼓励和表扬，以保持他们学习的积极性。

2. 符合学生的认知规律

不同的学生，其认知的习惯、优势和特点都不相同，不同的教学内容也有其知识结构、难度的不同，因此，教师应该根据成教学生的认知特点进行教学，采用观察、对比、讨论等丰富的教学方法，通过一定的教学工具，让成教学生能够从不同的角度来认识所教授的内容，充分调动各种感官，全面地理解学习的内容，从而提高学习兴趣，加强认识的深度。

3. 符合学生的年龄特点

成人学习者的心理和生理通常与其他年龄段的学生不同，应根据成人学习者的年龄特点制定教学方案。如进入职场不久的成人学习者刚进入学校学习时，所学知识的难度和广度可以稍微大一些。在安排习题时，可以针对课本上一些典型的习题提出一些拓展性、创新性的问题，让学生们积极地思考和发挥。对已经参加工作多年的成人学习者来说，所学的知识应该更贴近工作需要，尤其要锻炼他们的思维表达能力，教学时可在班上开展讨论活动，让他们自由地表达自己的观点。

另外，教师应加强班级文化建设，营造积极向上不断进取的学习氛围。教师可以采用小组分工合作学习的方式，促进学生间相互帮助，开展各种知识竞赛活动等提高学生的学习热情。同学间相互监督共同努力，班级的学习氛围自然会变得浓厚。教师尤其是班主任要注意班干部的培养。班干部是班级同学选出来的学生干部，因此，班干部积极努力学习会给其他学生带来积极影响，尤其在课堂纪律方面，一位优秀的班干部能帮助教师对学生的学习情况进行监督，不断促进学生努力学习并完成学习任务。

二、从学生角度来看

首先，学生要确立明确的学习目标。学习目标是保持学习活力、不断进取的动力，学生树立明确的学习目标对班级事务的管理会起到事半功倍的效果。学习目标可以是长期的，也可以是短期的，只要人人有目标，班级内的学习氛围才会浓厚。其次，成教学生学习也会受到环境的影响，尤其是工作与家庭的影响最大，因此，成教学生要养成良好的学习习惯。良好的学习习惯需要长期的练习和坚持才能够形成，但是一旦形成了良好的学习习惯就能够提升学习的效率和效果。成教管理者或教师应积极引导学生培养良好的学习习惯，尤其要教导成教学生学习和掌握适合自身的学习方法。成教学生除了选取教师教导的学习方法外，还应根据自身的学习情况，并结合成绩优秀同学的学习经验来建立属于自己的学习方法。

第三节 形成良好的网络氛围

一、丰富网络教育资源

网络教育、网络教学活动是在一定的技术支撑下开展，并在一定资源环境下进行的教育教学活动。现代远程教育与传统成人教育的学习策略、学习过程、学习服务等因学习环境不同而有所改变，因此校外教学点需要建立与此对应的技术支撑，建设简单实用的网络教学辅助系统以及确保自身运行的软硬件环境，提高网络传输的速度，提高网络教学信息传输的质量和稳定性，充分发挥交互技术媒体的交互作用和功能。为保证网络教育活动健康有序地进行，需要成立成人教育网络课程开发协调的专门机构，统筹网络课程建设工作。

随着讲授法的教学模式向学习者自主学习模式的转变，“长期自学+短期面授+集中考试”的函授教学模式可转变为依托光盘、音频拷贝形式实现多媒体辅助学习。条件较好的成人学习者，可以通过网络实现在线学习、网上答疑、信息讨论、提交作业、模拟自测等，切实提高学习效率。

在成人高等教育教学中运用网络进行网上教学，并与面授相结合，学习者就能充分利用现有资源进行学习。适合网上教学的专业，可开发建设网络课程，减少面授课时，减少的面授课时可通过网络教学来弥补。在边远地区或学习条件不适宜进行网络学习的地区，学生可根据自身的情况选购产品，拷贝音频、视频辅助自学，减少对纸介教材的依赖，从而丰富学习资源。

另外，还可整合现有的教育资源，实现资源共享。丰富的教学资源，是实施教学的重要前提。为了实现各自办学资源优势的最大化，有必要对传统成人高等教育资源与现代远程教育资源进行全方位整合，用先进的技术力量和丰富的教学资源提升成人高等教育质量。学校有必要加大投入，建立具有学校特色的课程资源库，提供多样化、信息化、智能化便捷安装使用的学习工具，所有成人学习者根据自身实际情况在学科专业数据库中选择需要的学习资源，进行实时的提问与互动，获得相应的学分和成绩，实现多样化的交互学习和统一的教学模式。除了对网上学习资源的融合外，还要实现课程资源的融合，将不同学校的教育资源共享在网络上，为学生提供更多高质量的网络课程资源，避免学生在网络中寻找课程时受到不良网站或信息的干扰。

二、搭建畅通的沟通平台

沟通平台作为一种更复杂、高度个性化、可定制的交互式处理系统，与在线学习和面授相比，具有节省时间、节约成本等优点。虚拟化学习平台需要加强交互的引导，在通过计算机和网络进行交互学习时，要制定相关的规则，制定相应的评价机制，提供一定的帮助，以便师生随时掌握更新的技术与素材。也要借鉴函授教育的教学模式，进行定量的集中面授导学，鼓励成教学生用微信、QQ 等即时通信手段进行有步骤、有目标的交互教学。此外，网络教育平台需要实行实名制，以便对成教学生提供更为人性化的服务和精准管理。在微信群或网络平台上实行实名制可以增加学生在网络中言论的理性，避免出现因网络不记名制而出现粗俗性或起哄性质的语言，扰乱学生学习的网络环境。应充分利用微信的便捷性与广泛性的特点，由班主任或班干部申请班级微博和建立班级微信群，由科任教师在班级微博和微信群推送知识内容，学生也可以分享有利于大家学习的新资讯，利用碎片化时间扩充学生的知识范围和深度。通过微博和微信的互动，还可以增进教师和学生、学生与学生间的感情，减少彼此之间的距离感。

另外，教师要善于用电子邮件、微信、QQ 等教育技术工具来传递异步交互信息，实现远程教学的选择、实施、反馈、考核等功能，这种方式不仅比函授速度快，而且效率更高。

第十二章　应对策略之五：学生素质提升策略

第一节　提高学习兴趣

现代心理学认为，人的一切行为都是由动机引起的，动机作为一种非智力因素，是一切行为的原动力，是直接引发和推动个体学习的一种内部力量，它表现为学习的意向、愿望、兴趣、意志力等形式，对人的学习起推动作用，具有唤起、定向、强化、维持、调节的功能。学习动机通过影响学生的学习态度、学习兴趣、努力程度、对待困难的毅力、坚持性等方面来进一步影响个体的学业成就水平。学习兴趣是学习的动机之一，可从学习活动中产生，也可作为学习的结果。因此，学习兴趣会影响学生的学习，而最直接的表现在于学习成绩。一项关于学习兴趣的研究数据显示，在探寻好成绩学生的因素中，兴趣占到75%，而导致学习失败的各种因素中，缺乏兴趣占35%。① 因此，作为一项影响学生学习的重要条件，教师要成为学生建构知识的积极支持者、辅导者和合作者，应当引起学生的学习兴趣，从而激发和保持积极的学习动机。教学是情感与认知相互促进的过程，人的情感直接影响脑能量的消耗和

① 杜玫．略论非智力因素在学习中的作用［J］．广东教育学院学报，1994(4)：128.

信息的接收。兴趣是一切学习的原动力，是推动学生自主学习的主观因素。激发学生的学习动机，培养其求知欲，使学生的学习具有持久的动力，变被动学习为主动学习对于学生的自主学习是至关重要的。多数成教学生的学习动机就是“顺利通过考试”，成教学生学习动机不强已成为学生厌学、教师职业倦怠和教学质量不高的主要原因之一。培养学生自主学习能力首先要激发内部动机，鼓励学生主体作用的充分发挥，让学生以积极的热情投入自觉自愿的学习当中。因此，教师应从全方位入手，采取有效措施，点燃学生的学习热情之火，使学生更需要学习，更乐于学习，切实获得学习情感体验。

第一，确立合适的学习目标。如果成人学习者了解了自己的学习目标，他们就会很自然地激发起学习需要和学习兴趣。因此，帮助学习者认清学习目标，是培养学习者学习兴趣的一种有效的方法。根据成人学习者的学习特征，为其所设定的学习目标要有明确的指向性，要切实反映职业生活、家庭生活、社会生活等的实际需要，切忌将学习目标定得过于远大，否则会使成人学习者感到可望而不可即，从而产生畏难、消极情绪，最终抑制了学习兴趣。

第二，坚持理论联系实际的教学原则。对于成教学生来说，学习需要是学习活动的基本动力之源，而学生的学习动机就是他们学习需要的具体体现。因此，成教教师应结合成人学习者这一实际特性来制订自己的教学计划，其中最重要的是教学内容，让成人学习者通过学习后能把习得的知识运用到工作上，指导其工作。

第三，选择合适的教学方法。要激发学生的学习兴趣，教师必须根据成人学生的特点，充分利用启发式、双向式、讨论式等灵活多样的教学方式，在传授基础知识之外，更需要提出与成人学习者的工作息息相关的问题，以启发学习者对学习的兴趣。

第四，提高学习快乐感。成人学习者的主要精力在于工作，在学习上花的时间较少，在课堂上教师达不到他们的期望时，他们就会感到学习枯燥乏味，注意力难以集中，并出现厌学、学习意志薄弱等。为了让成人学习者能更好地感受到学习的快乐，应为他们设立小目标，让其逐步实现一个个小目标，从不断获得小目标的成功中获得快乐。另外，要营造轻松愉快的课堂气氛，摆脱传统枯燥乏味的学习氛围，让成人学习者能感受到学习的快乐，能快乐地去学习。

第二节　树立正确的知识价值观

由于一直以来对职业教育的认识偏颇，加上制度不够健全，不少成教学生对学业感到彷徨，对知识的价值产生怀疑。有的成人无视知识的价值，认为学习可有可无，认为学习知识不一定有用武之地，导致其学习热情下降。许多成教学生进入学校以后缺乏远大理想，得过且过，对自己的未来持悲观消极态度。这种心理状态严重影响成教学生的学习积极性。对此，教师在教学中应给予充分的关注，引导学生树立对未来的坚定信心。可通过说理教育、树立榜样、现身说法等一切可利用的机会和教育方式使学生明白知识就是力量的道理。可利用课堂教学渗透的方式，结合案例分析的方法，以班会、座谈会、讨论会的形式引导学生确立远大志向，树立正确的价值观和人生观。

第一，找准定位。在普通高校的成人教育中，有相当数量的学生在步入学校时还没有找准自己的定位，甚至毕业前仍存在着对生活、学业无所适从，缺少归属感，无人生追求的困惑。成教学生多数年龄在20~35岁之间，这个年龄段的学生心理发展处于一个非常重要的转变时期：他们曾经为之艰苦奋斗的核心目标（高考）失去了意义，新的符合社会发展需要的学习、生活和就业目标还没有完全建立起来，心理上会产生一种空虚感，行为目标也就变得不明确。对这些没有很好地适应心理转变、没有很好地进入新角色的学生来说，学生入校后，就应使他们明确自己的职业定向，树立为就业积极准备的意识。教学中，除了理论知识的教学外，还应该增强学生的知识实践性，让学生明白今天的学习与今后的生活、工作息息相关，他们的努力、每次获得的成绩，都是向理想的靠近，切实培养学生的学习目标和动力。

第二，做好指导工作。要做好对学生的职业指导，使职业指导教育与职业定向相吻合。首先，应当指导学生了解自我、正确定位自己的就业方向，了解社会对人才的具体要求，强化其危机意识，明确努力方向，培养他们具有现代人的职业意识与良好的心理素质，提高社会适应能力。其次，指导学生了解现行就业制度、就业形势以及本专业、本职业的社会需求和社会地位，增强其学习自觉性，让学生加深对所学专业的认识，提高职业素养，为将来养成正确的行为规范和工作习惯打好基础。最后，相关部门要做好升学指导工作，指导学生紧紧抓住当前时机实现升学或就业的目标。对打算继续深造的学生，应加强对口升学和专升本教育的复习指导，办好培训班，开好辅导课程，提供有关升学信息，讲清当前形势，做好鼓励工作；对于打算更换职业的学生则要加强就业指导培训等相关工作，使他们具备应变能力、心理承受能力和意志力，提高求职技巧，尽力确保其更换职业成功。

对于学生知识价值观的指导，可以通过心理指导、信息咨询指导和校正性指导方式来进行。

1. 心理指导

心理指导主要针对个人心理承受能力不足的学生，目的在于使学生增强对自我的了解和认识。心理指导必须建立在对学生的能力、兴趣、理想、价值观、职业发展水平等充分了解的基础上，通过心理测验技术和心理咨询方法的运用，帮助学生确定适合于自己心理特点和能力范围的发展方向。

2. 信息咨询指导

信息咨询指导是一种通过提供相关信息来帮助学生增进对学习了解的方法。学生学习中出现的许多问题都源于缺乏对学习广泛而深入的了解，因而成人高等教育学生学习指导服务部门要对成教学生实施指导，包括向学生全面深入地介绍学校学习情况、各种课程的内容、硬件设备及实践机会等信息。在介绍时，指导者应结合学生的具体情况进行说明和分析，这样才能使学生对有关知识与自我进行对比评价，从而收到良好的指导效果。

3. 校正性指导

校正性指导主要针对存在着错误学习观念的学生，了解造成学生学习问题出现的原因并帮助他们去解决。

第三节　培养学生主体意识

一、发挥教师的引导作用

自主学习理论基础之一的建构主义理论在突出学生的主体性的同时，也强调了发挥教师的主导作用。在个体的自我发展和外部引导两者之间，虽然建构主义着重研究的是前者，但是它并不否认后者，不否定教师的作用和影响。自主学习者的典型特征是“主体性”，是充分发挥自己的主体作用。学生的自主学习能力并非天生的，而是可以通过科学的教育方式进行训练和培养的。培养成教学生的自主学习能力，离不开课堂教学这一主阵地和教师主导作用的发挥，学习者的自主学习是以教师自始至终的组织和指导为前提的，没有教师对教学过程、教学内容的有效组织和对学习活动的有效指导，学习者的学习很大程度上只能是盲目、低效甚至无效的。主导作用的效果、课堂教学的成败最终通过学生的自主学习意识和能力检验出来，教育的最高层面即是实现自我教育。因此，如何发挥教师的主导作用，提高学生的主体意识，让他们养成积极参与教学活动并增强自我效能感是学校管理者和每一位成教教师都必须认真对待的问题。

教师不再仅仅是简单的知识传授者，他应该重视学生对各种现象的理解和看法，成教学生已经有自己的思维方式和价值取向，教师应在课堂上多留意学生的行为，包括倾听他们的想法、洞察他们的思路，以此为根据，引导他们养成良好的思维习惯以及主体意识。作为教师，应该在与学生进行互动的过程中，了解学生的特点、想法，并以此调整自身的教学方式和教学内容，充分吸引学生注意力，调动其学习积极性，促成习得新知识。正如布鲁姆所说："三分之一学生由于缺乏与教师进行课堂交往的机会而真正变成了差生。"任课教师应该鼓励成人学习者参与教学活动的质疑、提问、反思、讨论与批判，帮助他们掌握具体而实用的技术来应对社会的需要，教学绝对不能是按部就班地流于形式和走过场。

二、培养学生的自我效能感

一般来说，自我效能感高的学生，对自己的学习能力充满信心，在确立学习目标时常常选取适合自己能力水平又富有挑战性的任务和要求，在实际学习过程中，能够以饱满的热情、积极主动的态度投入其中，敢于正视遇到的困难和问题，并努力采取各种措施去克服困难、解决问题，以保证学习的有效进行。自我效能感低的学生，往往低估自己的学习能力，在确立学习目标时常常选取难度较低的学习任务，学习过程中表现为信心不足，进而对学习过程和学习结果产生一种不可控制的心理，对于困难和问题多采取回避的态度，成功的概率也较低。自我效能感的一个重要来源是他人对自己的评价和期望，对于成教学生来说，教师的看法和评价尤为重要，尤其是对于缺少成功体验的成教学生来说，教师应给予每位学生强大的信心并肯定其学习能力，相信他们有能力进行自主学习。如果成教学生感受到教师对自己的信任和期望值较高，就会愈加对自己的能力充满信心。在教学中，教师可以巧妙运用评语来激励学生，增强其自我效能感，这些评语可以出现在作业、实验报告单、综合考核成绩单等各种形式中，评语是教师和学生进行交流的重要方式之一，通过评语来表达教师对学生的期望，适时对学生进行激励，能达到事半功倍的效果。

第四节　发展学生元认知能力

元认知过程是一种高级思维过程，是对学习中认知的主动体验和监控，这些监控行为包括如何提出学习任务，监控学习过程，以及对完成任务的过程进行评价。因此，元认知是自主学习中的重要成分。大量的研究结果表明，在学习过程中，学生学习能力的差距不仅仅在于认知方面，认知指向的是客观世界，学生的学习活动不仅仅是对所学材料的识别、加工和理解的认知过程，而且也是一个对该过程进行积极的监控、调节的元认知过程，元认知指向人自己的认知活动过程。

元认知这一概念最先由美国心理学家弗拉维尔（Flavell）提出，他指出：元认知通常被广义地定义为任何以认知过程及其结果为对象的知识，或是任何调节认知过程的认知活动，它之所以被称为元认知，是因为其核心意义是对认知的认知。① 所以，培养学生的元认知能力是开发学生自主学习能力、提高学生自主学习能力的有效途径。

（一）丰富学生的元认知知识

元认知知识是指个体关于认知活动及其影响因素的知识，主要包括三个方面：个体元认知知识，即个体关于自己及他人作为认知特征方面的知识。任务元认知知识，即关于学习目的、学习任务、学习材料的知识。策略元认知知识，即关于策略及其有效运用的知识。②

如果不具备相关的元认知知识，对学习过程的调节就具有很大的盲目性。在教学中，应有目的地提高学生的元认知知识，促进其自我意识的发展。具体可通过以下途径：

1. 设置学习目标

---

① Flavell J. H. *Metacognition and Cognitive Monitoring: A New Area of Cognitive-Developmental Inquiry* [J]. American Psychologist, 1979 (34): 906-911.

② 桑标．元认知与学生学习［J］. 全球教育展望，2001（12）：16.

在自主学习过程中，目标具有规定自我教育方向和诱发动机的双重效应。自主学习效果的高低，直接与目标制定的科学性有关，明确具体的目标可以调动人的潜能和积极性，使其保持旺盛的精力，提高学习效率。给学生规定具体时间来完成一定的学习任务，其效果比不规定时间要强得多。在学习目标设置过程中，必须首先对学习目的、学习任务、学习材料进行任务分析。①

2. 自我反思

自我反思指学生对自己的学习方法、认识方式、理解程度、思维过程等方面的自我认识。② 了解和反思自己学习中的进步与不足是学习者对自身心理活动加以认识和监控的过程，它是学习者自主意识发展的充分体现，是自主学习的一个重要标志，是提高学习质量、优化心理结构的重要途径。

加强自我反思可以促进元认知知识的提高和发展。作为班主任或者任课教师，应提醒学生经常思考选读成人高等教育的目的，为什么会选择再入学读书等问题，引导成教学生反思自身的认知过程，不断提高学生的自我反思能力。另外，由于每个人的差异性，教师应引导学生寻找适合自己学习的方式方法，教师也要调整好自己的教学策略，真正做到因材施教、因人施教。

3. 自我评价

自我评价是指学生依据一定的评价标准，对自己的学习做出分析和判断，并对自身的学习进行自我调节的活动。③ 个体的自我评价在掌握和应用学习方法与学习监控中起着中介和桥梁作用，具有自我诊断、自

---

① 冯建英. 中等职业学校学生自主学习能力的现状调查及培养策略 [D]. 济南：山东师范大学，2003：23.

② 李召存. 教学中主体参与的有效性分析 [J]. 中国教育学刊，2000 (5)：28.

③ 张倩苇. 学习的自我评价：含义、内容及其能力的培养 [J]. 教育学，2001 (1)：117.

我反馈、自我激励的功能。没有自我评价就不可能有自我监控，更难以实现自我调节。

（二）训练学生元认知技能

元认知技能即认知主体对认知活动进行调节的技能，是个体在元认知知识基础上对认知活动的调节机能。学习过程的自我监控和自我调节对自主学习的质量与效果起着决定性的作用。在教学过程中教师应有意识地训练学生的元认知技能。首先，要对即将采取的认知活动进行计划和安排，这样可以避免学习的盲目性。俗话说："凡事预则立，不预则废。"学习目标设置后，制订学习计划可以使学习目标更明确、具体，可操作性变强，通过精心安排的计划来逐步实施、逐步接近目标，从而实现预期的目标。其次，任课教师或者班主任要随时监测或提醒成教学生对自主学习过程进行自我监督，及时留意成教学生的学习活动，以便及时调整不良的学习状况。最后，要引导或协助学生运用所设置的目标检测自己的学习效果，并充分利用反馈信息调节自己的下一步学习计划。

第十三章　结　　论

本书在理论探讨的基础上，以广东省部分高校的成人高等教育为例，通过问卷调查和个案调查，对学生学习困境因素展开研究。数据分析结果显示，目前，成人高等教育学生在学习中普遍面临着来自学习环境和学习者自身的若干困境因素，主要包括：教师教学及学生学习结果评价、学校管理及激励方式、课程设置、学习氛围及学习动机、学习支持、家庭和学习基础等因素。在数据分析的基础上，本书从微观和宏观两个层面，探讨了学生、管理者、教师及社会等各方面突破这个困境的方法和策略，提出普通高校需加强成人高等教育师资队伍建设、重视管理方式的改进、创设良好的学习氛围、丰富教学方式方法等策略；社会需给予成人高等教育更多支持与认可；成人高等教育学生需协调好自身的多重角色关系，培养和提升自主学习能力并树立终身教育理念等应对策略。

第一节　微观层面的策略

人类的活动是活动主体在一定的环境中进行的，是主体在活动中与环境中的其他因素相互作用的过程。普通高校成人高等教育学生作为学习活动的主体，其自身状况、学习态度和学习的投入程度，对其学习活动有决定性的影响；学习活动所处的学习环境对其学习过程也起着促进或阻碍的作用。因此，促进普通高校成人高等教育学生学习的策略应从主体和环境这两个方面出发。优良学习环境的创设，在很大程度上依赖于学校的办学硬实力和软实力。学习环境的优化，也要依靠家庭和社会的支持。成人高等教育学生要在协调好自身的多重角色、树立正确的学习观念、培养和提升自主学习能力的基础上，利用好学习环境中的有利因素，避免环境中的不利因素，提高学习的质量和效果。

一、创建良好的学习环境

普通高校是我国成人高等教育的主要举办者，如何适应社会发展的趋势，创造适应成人高等教育学生学习特点的良好学习环境，提供社会需要的成人教育资源，是普通高校成人高等教育发展过程中应该重视的问题。良好的社会环境也是促进学生学习、缓解其学习压力的重要条件。

（一）加强师资队伍建设

普通高校成人高等教育的办学实力体现在很多方面，但是从当下的教育实践来看，最为重要的也是最需要加强的是高质量的师资队伍建设。

在我国成人教育发展过程中，师资队伍建设是比较薄弱的一环。与单独设置的成人学校相比，普通高校本应在师资队伍建设方面更有优势，但是目前普通高校成人教育的师资队伍建设不容乐观。普通高校成人高等教育师资队伍建设所存在的问题突出表现在专职教师较少，在数量上远远低于成人教育发展的需要；在普通高校内大部分成人高等教育教师由普通全日制的教师兼职担任，在教师中普遍存在把普通全日制高等教育的教学方式和教学内容直接复制到成人高等教育的教学中，对成人高等教育学生的重视程度不够，注重理论和基础的普通高等教育教学方式也不适合成人高等教育教学；对教师教学的监管和考核体系不完善；缺少对教师信息化教学能力的培养等。这几个方面的问题对成人高等教育学生学习带来的直接影响是教学质量下降，学生学习质量下降，学生学习兴趣和学习主动性不高。因此，普通高校在促进成人高等教育发展方面要在师资队伍建设上狠下工夫。

1. 学校管理方面

（1）制定战略规划。举办成人高等教育的学校应当制定符合本校成人高等教育工作的战略目标，并以此为依据，评估自身的成人教育教师队伍现状及发展趋势，收集和分析成人教育教师队伍供给与需求方面的信息和资料，制定教师队伍建设的战略规划。

（2）建立人才库，提高成人教育教师选拔标准。要建立科学完善的教师招聘、选拔制度体系，选择专业素养高、熟悉成人教育规律、认可成人教育理念的人才担任成人高等教育的教师，督促教师以适合成人高等教育学生特点的方式教授课程。

（3）建立教师定期培训机制。开展成人高等教育的学校应通过建立成人高等教育教师定期业务培训机制，每隔一段时期就组织所有教师进修一次，保证每位教师都有进修机会。尤其要加强与企业的联系，通过建立实习基地，让教师的理论教学与实践相结合，使他们在以后的教学过程中有能力通过良好的载体将自己的专业理论知识与实践经验结合起来传授给学生。

（4）建立健全考核和监管体系。应建立健全对成人高等教育教师的考核和监管体系，在制度上和实践中都做出相应的改进，真正做到及时反馈，奖优罚劣。

（5）建立科学的教师激励机制。对教师的工作给予客观评价，对教学效果好的教师给予激励，进一步激发教师的工作积极性。

（6）加强教师的职业责任感。普通高校应督促和鼓励成人高等教育教师对教学投入更多精力和热情，重视成人高等教育，用与普通高等教育同样的职业责任感投入到成人高等教育教学之中。

2. 教师教学方面

（1）对学生进行分类指导。成人高等教育学生中的群体性差异是客观存在的，不同性别、年龄、职业、年级的学生在学习方面的差异显著。因此，成人高等教育的教师要针对不同类型的学习者进行分类指导，包括确定其学习目标、制订学习计划以及选取合理的学习策略等。在学习者遇到学习困惑时给予必要的课程知识指导与心理辅导以及必要的交流，引导学习者树立自主学习观念。

（2）着力培养信息化应用能力。在网络教学方面，成人高等教育教师应着力培养自身的信息化应用能力。调查结果显示，影响成人学习的较大因素是工作与学习时间上的冲突，而数字化学习时代的到来则正好弥补了这一缺陷。因此，成人高等教育教师应当认识到应用网络教学平台教学是当前数字化学习时代的大势所趋，要加强自身的学习，与时俱进，不断提高自身的教育技术能力。网络教学的技能包括：网络教学设计的一般模式和方法，数字化教学的特点模式和方法，基本的信息技术工具和方法；网络教学评价；网络设计与实施，例如教学目标与内容设计，教学活动设计，媒体、资源、工具和环境的选择与设计等。

（3）加强理论应用。教师要灵活运用各种学习理论、教学理论以及与之相关的新理论，注重理论与实践相结合。

（4）创设个性化学习氛围。在具体教学过程中，教师要根据成人学习者的学习特征创设个性化的学习氛围，着力建设和应用网络教学平台优质学习资源，更好地促进成人学习者的自主性的网络学习。

以上提到的这些工作很大程度上取决于成人高等教育教师的责任心和使命感。因此，加强师资队伍建设，提高成人高等教育教师的职业素养是促进成人教育学生学习的重要措施，也是推动成人高等教育事业改革发展的重要途径。

（二）改进管理方式

要想促进成人高等教育学生学习活动的开展，提升普通高校成人高等教育办学实力，还要重视管理方式的改进。本研究结果所显示的成人高等教育学生学习困境因素中，管理方式不当是其因素之一。前文述及的成人高等教育管理模式中，混合型管理模式是当下普通高校中使用最多的，本书所调查的几所普通高校均使用这种管理模式。混合型管理模式的缺点显而易见：一方面由于工作上的关联性，普通高校的成人高等教育学生管理工作很大程度上沿用了普通全日制学生管理的方法，从管理机构设置和管理人员职责来看都与普通全日制管理相似；另一方面由于管理权限的不统一，普通高校成人高等教育存在办学主体多的局面，由此造成管理方式和管理标准不一的情况。

普通高校成人高等教育管理方式的改进，一方面应从重视成人学生与普通全日制学生的差异出发，具体来说应淡化管制色彩，凸显服务职能，更多地从成人高等教育学生的特点出发，更多地提供他们乐于接受的服务；另一方面，不同的成人高等教育办学主体之间要建立更深层次的联系，在教务管理和学生管理方面加强沟通，尽量避免给成人高等教育学生带来不必要的困扰，为学生创造良好的学习环境。

（三）优化课程设置

针对目前普通高校成人高等教育课程设置所存在的课程体系普教化、缺乏成教特色、课程设置缺乏针对性和实用性以及课程教学结果评价模式单一化等问题，普通高校应充分考虑成人高等教育学生的需要和特点，以因材施教、强调能力、突出特色为指导思想来优化课程设置。

普通高校成人高等教育的课程设置要有针对性，要适应成人的学习需要。他们对于专业与课程的选择侧重于其职业价值，重视所学知识在工作和现实生活中的适应性，对提高自身的职业素质和职业技能要求较高，所以课程内容的选择要有利于培养学生的社会适应能力，即应对经济、文化和整个社会变化的能力。因此，成人高等教育课程的设置要依照市场需要制定教育目标，设计、组织成人教育课程。在成人教育的过程中，应开展特色性、针对性的教育，课程设置中要以学生个性发展和学科自身更新为目标对知识系统进行重组和整合，加强与社会发展相匹配的课程比例和内容，突出课程的实用性和创新性，切实解决实际问题。课程设置还要以提高学生职业技能和实践能力以及创新意识和创新能力为目的，在遵守国家教育管理部门相关规定的前提下，普通高校需根据受教育者已具有的知识技能水平和其职位需要来确定各专业的课程设置。课程设置要尽量避免重理论、轻实践的倾向，突出成人高等教育的特色。课程设置要以使受教育者的知识、素养，特别是职业技能得到扩展、加深和提高为目标，在此基础上使课程设置结构趋于合理。另外，由于当下知识更新速度不断加快，成人高等教育课程的设置及内容的选择应具有一定的灵活性。

（四）开展成人网络教育教学

数字化学习是对学习方式的一种革新，也是未来学习的必然趋势，在成人教育领域实施网络教育既是其自身发展的需要，也是时代的要求。

1. 营造信息化教学氛围

（1）学校要开展广泛的计算机网络知识教育，提高成教学生的网络学习本领，具体措施包括组织网络知识技能的讲座、网络选修课、网络知识爱好者社团等，切实提高成人学习者的网络素养。

（2）学校要着力加强网络道德意识教育，规范学习者网络学习行为，遵守网络道德规范，让成人学习者在应用网络学习时能够进行自我约束和自我管理，真正让网络服务于学习。

2. 大力支持网络课程建设

学校要大力支持以及制定出台相应的激励措施支持网络平台的建设。网络平台的建设、网络课程的设置以及数字资源的建设都需要投入一定量的时间和资金，没有学校的鼓励和资金的支持难以成行。

在调查过程中我们发现，已经有不少学校建设了比较好的网络教学平台，但随着信息技术的发展，这类网络平台已经不足以满足教师和成人学习者相关需求。为此，在充分做好需求分析的基础上，有必要增加新的模块或功能。首先，要对平台自身功能充分发掘；其次，要完善平台功能的个性化和多样化；最后，在平台上进行二次开发，拓展其功能。尤其是随着移动互联网的发展，网络教学平台必须要适合学习者移动学习的需求，其主要工作之一是使教学内容能根据移动设备的特性将平台上的内容进行转化，使之满足移动学习者的需求。

（五）社会各方的支持

社会的认可是成人高等教育学生积极学习的动力之一，目前社会上还存在着戴有色眼镜来看成人高等教育的现象。这主要体现在成人高等教育学历文凭不被社会认可、成人高等教育毕业生在就业时受到歧视等方面。在这样的社会环境下，成人高等教育学生自身就形成了成人高等教育学历含金量不高的意识，在学习上表现出厌烦、不求上进等情绪。因此，应在社会中普及成人高等教育的相关知识，加深社会公众对成人教育的认识和认同，推动企业和其他用人单位以学生的知识、技能和素质等标准选拔人才，而不是唯学历论，这样才能增加成人高等教育学生的学习动力，进而促进学习质量的提高。

家庭和工作单位的支持是成人高等教育学生学习高效和高质的保证，成人高等教育学生学习面临着家庭和工作的诸多困扰。家庭方面应该为成人高等教育学生提供更多的支持，不仅在思想上认可、支持家庭成员参加成人高等教育，还要在实际的家庭生活中营造崇尚学习的氛围，为接受成人高等教育的家庭成员分担责任。企业的管理者和经营者要加深对成人高等教育的正确认识，企业员工接受成人高等教育能在不同程度上提升其职业技能和职业素养，这从长远来看对企业的发展无疑是有利的。因此，企业应该在规章制度的设定上为参加成人高等教育的员工提供便利，也应该制定相应的政策措施鼓励企业员工参加成人高等教育，在企业内营造良好的学习氛围和学习环境，树立良好的学习风气。

二、成教学生学习主体的自我调适

事物发展的过程中内因起决定作用，成人高等教育学生学习过程的改进和学习效果的提升主要还是靠自身。学生要根据自身出现的困境因素，在学习行为上做出相应的调整和改进。

(一) 协调好自身的多重角色

通过对成人高等教育学生学习困境因素的了解和分析，可知由角色冲突带给成人高等教育学生学习的困扰是比较普遍的。但是，也有很多困境因素本不应该成为限制成人学习的因素，但事实上却通过角色冲突转变为成人的学习困境之一。如成人具备较强的学习能力，成人的学习能力随着年龄的增长仅以微乎其微的速度下降，这是早已被证实了的科学结论。但是，在调查中仍有很大一部分学生认为年龄的不断增长是学习能力下降的主要原因，由此产生了成人学习自我效能感的降低，学习自信心不足等问题。

究其原因，笔者认为这是成人学生在生活、工作的双重压力之下，在生活、工作与学习产生冲突的情况下得出的不科学的认识。角色冲突导致的学习时间不够、学习质量不能保证等问题给成人学生带来了很大的困扰，在这样的情况下，成人学生积极努力学习并不一定能获得较好的学习效果，但这不能单纯地归结为年龄增长的影响。

因此成人学习者良好的学习效果应该建立在对自身正确认识的基础之上，通过建立科学的自我认知提高学习的自信心，进而获得家人、同事、领导的认可和支持，为自己创造良好的学习环境。这样就能在一定程度上减少角色冲突对学习的干扰。另外，在成人学习的过程中如果角色冲突无法避免，则可以通过提前规划，扩展学习工具、学习场所和学习渠道等方式，在不同角色间取得尽可能的平衡，以减少角色冲突对学习的影响。

(二) 培养和提升自主学习能力

培养学生自主学习的理念和能力，是教育特别是成人高等教育的一个发展目标。相对于传统教育模式中学习者被动、盲目和机械式的学习，自主学习强调学习者作为学习活动的主体的自觉性、主动性以及独立性。由于学习与生活和工作之间的障碍，成人高等教育是一种以学生为中心，需要成人学习者自己主宰学习的教育形式，成人高等教育学生应该用学习的独立性和自主性来化解和消除学习与生活和工作之间的障碍。因此，自主学习能力的培养对于成人高等教育学生而言尤为重要。

如前文所述，成人高等教育的开展形式决定了课堂面授的时间和数量都是有限的，大量的学习过程需要成人高等教育学生自己组织。培养和提高成人高等教育学生自主学习能力是缓解成人高等教育学生角色冲突的有效方法，也是顺利开展成人网络教育的重要途径。自主学习需要学习者在学习目标、学习内容、学习计划、学习进度、学习方法、学习结果评价等方面有自己的主见。在学习目标方面，学习目标是学习者预期到达的标准，具有导向、推动和协调的作用，为成人学习者指明了学习方向，调动其学习积极性。成教学生在通过网络教学平台自主学习时，需要根据个人知识背景、已有的知识掌握情况、相关知识的关联情况、教师的要求和学习者的学习诉求，确立学习目标，还应当将学习目标中的长短期目标相结合，适度拔高，成人学习者再据此目标贯彻执行。在学习方法方面，成人学习者应该根据自身能力以及学习内容的性质来选择认知策略、元认知策略和资源管理策略等学习策略，并利用相关的学习资源进行学习。通过明确学习目标、采用适合的学习策略及制订系统的学习计划等方式，有效提升自主学习能力。

（三）树立终身学习理念

终身学习理念于20世纪70年代提出。终身学习的倡导者们认为在快速发展和急剧变化的社会中，教育过程的中心应该从传统的教学转移到自学上。“新的教育精神使个人成为他自己文化进步的主人和创造者，每个人必须终身不断学习。”① 在终身学习的思想体系中，对于生

① 联合国教科文组织国际教育发展委员会．学会生存——教育世界的今天和明天［M］．北京：教育科学出版社，1996：247.

活在现代社会中的人而言，终身学习超越了教育的范畴，终身学习不是一种社会活动而是人类的一种生存方式。终身学习意味着教育主体的转移，学习者从“服从者”“塑造对象”转变为“参与者”和“塑造主体”，更加体现学习者作为教育活动主体的自主性。对于成人高等教育学生而言，不能把学习看做教师“传道授业解惑”，学生“被动接受知识”的过程。学生要把自己作为学习的主体来看待，变被动学习为主动学习。要在终身教育理念的指引下，摒弃当下把成人教育学习过程简单地归结为“过考试”和“拿文凭”，应该把“学知识”和“长见识”等提高人的综合素质的目标归位到成人高等教育体系当中。

终身学习还意味着教育过程的变革，从终身学习的理念出发，学习应当成为伴随成人高等教育学生整个生命过程的生存方式。有意义的学习活动对于他们来说，应该从“可完成的”变为“永远未完成的”。普通高校成人教育学生需要树立和强化终身学习的理念，把学习内容从部分的转变为全部的，不仅包括知识和技能，还应包括价值和理解；把学习场所从学校教室变成无处不在，让学习活动不仅仅局限在学校开展。成人高等教育学生应在实际学习的过程中，打破传统观念的藩篱，在家庭、社会和企业中充分利用一切可以利用的场所和工具开展学习活动。成人高等教育学生需要理解终身学习的理念并树立终身学习的信念，满怀信心、愉快自如地去学习知识、运用知识、驾驭知识和创造知识。

第二节　宏观层面的策略

一、完善校内继续教育管理体制

在校内继续教育管理完善过程中，需加强制度化建设。高校应充分重视继续教育的管理工作，根据自身继续教育的办学规模和高校管理机构设置，构建适合自身的管理模式。另外，加大对继续教育管理制度建设的投入，尽快完善各项继续教育管理制度。特别是在既有管理职能又有办学职能的高校，继续教育机构既是运动员又是裁判员，在办学专业的设置、招生生源和教学师资聘用等方面难免与二级学院存在一定的矛盾。高校应重视相应规章制度的制定，着力于全校继续教育的稳定发展，协调好各方面的利益矛盾，使得继续教育管理有法可依，而不至于盲目决策。高校需明确继续教育学院和二级学院之间的关系，应赋予继续教育学院管理全校继续教育的职责，代表学校规范全校继续教育办学行为。

二、完善继续教育评估体系

为使继续教育得到更好的发展，继续教育的质量评估应由政策制定和执行者与社会力量共同实施。继续教育生源复杂，继续教育的形式也是社会性和多样性的，能否对其教学质量进行专业性、统一性的评价是一个难题。纵然如此，政府应结合继续教育人才的流向，联合企业、用工单位对继续教育给予客观的定位，从而考核继续教育机构的教学质量。为了确保继续教育教学质量评估的客观性和公正性，其结果应及时向社会公布，促使存在问题的继续教育机构主动自发整顿自身问题，提高教学水准，也使举办高校能慎重考核和选择合作办学民间力量的实力和资质。此外，政府要强化行政执法监督，确保行政权力在法制的轨道上运行。

三、推进优质资源的整合与共享

在继续教育运行的过程中，政府除了要严格审核机构的资质，还需及时寻找高质量、优秀的继续教育机构，对其教学资源进行推广，对其经验进行借鉴，对其成果进行研究。目前，我国成人高等教育方面的资源共享意识欠缺，教育部门应主导优秀的继续教育机构进行经验推广。当前信息化社会为继续教育提供了莫大的便利，继续教育的优质资源可通过网络传播的形式进行共享，使水平欠佳的教育机构得以借鉴。同时，优秀教育机构之间还可多多交流，提高整体的继续教育领域水平。

四、健全成人高等教育市场机制

市场在教育资源配置中的优势作用对推动我国成人高等教育发展有着重要作用。因此，本书提出通过以下路径实现市场化的成人高等教育市场体制：

(1) 以生源为导向，专业设置与市场接轨。成人高等教育应掌握劳动力市场对人才需求的动向，使学员在接受教育后有更好的职业生涯发展。

(2) 以从业为导向。专业培养方案要根据在职学员的实际需要，培养的学生能更好地适应企业需求，提高成教学生的从业能力。

(3) 以应用操作为导向。教学内容、教学方法和手段也要面向市场，多注重成人高等教育学生的内心诉求，在内容上适当遴选、补充一部分学科前沿性的实用信息。

(4) 以方便学习为导向。面向市场的成人高等教育办学方式要足够灵活，建议拓宽校企合作之路，对企业“送教上门”，使在职学生更快捷便利地享用到优质教学资源。

成人高等教育是一种开放型教育，具备依附市场经济而发展的特征，主办机构要带着市场的观念去探索和拓展办学，才可实现成人高等教育的可持续高质量的发展。

五、注重开展国际交流合作

面对世界科技革命的挑战，我们应推动普通高校的成人高等教育加速向国际化教育方向发展。以广东省为例，广东毗邻港澳，接近东南亚，随着粤港澳大湾区的发展，可充分利用该省各种优势，引进人才培养的国际标准，加强与港、澳地区及国外成人教育机构的交流与合作，吸收港、澳地区及国外先进经验，在引进国外大学优秀办学经验的同时，把广东省各类大学推向国外，在国外建立相应分校或分部，促进办学模式向国际化转型。我国其他省份也可根据各自省份或者区域优势进行谋划，推动成人高等教育的国际交流与合作。

第三节　不足及未来展望

虽然本研究经历了两年多的时间，也获得了不少的第一手资料并在广泛深入的探讨中得出普通高校成人教育学生学习存在的困境因素，但研究还有进一步深入的空间，体现在：第一，可以把调查样本进一步扩大，我国开展成人高等教育的普通高校数量庞大，下一步的研究可以将调查样本扩大到其他省市；第二，对于成人学生而言，除了学校教育之外，社会教育更为重要，因此，下一步可以将社区教育结合起来，进一步探讨两者的结合对成人教育的影响作用。

随着我国信息技术的发展，未来对成人学习的研究将更多地集中在学习工具和学习组织形式的革新方面。如本书中所述及的，每一次成人教育变革都离不开学习工具的革新，计算机互联网络给成人学习工具的创新提供了无限的可能，学习工具的革新也必将颠覆成人学习的过程和形式。近年来，社区教育的普及以及社会上各类教育机构的发展和企业大学的建设，将不断丰富成人学习的组织形式，并将对未来成人学习带来重大的影响。

参 考 文 献

[1] 舒新城．近代中国教育史稿选存［M］．上海：中华书局，1936．
[2] 舒新城．近代中国教育史料［M］．台北：文海出版社有限公司，1979．
[3] 黄炎培．断肠集［M］．上海：生活书店，1936．
[4] 陶行知．陶行知全集——生活即教育［M］．长沙：湖南教育出版社，1985．
[5] 张维．世界成人教育概论［M］．北京：北京出版社，1990．
[6] 董纯朴．中国成人教育史纲［M］．北京：中国劳动出版社，1990．
[7] 陈学恂，高齐．中国教育史研究［M］．上海：华东师范大学出版社，2009．
[8] 夸美纽斯．大教学论［M］．傅任敢，译．北京：教育科学出版社，1999．
[9] 伊里亚斯，梅里安．成人教育的哲学基础［M］．高志敏，译．北京：职工教育出版社，1990．
[10] 雪伦·B. 梅里安，罗斯玛丽·S. 凯弗瑞拉．成人学习的综合研究与实践指导［M］．黄建，张永，魏光丽，译．北京：中国人民大学出版社，2011．
[11] 曾荣青．成人教育学理论与实践研究［M］．广州：暨南大学出版社，2013．
[12] 杜以德，等．成人教育发展纵论［M］．北京：中国人民大学出版

社，2007.
[13] 蔡培村．成人教育与生涯发展［M］．台北：丽文文化事业股份有限公司，1996.
[14] 姬忠林，刘卫东、张峨建．中原革命根据地成人教育史略［M］．郑州：河南大学出版社，1990.
[15] 张艳萍．成人学习心理与学习方法［M］．哈尔滨：哈尔滨工程技术大学出版社，2003.
[16] DAVID AUSUBEL. Educational psychology：A cognitive view［M］. New York ：Holt，Rinehart & Winton，1968.
[17] SHARAN B. MERRIAM. The New Update on Adult Learning Theory：New Directions for Adult and Continuing Education. San Francisco：Jossey-Bass，2001.
[18] 邓惠芳．成人高等教育学生学习动机及影响因素研究［D］．成都：四川师范大学，2011.
[19] 刘青．终身教育背景下我国成人高等教育管理体制改革研究［D］．重庆：西南大学，2013.
[20] 帅良余．创建学习型组织背景下的成人学习和成人个性发展研究［D］．上海：华东师范大学，2012.
[21] 张琼霞．成人学习障碍及其调控策略研究［D］．上海：上海师范大学，2012.
[22] 高志敏，宋其辉．成人学习研究考略——基于梅里安的追述［J］．河北大学成人教育学院学报，2006（1）.
[23] 王旭．成人自我导向学习理论及启示［J］．成人教育，2012（10）.
[24] 罗伟．成人高等教育学生参与学习障碍调查研究［J］．高等函授学报，2011（9）.
[25] 纪军．成人学习障碍及其调控［J］．职教通讯，2002（12）.
[26] 徐盼盼．国内外成人学习障碍比较研究［J］．继续教育研究，

2013 (10).
[27] 赵鹏. 成人学习者自学能力培养策略管窥 [J]. 中国成人教育, 2013 (19).
[28] 刘娜娜. 终身学习视野下的成人学习者特征 [J]. 河北大学成人教育学院学报, 2013 (3).
[29] 王玉琴. 影响成人学习的内在因素探究 [J]. 湖北成人教育学院学报, 2013 (3).
[30] 骆虹. 成人学习动机对学习行为及效果的影响 [J]. 继续教育, 2013 (2).
[31] 齐阳. 试论网络环境下成人学习空间的搭建 [J]. 中国信息技术教育, 2013 (5).
[32] 孙朝霞. 经验——成人学习中的重要影响因素 [J]. 成人教育, 2004 (1).
[33] 余小波. 我国成人高等教育转型的研究 [D]. 厦门: 厦门大学, 2007.
[34] 何东昌. 中华人民共和国重要教育文献 [M]. 海口: 海南出版社, 1998.
[35] 张伟江, 等. 教育发展与教育学 [M]. 上海: 上海人民出版社, 2009.
[36] 方良. 普通全日制高校学历导向的成人教育现状与发展趋势 [D]. 苏州: 苏州大学, 2013.
[37] 别敦荣, 杨德广. 中国高等教育改革与发展 30 年 [M]. 上海: 上海教育出版社, 2009.
[38] 张静. "双停"背景下我国普通高校成人高等教育转型研究 [D]. 重庆: 西南大学, 2010.
[39] 段阳萍. 我国高等教育大众化阶段普通高校成人高等教育发展的反思 [D]. 北京: 中央民族大学, 2006.
[40] 罗腊梅. 民办高等教育政策变迁研究 [D]. 重庆: 西南大

学，2015.
[41] 李朝有，刘光平．我国高校现代远程教育发展研究［J］．成人教育，2016（5）．
[42] 胡秀锦．上海继续教育需求与对应策略研究［J］．职业技术教育，2007（9）．
[43] 张倩苇．学习的自我评价：含义、内容及其能力的培养［J］．教育学，2001（1）．
[44] 魏艳红．终身教育背景下成人高等教育的地位和作用［J］．北京宣武红旗业余大学学报，2016（2）．
[45] 袁贵仁．实现人人成才教育梦 继续教育不可或缺［N］．中国教育报，2013-04-15（2）．
[46] 贾皎．终身学习的多元需求与成人继续教育的转型——中国成人教育协会成人高等教育理论研究委员会第十八届年会综述［J］．高等继续教育学报，2014（6）．
[47] 叶忠海．成人教育学通论［M］．上海：上海科技教育出版社，1997.
[48] 王茂荣，朱先顺．成人教育学基础（上册）［M］．北京：职工教育出版社，1988.
[49] 叶忠海．成人教育与职业教育关系研究［J］．教育研究，1996（2）．
[50] 联合国教科文组织国际教育发展委员会．学会生存——教育世界的今天和明天［M］．北京：教育科学出版社，1996.
[51] 高志敏．继续教育概念辨析［J］．河北师范大学学报，2001（1）．
[52] 侯同运．继续教育概念辨析与基本特征研究［J］．河北大学成人教育学院学报，2013（1）．
[53] 李静，李芳．成人高等教育应加速转型发展继续教育［J］．教育教学论坛，2014.
[54] 叶忠海．大学后继续教育论［M］．上海：上海科技教育出版

社，1997.
[55] 顾明远．教育大辞典［M］．上海：上海教育出版社，1991.
[56] 朱九思，姚启和．高等教育辞典［M］．武汉：湖北教育出版社，1993.
[57] 潘懋元．新编高等教育学［M］．北京：北京师范大学出版社，1996.
[58] 何红玲．新中国成人高等教育发展研究［M］．北京：中国社会科学出版社，2004.
[59] 马尔科姆·诺尔斯．现代成人教育实践［M］．蔺延梓，译．北京：人民教育出版社，1989.
[60] 冯铁臣．成人高教学生学习心理特征及其调控［J］．中国成人教育，2006（10）.
[61] 李莉．终身学习视角下的学习动机模式分析［J］．北方经贸，2006（3）.
[62] 王正东．终身教育思潮的历史脉络和现实影响［J］．国家教育行政学院学报，2007（7）.
[63] 余小波．成人高等教育型及转型探略［J］．现代大学教育，2011（1）.
[64] 约翰·杜威．民主主义与教育［M］．王承绪，译．北京：人民教育出版社，2001.
[65] 马会梅．学习环境分析［J］．河南工业大学学报，2012（2）.
[66] 张大均．教学心理学［M］．重庆：西南师范大学出版社，1997.
[67] 王垒．组织管理心理学［M］．北京：北京大学出版社，1998.
[68] 王道俊，王汉澜．教育学［M］．北京：人民教育出版社，1999.
[69] 赵柯，蔡礼渊．从学生对教师的教学评价浅析影响教学质量的因素［J］．成都电子机械高等专科学校学报，2006（1）.
[70] 魏志慧，陈丽．分布式学习：远程教育和传统教育殊途同归［J］．开放教育研究，2003（3）.

[71] 李奕奕．网络教育教学模式的分析与比较 [D]．北京：北京交通大学，2009.
[72] 瞿堃，顾青红．分布式学习：后现代的学习方式 [J]．中国电化教育，2000 (2).
[73] 张琦，杨素君．论情景学习视域中的认知学徒制 [J]．现代远程教育研究，2005 (4).
[74] 贺向东．中国成人教育管理运作全书 [M]．北京：中国物资出版社，1998.
[75] 齐高岱，赵世平．成人教育大词典 [M]．东营：中国石油大学出版社，2000.
[76] 梁艳萍，高建军，黄大乾．发达国家高等学校成人与继续教育的经验启示 [J]．华南农业大学学报，2009 (1).
[77] 陈琪珍．美国大学成人教育的特征探究 [J]．教育视野，2009 (10).
[78] 苏显春．浅谈激发大学生学习动机的策略 [J]．吉林化工学院学报，2015 (12).
[79] 方斌．成人高等教育教学质量的影响因素探析 [J]．继续教育研究，2010 (5).
[80] 李应龙，何祥勇．教育心理学 [M]．北京：中国人民大学出版社，2010.
[81] 张凡．大学生学习态度对学习效果影响研究 [D]．西安：西安工业大学，2014.
[82] 任志凤．浅谈学生学习兴趣的培养 [J]．重庆工商大学学报（西部论坛)，2005.
[83] 陈安福．中学心理学 [M]．北京：高等教育出版社，1993.
[84] 燕国材．非智力因素与学习 [M]．上海：上海教育出版社，2006.
[85] 冯海英．对高中生学习习惯现状的调查分析 [J]．四川师范学院

学报，2002（3）.
[86] 孔永红．浅谈高职高专学生学习策略的培训［J］．太原教育学院学报，2006（3）.
[87] 桑标．元认知与学生学习［J］．全球教育展望，2001（12）.
[88] 冯建英．中等职业学校学生自主学习能力的现状调查及培养策略［D］．济南：山东师范大学，2012.
[89] 李召存．教学中主体参与的有效性分析［J］．中国教育学刊，2000（5）.
[90] 袁德东，申玉杰，张洁．普通高校成人教育校外教学点建设和管理——南方医科大学成人教育发展探讨［J］．继续教育，2013（3）.

附录1　成人高等教育学生学习困境因素问卷调查表

亲爱的同学：

您好！此调查的目的是了解参加成人高等教育学生的学习困境因素，以便我们在教学和管理上采取更好的对策，也可以更好地为大家服务。你所填的问卷信息仅作统计分析之用，所有信息将完全保密。本问卷不记姓名，答案没有对错之分，请根据您个人的真实情况填写和选择。感谢您的大力合作！

一、基本情况（请您在与您的情况相符合的选项前打√）

1. 您的性别是：A. 男　　　B. 女

2. 您的年龄是：A. 18 岁以下（不含 18 岁）　B. 18~25 岁　C. 26~30 岁　D. 31~35 岁　E. 36~40 岁　F. 41~45 岁　G. 45 岁以上

3. 您所在的年级是：

   A. 专科一年级　B. 专科二年级　C. 专科三年级

   D. 本科一年级　E. 本科二年级　F. 本科三年级

   G. 本科四年级　H. 本科五年级

4. 您的专业是：________________

5. 您的婚姻状况是：A. 未婚　　B. 已婚

6. 您的工作单位是：

   A. 国家政府机关　B. 事业单位　C. 国有企业

D. 外资企业　　　E. 私营企业　　F. 个体工商户

G. 集体所有制企业　H. 自由职业者　I. 其他单位（请说明）

J. 待业中（如果您选择此项请跳至第10题）

7. 您每周工作____

A. 五天以下　　B. 五天　　C. 六天　　D. 七天

8. 您平均每天工作____

A. 8小时以下　　　B. 8~10小时

C. 11~12小时　　　D. 12小时以上

9. 您的平均月薪是：

A. 1000元以下　　　B. 1001~2000元

C. 2001~3000元　　D. 3001~5000元

E. 5001~7000元　　F. 7001~10000元

G. 10000元以上

10. 您选择读成人教育的主要目的是（可以多选）

A. 纯粹的兴趣　B. 获取文凭　　C. 打发闲暇的时间

D. 获取工作中所需的知识和技能

E. 提高自己的综合素质，能更好地服务社会

F. 满足家人、朋友或者其他人的期望

G. 没有明确的导向，看到很多人报考，我也做出了这样的选择

H. 其他原因（请说明）

二、学习相关情况匹配选择（请您认真阅读题目，在每个题目后面的五个选项中选择最符合自己情况的一项，并在该项的字母前打√）

题目	A. 完全同意	B. 基本同意	C. 不确定	D. 基本不同意	E. 完全不同意
1. 就读成人教育我在经济上没有困难					

续表

题目	A. 完全同意	B. 基本同意	C. 不确定	D. 基本不同意	E. 完全不同意
2. 家里有孩子或其他家庭成员需要我照顾					
3. 我的学习时间和工作时间经常有冲突					
4. 我前往学校或教学点的交通方便					
5. 我的亲友支持我读成人教育					
6. 因为年龄较大的原因，我觉得自己学习能力下降，学习比较吃力					
7. 高中或中专时期的学习基础较差，现在感到学习比较吃力					
8. 我主动学习的主要原因是为了应付考试					
9. 我身边缺乏崇尚学习、热爱学习的氛围					
10. 我有一套自己的学习方法					
11. 多数任课教师专业水平较高					
12. 学校的上课和考试等时间安排合理					
13. 我参加成人教育有明确的学习目的，知道自己要学什么					
14. 我向任课教师请教问题能得到及时有效的答复					
15. 我在学习上遇到问题会主动向任课老师求教					

续表

题目	A. 完全同意	B. 基本同意	C. 不确定	D. 基本不同意	E. 完全不同意
16. 多数教师课堂讲课热情很高，课堂氛围较好					
17. 多数教师的教学方式很好，能因材施教顾及不同层次的学生					
18. 多数教师有很好的教学方法，能帮助我有效地学习课程内容					
19. 学校选用的教材适合成教学生使用					
20. 学校的课程设置较为合理					
21. 在学校所学的知识很有针对性，对我现在或者未来的工作有帮助					
22. 我对所学专业开设的大部分课程的内容比较感兴趣，会积极主动地努力学习					
23. 我获取学校的辅助学习资源（如图书馆资源、教师课下答疑等）方便					
24. 学校的学生管理工作（如注册、缴费、选课、请假、缓考等程序）效率较高，学生办理事务较为便捷					
25. 我在就读期间遇到的问题如果向学校反映能得到及时有效的反馈					

续表

题目	A. 完全同意	B. 基本同意	C. 不确定	D. 基本不同意	E. 完全不同意
26. 我能及时获取学校管理的各类信息（如上课、考试、调课等各类安排及办事注意事项等）					
27. 考试成绩能反映学生学习的真实水平					
28. 对我而言，只要我能学到知识，能不能在考试中考出好成绩不那么重要					
29. 我会为了争取优秀学生和优秀学生干部等荣誉而努力学习					
30. 如果有谋求更高职位或增加更多收入机会，并且这些机会与参与成教学习之间发生冲突时，我会暂时中止或者放弃就读成教。					

三、开放问题

您认为在参加成人教育期间，除了以上提到的因素之外，还有哪些其他因素影响了您的学习动力、学习兴趣、学习积极性、学习自信心、学习效率等，请在下面写出：

____

____

问卷到此结束，非常感谢您的配合，祝您学习进步！

附录2　成人高等教育学生学习心理情况问卷调查表

亲爱的同学：

您好！此调查的目的是了解参加成人高等教育学生学习心理情况，以便我们在教学和管理上采取更好的对策，也可以更好地为大家服务。你所填的问卷信息仅作统计分析之用，所有信息将完全保密。本问卷不记姓名，答案没有对错之分，请根据您个人的真实情况填写和选择。感谢您的大力合作！

1. 您的年龄是？

A. 16～20　　B. 21～25　　C. 26～30

D. 31～35　　E. 36～40　　F. 41～45

2. 您的性别？　　A. 男　　B. 女

3. 您的婚姻状况？　A. 已婚　　B. 未婚

4. 您的文化程度？

A. 小学　B. 初中　C. 高中（中专）

D. 大专（或高职）

E. 大学本科及以上

5. 您的职业是？

A. 国家机关、事业单位人员　　B. 商业、服务业劳动者

C. 生产工人、技术人员　　D. 私营企业主、个体户

E. 待业　　F. 其他__________

6. 您的家庭经济状况怎样？

A. 特别差　　B. 不太好　　C. 一般

D. 比较好　　E. 非常好

7. 您一年的工资收入是多少？

A. 1万及以下　　B. 2万~3万　　C. 4万~6万

D. 6万以上

8. 您在城市居住多长时间？

A. 1年以下　　B. 2~3年　　C. 4~6年

D. 7~10年　　E. 10年以上

9. 您在学校学习了多长时间？

A. 1年以下　　B. 2~3年　　C. 4~6年

D. 7~10年　　E. 10年以上

10. 请根据您自己的实际情况在下面的表格适当的框里打√。

题目	完全同意	基本同意	不确定	基本不同意	完全不同意
11. 我无论如何都会去解决学习上遇到的难题					
12. 学习再苦再累，我也会坚持下去					
13. 我感觉自己怎么努力都没法完成学习任务					
14. 学习上碰到与工作和家庭等有矛盾的问题，我会耐心处理					
15. 受到老师批评后，我仍能认真地去上课					
16. 学习中陷入困境，就没办法摆脱出来					
17. 当我在学习过程中遇到挫折时，我会觉得不知所措					

续表

题目	完全同意	基本同意	不确定	基本不同意	完全不同意
18. 我相信自己能很好地与老师及同学讨论问题					
19. 我相信自己的复习对考试有帮助					
20. 我从不在意别人对我的学习能力的质疑					
21. 在学习范围内，我相信自己能够设定目标					
22. 眼前，我认为自己在学习上做得相当好					
23. 即使课堂环境不同，我也能很快、很好地适用					
24. 我相信我有能力完成老师布置的作业或任务					
25. 我觉得每天的学习都是开心的					
26. 在我目前的学习中，事情就是像我希望的那样发展					
27. 当我面临不利的环境时，我会觉得不好的事情很快会过去					
28. 我觉得自己总是运气不好					
29. 我常觉得现在的学习对以后没什么帮助					
30. 学习上遇到困境时，我会想出多种办法去解决问题					
31. 我对完成学习任务会抱有坚持不懈的态度					

续表

题目	完全同意	基本同意	不确定	基本不同意	完全不同意
32. 目前，我正精力充沛地完成自己设定的学习目标					
33. 无论遇到什么困难，我对自己的学习都满怀热情					
34. 目前，我正逐步实现优秀学生的目标					

35. 您认为通过哪些方式可以提高自己的心理水平？

____

____

再次感谢您抽出宝贵时间完成答卷，谢谢！

附录3　访谈提纲

影响你学习的最主要因素有哪些？（排序：大项排前三项、小项排前五项）

（1）学习环境：班级学习氛围、家庭支持、公司领导支持、社会认可等；

（2）教学：教学水平、教学方式、教学内容、教师教学态度等；

（3）学校管理：课程安排、考试安排、活动组织情况、学生管理、教师管理；

（4）个人的学习：学习基础、学习心理、学习方法、学习动机；

（5）其他。

根据所排序的大项有选择性地问以下问题：

一、学习环境

（1）上课的学习氛围怎么样，能举例说明吗？

当在课堂上有同学私底下聊天或者玩手机，任课老师会怎么处理这些事？（在课堂上会点名警告吗？）

学生的上课情况怎么样，是很认真听课，还是在做别的？或你感觉在课堂上玩手机的同学多吗？

你身边有人认真听课或者在聊天，会影响你听课吗？

（2）你家里人支持你过来读书学习吗？（在家里人反对你过来读书的时候，你还坚持过来读书，你觉得有压力吗？如果有，压力表现在哪里？）

读书学习的开支大吗？占到你的日常开支多少？过来读书，你会觉得经济上有压力吗？

课程基本上安排在周末或晚上，这对你的日常生活有影响吗？平时就很难有时间陪家人，他们会生气吗？如果生气，会影响到你学习吗？学校离家的路程远吗？你觉得交通影响你学习吗，能列举些例子来说一下吗？

（3）你工作单位知道你过来学校进修吗？单位有没有给你们什么资助？毕业之后，会不会对你的升迁或者工资有一定的帮助？当公司工作和学习时间冲突了，你会怎么做出选择？你觉得工作经历对你的学习有帮助吗？

（4）有人说社会对成人高等教育的学历认可度不高，你是怎么看待的？当初你为什么要选择读成人高等教育。当别人认为你读成人高等教育没用的时候，对你有什么影响？（学习上、心理上）

二、教学

（1）老师在课堂上的教学方式是什么（PPT、念书、讨论等）？采取直接灌输知识的方式，对你的学习产生什么影响？你觉得什么因素决定老师的教学方式？你觉得你刚才说的那些方式能吸引你学习，或是能让你提起劲来学习吗？你觉得什么样的教学方式会比较适合成人高等教育对象的学习？

（2）你觉得任课老师的教学水平怎么样？教师的知识水平与课程内容相一致吗？老师的上课态度如何？如果老师持消极的上课态度，会对你有什么影响？如果老师上课挺热情的，你会认真听课吗？你觉得具备什么样素质的老师过来教书会比较合适？

（3）老师教的知识你都能掌握吗？教的知识是不是你所需要的？教的内容是比较偏实用性还是偏理论性？你能举例说明一下在老师讲授的内容不是自己喜欢的或者感兴趣的时候，你会怎么做？除了上课教学外，老师会给予你们其他学习资源吗？有与没有学习资源，会对你的学习产生很大的影响吗？能分别举例子说明一下吗？

三、学校管理

(1) 你觉得学校的课程安排合理吗？周末上课是上一整天的，这会影响你学习效率、学习积极性吗？下午下班后过来上晚上的课，你会觉得累吗？进而会影响到你听课的质量吗？

(2) 你是否参加过学校组织的活动？组织过一些实践类型的活动吗？

(3) 校方对学生的管理有明确的规章制度吗？如果老师没有严格执行规章制度会影响你的学习吗？(比如老师在课堂上没有制止学生影响课堂秩序的行为或者监考不严等。)

你觉得管理制度的严格执行对你的学习有帮助吗？

四、个人的学习

(1) 你入学前的学历是什么？入学后你觉得自己在学习上吃力吗？你觉得你们班的同学的学习基础怎么样？如果你知道自己的学习基础比别人差，你会多花点时间去学习吗？

(2) 你会因为年龄偏大、学习时间短和记忆力差等问题而产生巨大的学习压力吗？入学后发现自己基础特别差，你会有逃避上课或者害怕考试的感觉吗？你觉得自己是全班最差的吗？年轻老师给你们授课，你会有老师不够资格的感觉吗？

(3) 上课老师布置的作业，你会认真去做吗？在认真听课的前提下，发现有不懂的内容，你会去问老师吗？课后有没有去阅读相关的课外书籍（或者你感兴趣的，与课程相关的书籍）？你有自己独特的学习方法吗？能举例说说你是怎样学习一门课程的？

(4) 你过来学习的目的是什么？因为这个目的，你会坚持继续学习吗？如果有好的机会，你会放弃成人高等教育的学习吗？

后　记

成人高等教育既是高等教育的重要组成部分，又是终身教育体系的重点发展方向。成人高等教育旨在培养具有专业知识和专业技能的应用型人才，以满足新时代对人才的需求。在中华人民共和国成立至今七十年的社会发展和建设中，成人高等教育也作出了重要的贡献。为了更好地发挥成人高等教育在我国经济建设及未来社会发展中的作用，为促进成人高等教育的发展提供一些符合客观现实的参考和建议，本书从成人高等教育学生需求及存在的问题入手，以广东省及普通高校成人教育为例，对普通高校成人高等教育以及各教学点的成教学生开展了为期2年的深入调查。

调查采用问卷和访谈方式，调查内容主要为成教学生学习过程中的困境情况和学习心理状况以及相互之间的相关性等。被调查的学生分布在广州、佛山、珠海、深圳、惠州、东莞、中山等十多个城市，涉及会计学、工商管理、人力资源管理、财务管理、电子商务等专业，被调查人数逾2000人。

本著作是在“广东省成人教育协会2014—2015年度成人教育科研规划立项重点课题”以及“广东省教育科学研究项目”（2016年立项）两个课题研究成果的基础上，进行深入的探索而完成的，旨在让成教管理者了解和熟知成人学习者认知与学习的发展过程，包括成人认知水平的变化趋势、学习特征及存在问题等内容，同时也为解决成人高等教育学生学习困境及推动成人高等教育发展提供参考建议。

由于作者日常管理及教学、科研工作繁忙，加之本研究调查范围涉及多个城市，访谈调查也耗费不少人力和时间，所以，分析和成书过程相对缓慢。前后耗时 3 年多的时间，才得以最终定稿。研究过程包括调查、访谈、分析和论文撰写，得到了许多学校以及各位领导、老师、朋友、研究生的积极支持和协助，在此表示最真挚的感谢！

还要特别感谢的是已经毕业的研究生孙振宇，他作为课题的参与者之一，对调查问卷的设计以及早期的调查（包括预调查）等做了不少工作，此外，王利梅、刘艳丽、张丽华、王思民等研究生，在调查、访谈及分析中也做了大量的工作，在此也致以衷心的感谢！

最后，还要感谢武汉大学出版社相关编校人员对本书进行的认真细致的编校，并使本书顺利出版发行。

本书作者虽然长期从事成人高等教育研究与教学工作，但由于学识和能力有限，错误或谬误在所难免，期盼读者不吝赐教。

著　者

2019 年 6 月于暨南园